世界一やさしい
アパート一棟不動産投資の実践帖 1年生

木村隆之

ソーテック社

ご利用前に必ずお読みください

本書は不動産売買、投資の参考となる情報提供、技術解説を目的としています。不動産売買、投資の意思決定、最終判断はご自身の責任において行ってください。

本書に掲載した情報に基づいた投資結果に関しましては、著者および株式会社ソーテック社はいかなる場合においても責任は負わないものとします。

また、本書は2020年1月現在の情報をもとに作成しています。掲載されている情報につきましては、ご利用時には変更されている場合もありますので、あらかじめご了承ください。

以上の注意事項をご承諾いただいたうえで、本書をご利用願います。

※ 本文中で紹介している会社名、製品名は各メーカーが権利を有する商標登録または商標です。なお、本書では、©、®、TMマークは割愛しています。

Cover Design & Illustration...Yutaka Uetake

不動産投資で儲けていくために必要なのは、まずは正しい方法を学ぶことです。それは本書を何度も何度も読み返すことです。

1時限目 では、「**不動産投資の成功とは何か**」を小学生でもわかるように解説しています。どうしたら不動産投資で失敗しないか、情弱診断で不動産投資レベルを診断します。

2時限目 からは、その処方箋として「**不動産投資の罠**」を理解します。この情報だけで実は1冊の本が書けるくらいですが、失敗しないように押さえるべきポイントに絞ってみっちり書きました。「**誰も教えてくれない不誠実な事実**」は、私の15年間の不動産投資経験の中で、不動産業者、建築会社、投資用アパート業者、銀行などとの付き合いを通じて体感してわかってきたポイントをお話ししています。

続いて **3時限目** の「**やってはいけない不動産投資術**」では、高属性で忙しいお金持ちが1番騙されやすい新築ワンルーム投資や、スルガスキームといわれる中間省略の最新情報など、「**失敗しないためにはこれだけはやらないように**」と注意喚起しています。ここまでで不動産投資で失敗しない講義は終了です。このあとは、どうしたら成功できるかを勉強します。

4時限目からは、既存の投資法で**「一棟マンションか区分マンションかどちらがいいか」「今の市場、金融情勢を見た場合、何がお勧めなのか」**、各投資法を検証します。不動産投資で成功するには安く買って高く売ることが最重要です。この観点で、現役投資家として今も実践中の私がたどり着いたひとつの結論、**「誰でもいつからでも儲けられる新築アパート一棟不動産投資法」**について紹介します。即転売でも10年後転売でもなぜ儲かるのかを検証しています。

5時限目からは、誰でも再現性があるという観点で**「年収、手元資金別にモデルケース」**を提示しています。読者のみなさんが自分の状況に応じて選択できるようにしてあります。

6時限目 7時限目はいよいよ**「具体的に土地から探して新築不動産を建てる方法」**をこと細かく見ていきます。このステップにしたがっていけば、ある程度のレベルまでは進められるように心がけました。

「自分でプランニング」して、新築を建てるのはとてもハードルが高いように感じるかもしれません。そこを**「あえて自身でやるからこそ儲かる」**のです。**「あなたの自宅を安く建てる方法、投資家でも新築アパートを安く建てる方法。木造、鉄筋など構造もいろいろ実践済み」**です。

「実際に不動産業者がやっていること、そして成功している大家さんがやっていることをここで公開」します。このノウハウがあれば、悪い業者に騙されて欠陥住宅や不良住宅、低利回り物件を買わされることはありません。つまり、いらぬ借金を背負わなくてすむのです。

それでは、これより「世界一やさしい　アパート一棟不動産投資」の授業をはじめます。損をしたくない人は、しっかりついてきてくださいね！

木村隆之

目次

2時限目 不動産投資の罠

4時限目 不動産投資はアパート一棟がお勧め

5時限目 検証！ 新築アパート投資法

6時限目 新築アパート投資法 成功の9ステップ STEP❶～STEP❺

7時限目 新築アパート投資法 成功の9ステップ STEP❻～STEP❾

1時限目
情弱診断であなたの不動産投資レベルを知ろう

あなたの不動産投資
レベルはどのStage
か、情弱診断にトラ
イして、「成功する人」
を目指しましょう!

01 不動産投資で「成功できる人」「できない人」

1 成功って「何で測る」の?

不動産事業を趣味ではじめる人はいません。事業である以上、利益を出す必要があります。どのくらいの利益を目指すのかは、その人の不動産事業をはじめた目的次第です。「給与＋α」の収入を得たいのか、脱サラして専業大家になることを目指すのか、また老後の備えとしたいのか、目的によって目指す利益は違ってきます。

自分の目的が達成できるような利益が出たかどうかは、次の2つのポイントで判断できます。

Point 1 物件を所有しているとき
Point 2 物件を売却したとき

「物件を所有しているときは月次、年次でしっかり利益が出ているかを確認」しましょう。そして、**「物件を売却する際には、いくらで売れれば利益が出るのか」**を考えます。

なお、「**物件保有時に出る利益を〝キャッシュフロー〟**」と呼び、「**売却時に出る利益を〝キャピタルゲイン〟**」と呼びます（下図参照）。

不動産事業の成功は、このキャッシュフローとキャピタルゲインで測ります。

「キャッシュフロー」を理解しよう

「**大前提として、キャッシュフローはプラスにしておきます**」。マイナスであれば、給与収入や貯金から切り崩して不動産事業をしていることになります。日々通帳に入ってくる家賃を眺めて満足してしまい、意外とこの部分をおろそかにしている人もいます。

ここは基礎の基礎です。どうかおろそかにせず、

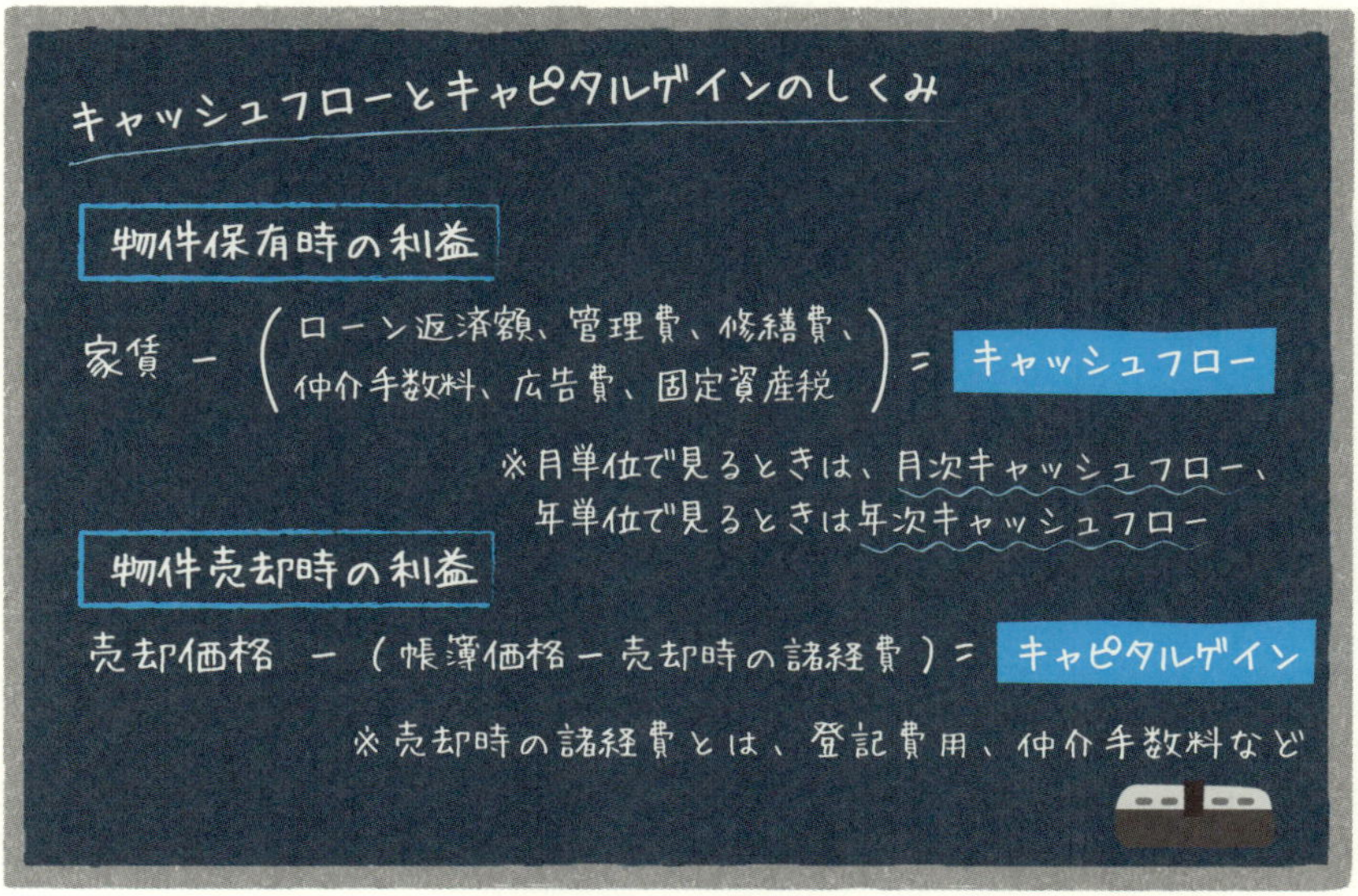
キャッシュフローとキャピタルゲインのしくみ
物件保有時の利益
家賃 －（ローン返済額、管理費、修繕費、仲介手数料、広告費、固定資産税）＝ キャッシュフロー
※月単位で見るときは、月次キャッシュフロー、年単位で見るときは年次キャッシュフロー
物件売却時の利益
売却価格 －（帳簿価格－売却時の諸経費）＝ キャピタルゲイン
※売却時の諸経費とは、登記費用、仲介手数料など

「月単位でいくら利益が出ているのか、年単位ではどうなのかを、しっかり把握する」ようにしてください。

たとえば、給料収入が30万円あったとします。そこに、不動産収入が5万円入ってくるとしたら、毎月5万円のゆとりが生まれます。このゆとりが10万円、20万円、30万円と増えていくことをイメージしてみましょう。

自分の代わりに給料収入と同じだけ、いやそれ以上の収入を不動産が稼いでくれるとしたら、もし病気になって休業することになったとしても、しばらくは安心して療養に専念できます。リストラなど不本意な状況になったとしても、この経済的な支えがあることで時間的、精神的な余裕を持って仕事が探せるのです。

「キャピタルゲイン」を理解しよう

「不動産投資は、その物件の出口戦略を常に意識しておく」必要があります。「物件をどのタイミングで売りに出すのか」、もしくは「保有し続けるのか」、ここを判断することは非常に重要です。

● キャッシュフローによるゆとり

いくらキャッシュフローがプラスであっても、物件売却時に損が出てしまうと、その物件が生み出した今までの利益を食いつぶしてしまうことになります。売却した際にキャピタルゲイン（売却益）が出ているか少なくともトントンで、はじめてその物件は成功したといえます。先ほどお話ししましたが、キャピタルゲインは「**売却価格－帳簿価格－売却時の諸経費**」です。補足しておくと、「**売却価格－購入価格－売却時の諸経費**」ではありません。

土地にはなくて建物にあるのが、「**耐用年数**」というもので、下表のように決まっています。建物部分は毎年「**減価償却**」されて価値が減っていきます。「**減価償却とは、法定耐用年数に定められた期間内に、毎年減った分の価値を経費として計上していく**」というものです。

たとえば土地4000万円、建物6000万円、合計1億円という築21年のRC築造マンションを購入したとします。RC造は法定耐用年数が47年なので、中古物件の耐用年数は、「耐用年数＝（47年－21年）＋21年×0・2＝30年」（小数点以下切り捨て）となり、こうして計算した耐用年数30年で建物6000万円を減価償却します。すると、5年後の物件価値は建物部分が減価しているので、帳

● 法定耐用年数一覧

構造	法定耐用年数
木造	22年
軽量鉄骨	27年
重量鉄骨	34年
RC（鉄筋コンクリート） SRC（鉄骨鉄筋コンクリート）	47年

●中古物件の耐用年数計算方法

❶ 築年数が法定耐用年数の一部を経過している場合

耐用年数＝法定耐用年数－経過年数＋経過年数×0.2※

❷ 築年数が法定耐用年数を超えている場合

耐用年数＝法定耐用年数×0.2※

※小数点以下は切り捨て

簿価格は次のようになります。

帳簿価格

土地4000万円＋建物5000万円
（6000万円÷30年×25年）
＝9000万円

キャピタルゲインは次の式で求められました。

キャピタルゲイン

売却価格－帳簿価格9000万円－売却時諸経費

キャピタルゲインがプラスになれば成功といえますが、売却益には税金がかかることを覚えておいてください。キャッシュフロー（物件保有時の利益）をしっかり手元に残しておくことを忘れないようにしましょう。

不動産投資が難しいのは、「**本当に成功したといえるのが出口までわからないこと**」です。不動産投資の成功、失敗

● 帳簿価格の推移

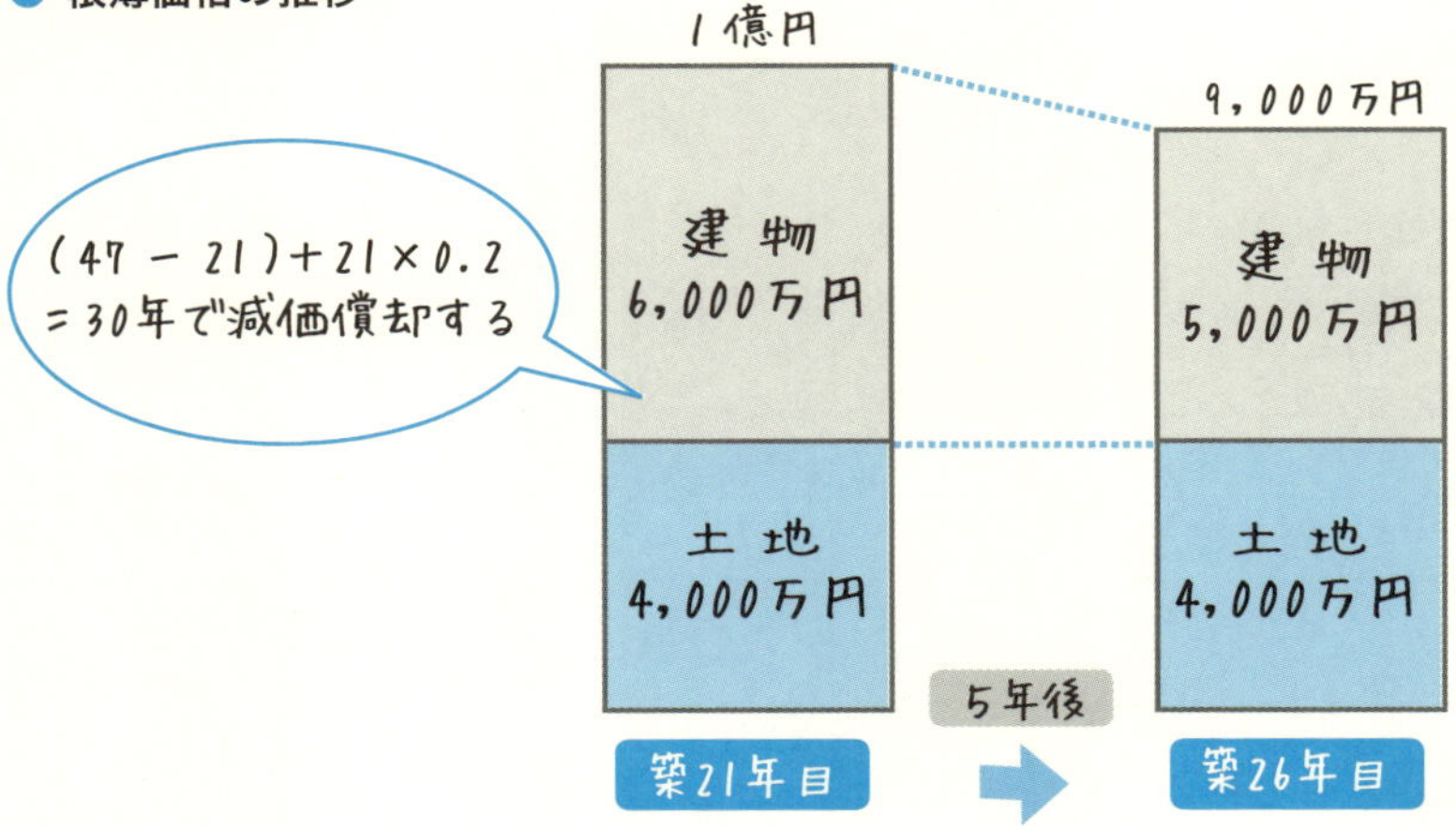

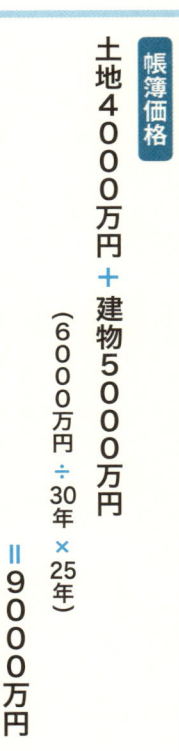

の判断は、物件を取得してから所有期間を経て売却という出口までのトータルで考える必要があります。

仮に、前述の物件の利益が次のようだったとします。

キャッシュフロー	100万円／年間
所有期間	5年間
所有期間における利益	500万円（100万円×5年）

しかし、売却時のキャピタルゲインがマイナス1000万円だったとすると、500万円－1000万円＝マイナス500万円の赤字で失敗だったといえます。

中には物件を売却しないで、ずっと持ち続けるというポリシーの人もいますが、「**基本5年から10年のサイクルで入れ替えをして、キャピタルゲインも含めて1度成果を確定し、再投資していくべき**」です。

「キャピタルゲインを得る」コツ

ズバリ「**相場より安く買い、高いときに売る**」ことです。

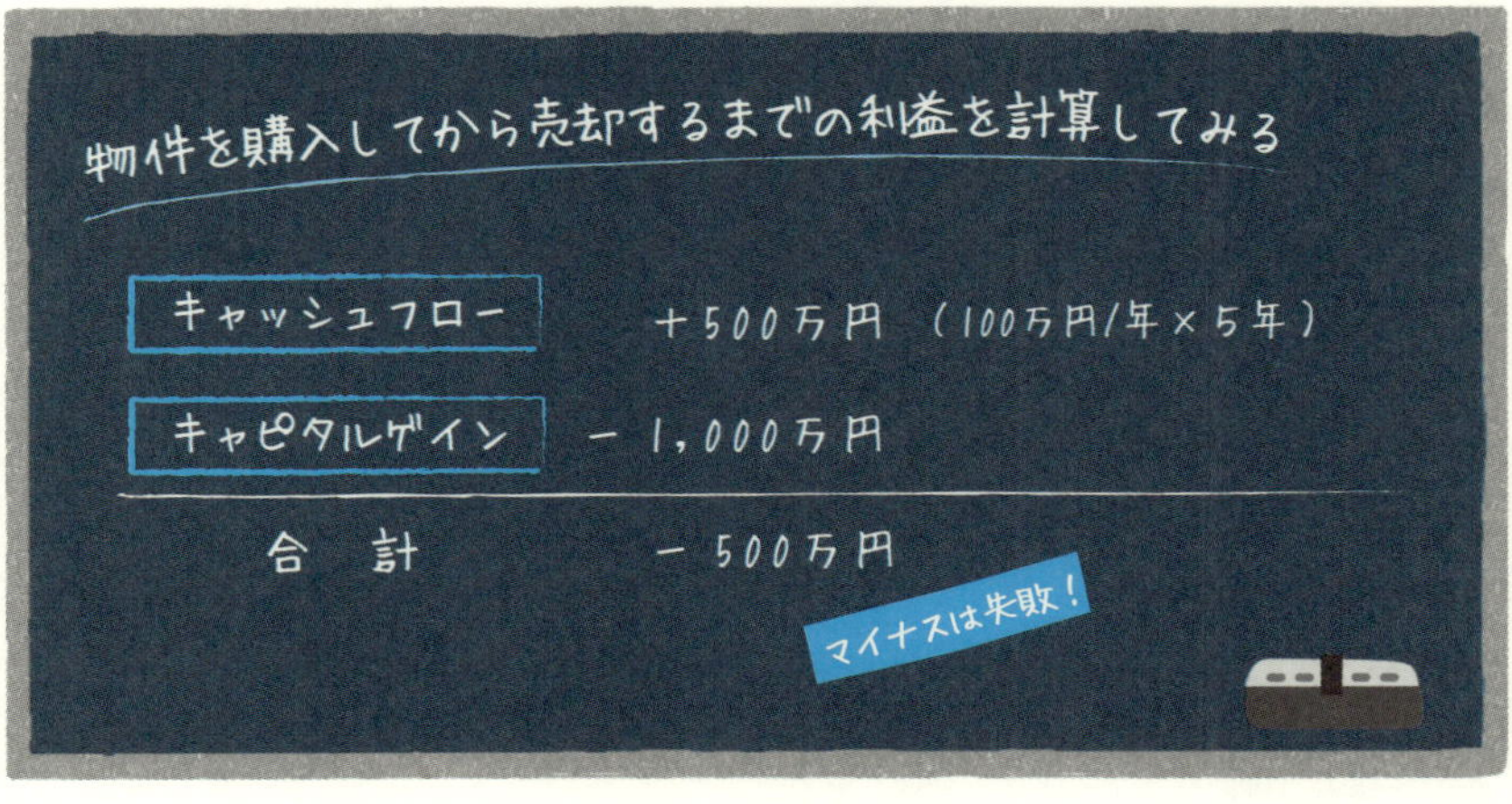

「不動産市況はおおよそ10年のサイクルで上下しているので、その波をつかむことも大事なポイント」だと思います。

2 成功する人と失敗する人

どんな人が「成功する人」なのか

多くの投資家を見てきて思うことは、「**成功している人は、徹底的に学び、自分から情報を取りに行っている人**」です。

こういう人は、仮に想定外の状況（物件や業者など）に出会っても試行錯誤して回避し、仮にはまったとしてもリカバリーをして、何とか打開策を見出しています。

では、失敗する人に見られる特徴を考えてみましょう。

どんな人が「失敗する人」なのか

ではどんな人が「失敗する人」なのでしょうか。「**失敗する人は、他人の言うことが100％と信じ、自分からあまり行動しない人**」です。忙しく優等生タイプの人が陥りやすいか

不動産投資をはじめる前に考えること

- 成功したかは出口（売却）までわからない
- 成功は、キャッシュフロー（物件保有時の利益）＋キャピタルゲイン（物件売却時の利益）がプラスかどうかで決まる
- キャッシュフローがプラスになる物件を買うことはもちろん、出口で利益が出るかを考えて購入すべき

もしれません。では、失敗者によくある特徴を見てみましょう。

不動産投資には光と闇があります。うまくやれば儲かりますがひとつの失敗で大損、破たんすることもあります。知識と経験を身につけて、2度と立ちあがれないような大きな失敗をしないように、そして成功者の仲間入りができるように願っています。

「かぼちゃの馬車」のシェアハウス事業で有名になったスマートデイズとスルガ銀行の事件（次頁参照）は一例であり、不動産業者が知らせない不誠実な事実や甘い罠はたくさんあります。

不動産業界というところは、家賃を相場より高く設定して、一時的に高利回りに見せる「**家賃のふかし**」や、銀行が特定の業者を優先して融資づけして

不動産投資で成功する人の習慣

1. 不動産投資の勉強を書籍、セミナーを通じて継続している
2. 情報を仕入れたあと、自分なりに判断して不動産投資の方向づけをしている
3. リターンだけではなく不測の事態などリスクも含め、経営目線で見極めようとしている
4. 最初から不動産仲介会社や管理会社とも積極的に絡み、小さな失敗と成功を積みあげている

不動産投資で失敗する人の習慣

1. 他人の話を鵜呑みにする。人への依存心が強い
2. 相手の提案を受け身で聞いて自分で論理的に判断しない、自分で考えない
3. 何でも楽観的に考えてしまうので、儲けることだけ考えてしまいリスクに目がいかない
4. すべて最初から最後まで、仲介会社や管理会社など人任せにしている

物件提案をしてくるといったことが普通にある世界だということを覚えておいてください。

3　不動産投資は「失敗しない？」

素人が無防備に高額投資をすると、数千万円も高く購入したり、価値のないものを買って大きなお荷物を抱えたり、路頭に迷うことになりかねません。逆に「**不動産投資をしっかりと理解して進めば、リスクを回避できるし、人よりお手頃価格で物件を購入して成功できる**」可能性がグンと上がります。

失敗したら「破たん」などと驚かせてしまいましたが、安心してください。不動産投資は、株やほかの投資に比べるとリスクが少なく再現性が高い投資です。不動産投

News!

かぼちゃの馬車事件

「かぼちゃの馬車」という、家賃は管理費込みで４万円（敷金・礼金・仲介手数料は不要、ベッド・冷蔵庫・インターネットは標準装備、光熱費も込み）で、地方から上京した女性をターゲットにした女性専用シェアハウスを都内800棟以上販売運営していたスマートデイズ社が、2018年に経営破綻しました。

物件は、「30年間家賃保証、表面利回り８%以上」とサラリーマン、医者、士業に自己資金０円で販売されました。そもそもトイレ・シャワールーム共同など周辺と比較しても競争力がない物件を売りつけ、建築代金の50%を紹介料で回収しこの資金で家賃を保証するという自転車操業モデルでした。

オーナーは家賃保証も切れ、実態稼働していない全室空室のアパートが残り、銀行返済が立ち行かなくなって自己破産者が多発したことで社会問題になりました。

資で失敗する人は、全体の0・1～0・4%くらいといわれています。この数字は**「不動産投資ローンを組んで返せなくなる（銀行からすれば不良債権となる）比率」**です。これを**「デフォルト比率」**といいます。

起業をする場合、1年以内に倒産する割合が50%、5年以内となると85%にもなります。株式投資で個人投資家が損をしている比率も、90%とかなり高い確率です。これに比べて、0・4%は非常に低い確率です。

さらに不動産投資は、そこそこの物件を見つけることができて銀行の融資がきちんとつきさえすれば、新規事業をはじめるのと比べて、特殊な技術や人材、資源・資材といったものも必要ないので、参入障壁が低いのも特徴です。

そして競争相手となるのは、先祖から土地を引き継ぎ、節税目的でアパートを建てている地主さんです。言い方は悪いですが、彼らは望んで賃貸事業をしているわけではないので、ちょっとがんばれば普通に勝てる、非常にゆるい市場であるのも特徴です。

● 不動産投資は「株やそのほかの投資」「起業」よりも失敗しない

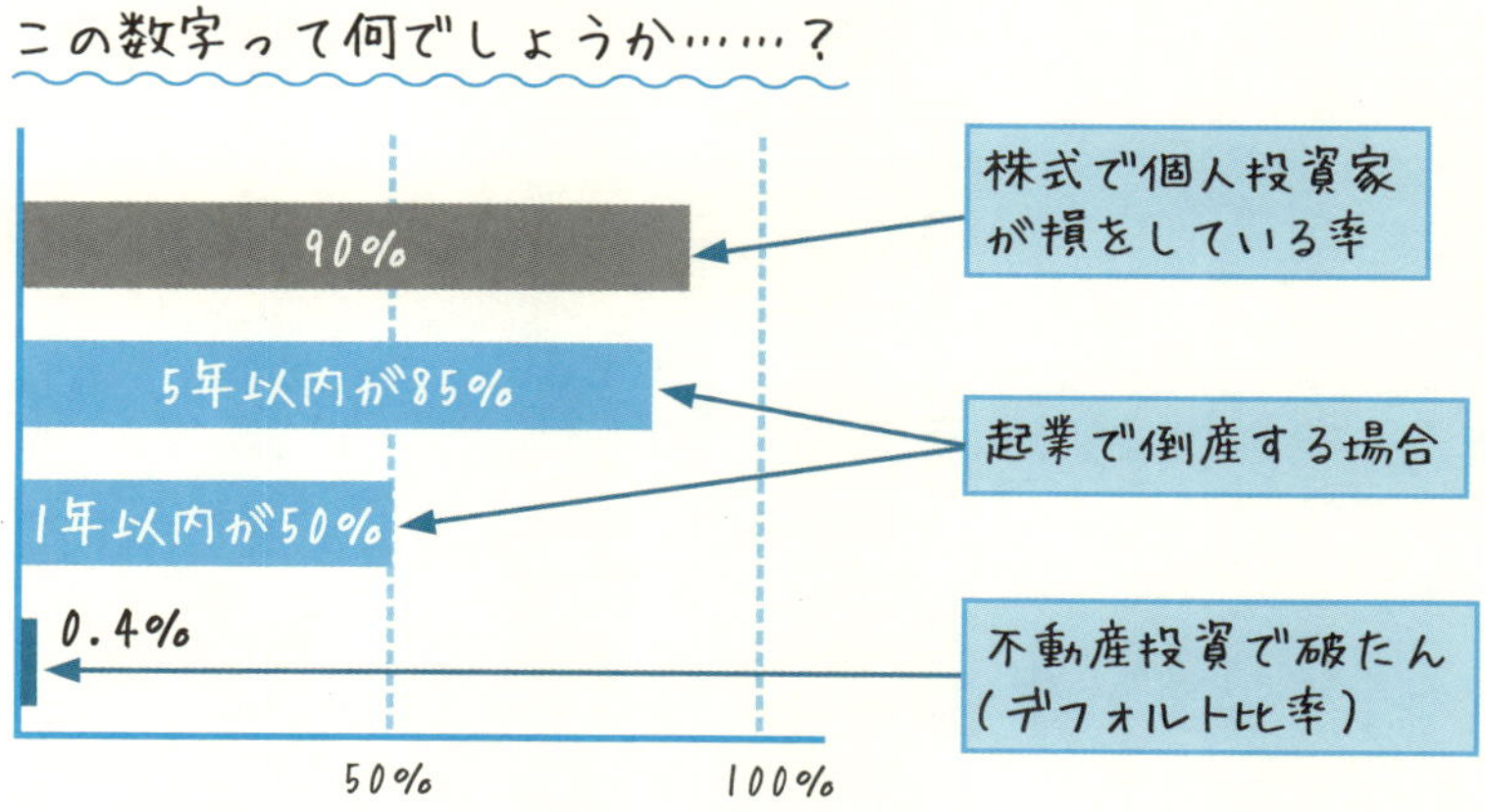

02 あなたの「不動産投資レベル」を「情弱診断」してみよう

1 失敗組に入らないための「情弱診断」

再現性が高くほかの投資に比べてリスクが低いといわれる不動産投資でも、もし失敗したらと思うと不安になります。誰だって、0・4％の失敗組には絶対に入りたくありません。そうならないために、今のあなたの不動産投資レベルについて「**情弱診断**」をしてみてください。

ここでの診断結果に基づき、失敗組に入らないですむ処方箋をお出しします。これなら、安心して不動産投資をはじめられますよね。さあ、準備はいいですか？

「**情弱診断とは、不動産投資についてどの程度の〝情報弱者〟であるか、そうでないかを判定**」し、今後に強化すべき点を示唆することを目指しています。診断は次の2軸で判定します。

最初は、すべての人が Stage ❶ からはじまります。そして、徐々に Stage ❷ Stage ❸ Stage ❹ と上がっていきます。

● 情弱診断をしてみよう

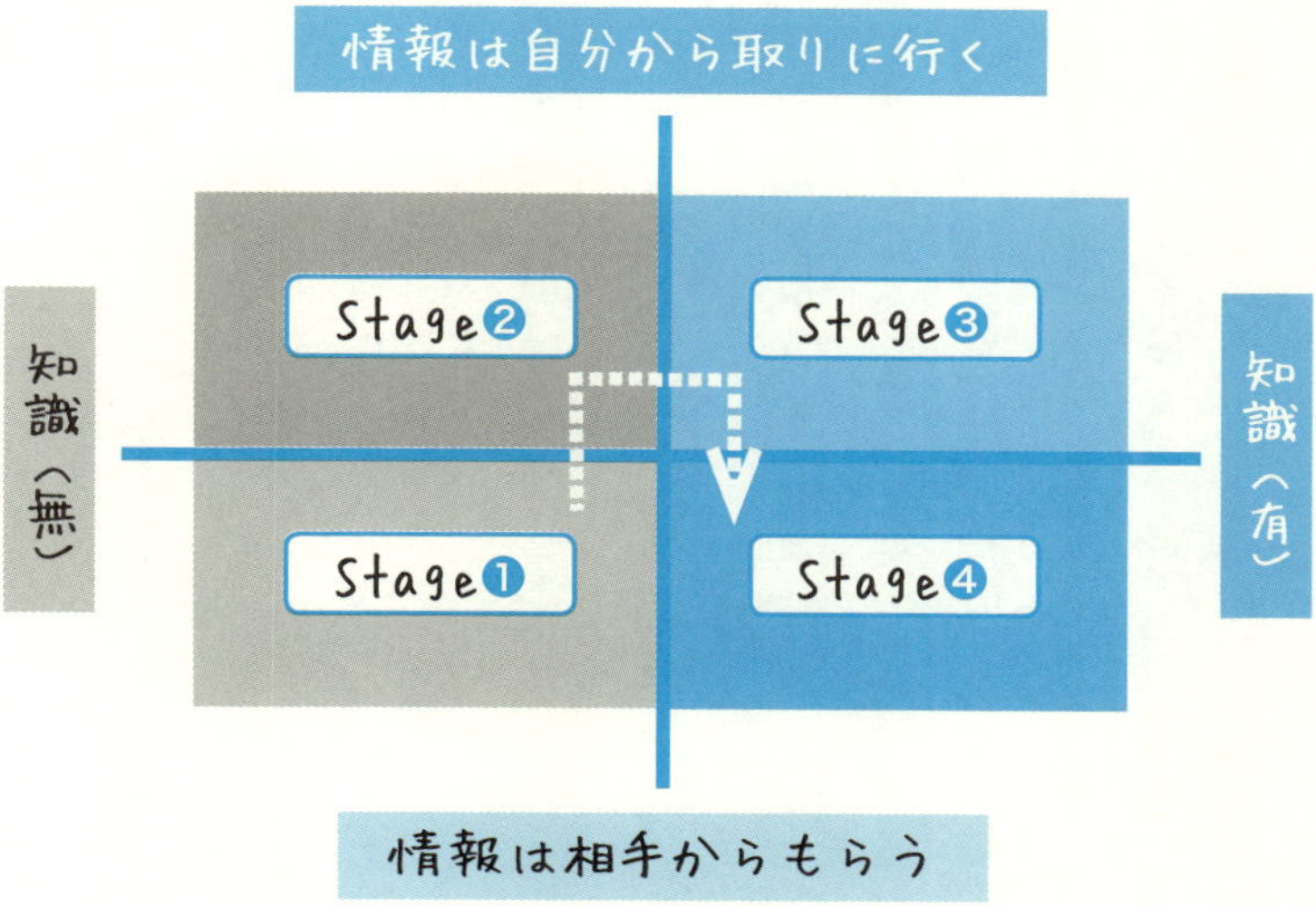

Stage ① 知識がないので、相手からの提案をそのまま受けるレベル	
不動産投資の基礎知識はなく、相手（業者、知人）から物件や現地見学会、セミナーを紹介されている状態。 高属性の人は、ねらわれやすいので安易な判断が命取りに！	
Stage ② 知識はないが、自分から業者や知人に相談に行くレベル	
不動産投資の基礎知識はなく、自ら不動産投資に興味を持ったので相手（業者・塾・知人）に相談している状態。 最初に出会う相手によって将来が左右されるので、注意が必要！	
Stage ③ 知識はそれなりにあるので、自分の基準で物件を探せる	
不動産投資の基礎知識はあり、自ら基準を持って物件を探している。物件を見る目を養う段階であり、インターネットで検索や問いあわせをして、情報収集のルートを増やしている段階。 まだ100%自信を持って物件の判断ができない	
Stage ④ 知識はしっかり持っていて、相手から紹介された物件を自分軸で選別できる	
不動産投資の基礎知識に加え、業界の罠も理解し、市場動向も考慮した最適な投資方針を持っている。業者とのパイプも太くなり、動かなくても相手から紹介される頻度も増えてきて、物件を自分の軸で厳しく判断できる	

さて、あなたはどの**Stage**にいましたか？

現在、自身がどのあたりにいるのか、きちんと知っておくことは大変重要なことです。**Stage ①**の人は**Stage ②**に、**Stage ②**の人は**Stage ③**になるために知識を身につけて、経験を増やしていきましょう。

2 Stage ①とStage ②の注意点

Stage ① **Stage ②**の人は、不動産投資についていえば情弱です。この**Stage**にいる人は、あらゆる意味で非常に危険です。初心者がパッと不動産投資に飛びつくと、失敗する可能性が高くなります。**Stage ①**の状態で、相手から話がくる場合を考えてみてください。わざわざいい話をあなたに持ってくる理由がどこにあるのでしょうか？ **「向こうからくる話は意図した思惑があって提案にくるもの」**と疑いを持ってください。

「**Stage ②**の場合は、**相談する相手によってあなたの運命が左右されてしまいます**」。相談した不動産業者が「この投資物件がいいですよ」と提案してきても、それは彼らだけにとって都合がいいのかもしれません。相談した知人に物件紹介されても、彼らが本当に成功しているのか、この先成功するのかも、まだ投資経験のないあなたには判断できないはずです。

話を聞くのがダメなのではありません。ただ、「**この段階で紹介された物件へ投資すると、期待とは違うことになることが大いにある**」ということを覚えておいてください。

もちろん、本当にいい物件を紹介してくれる人もいますが、売りたいものをポジショントーク（立場を利用して自分が有利になるように話すこと）してくる人がたくさんいることを理解しておいてください。「**不動産業者からすると、情弱な Stage ❶ や Stage ❷ の人はカモにしやすい**」のです。「**この段階では安易に投資話に乗らない**」ようにしましょう。

3 Stage ❶ と Stage ❷ の人が次の段階に行くための処方箋

基礎知識を身につける

そのためには不動産投資の書籍を20〜30冊は読み、不動産投資セミナーにも出て知識レベルを上げることに注力します。業者主催のセミナーで、無料のものは物件を売りつけられる可能

● Stage ❶ Stage ❷ の人が不動産投資で注意すること

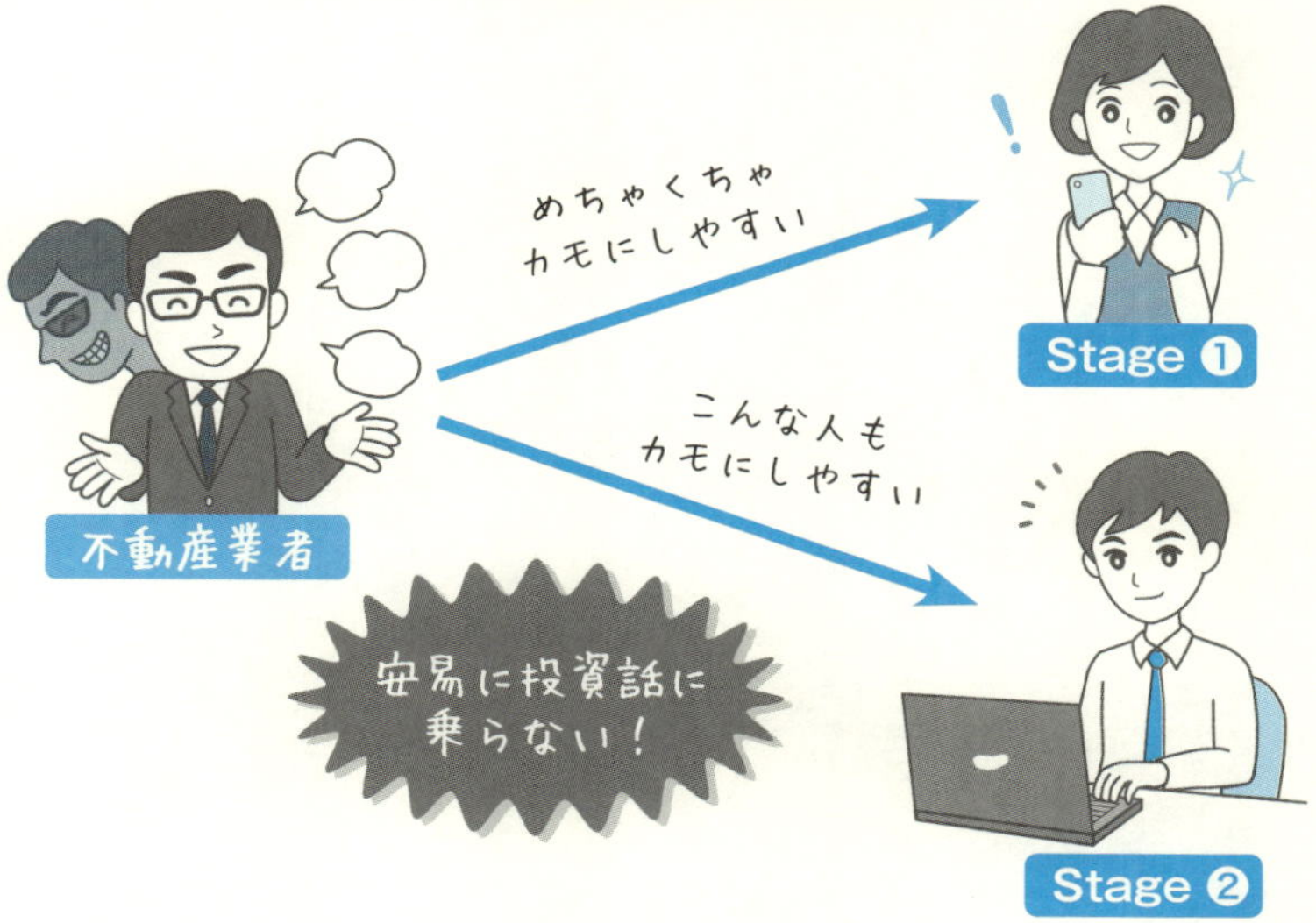

性が高いので、有料セミナーへ参加しましょう。また、ネットで調べるとたくさん出てくる「**大家の会**」に参加し、情報交換するのもお勧めです。

不動産業者となかよくなる

物件を探していく過程で、不動産業者に自分が探している物件の詳細（次の５つ）を伝えられるようになりましょう。具体的には、「**❶探している場所**」「**❷予算**」「**❸自己資金**」「**❹構造**」「**❺築年数**」を指定します。同時に、「**インターネットの検索サイトへ探している物件情報を登録して、多方面から情報が送られてくるように**」しておきます。また気になる物件が近くにあるのなら「**積極的に見に行って物件が判断できる目を養う**」ようにしていきましょう。

そして、せっかくですから不動産業者と懇親を深めていきます。物件が投資するに値するかどうかを考えるために、不動産業者へヒアリングをします。「**人気がある立地か**」「**間取りはどうか**」「**家賃は適正か**」「**どういった人に需要がある地域か**」「**駐車場は何台あって、その台数で足りているか**」「**売り主は地主か投資家か**」「**なぜ売りに出しているのか**」「**いつ売り出されたか**」「**いつまでに売りたいのか**」「**相続か、資産の入れ替えか**」「**これまでの引き合い状況や、買い付けが入ったことがあるのか**」など、根掘り葉掘り聞いてください。

最初は委縮してしまって、うまく聞き出せないかもしれませんが、どういった部分をヒアリングすればいいのか勘所がわかれば、自然と業者さんとのコミュニケーション能力も上がっていきます。

4 Stage❸とStage❹の注意点

Stage❸ Stage❹ の人へお伝えしたいのは、「**投資手法の選び方に気をつけること**」です。投資法はいくらでもありますが、実際には「**自分の属性によって選択できる投資法が変わってくる**」ことを意識してください。さらには市場動向によっても変わってくることを覚えておいてください。

下図を見てください。この組みあわせによって、選択できる投資法が変わってきます。銀行の融資姿勢が積極的になると誰もが借りやすくなるので、物件も割高になり巷の書籍で紹介しているような不動産投資法では、表面利回り（年間の

● Stage❸ Stage❹ の人が不動産投資で注意すること

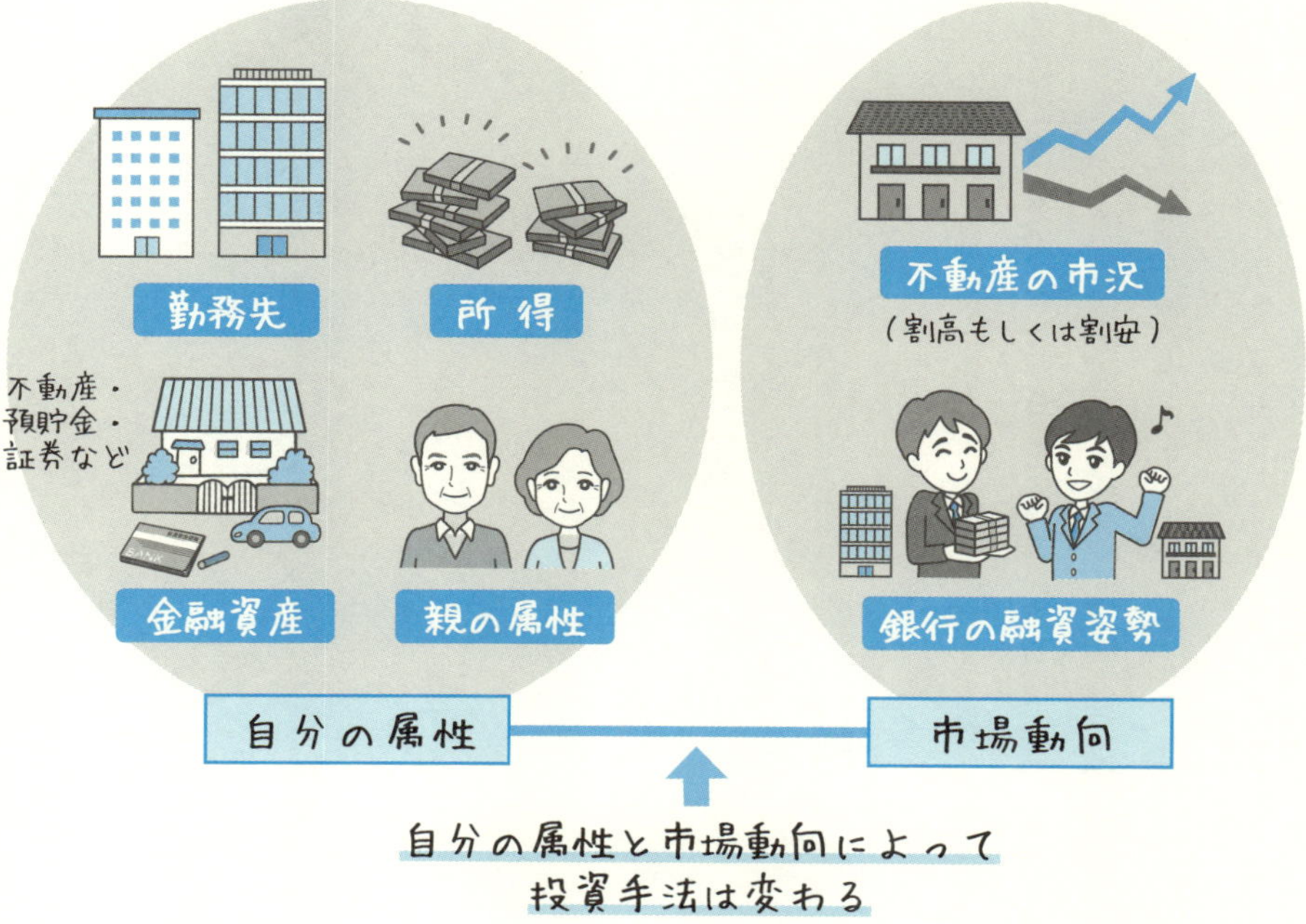

家賃収入÷物件価格）のいい物件が見つけにくくなります。このように市場動向によって選択の幅も変化するため、市場動向を見ながら投資法を選別しなくてはいけないことになります。

5 Stage③とStage④の人が次の段階に行くための処方箋

自分の属性に応じて、次の4点をどん欲に学びましょう。

❶どのような投資法が向いているのか
❷どうやって物件を探せばいいのか
❸資金計画はどうするのか
❹融資はどこの銀行にあたっていけばいいのか

信頼できるコミュニティに属する

「**市場動向をつかむには、生の情報が収集できる場に身を置くことが大切**」です。そのひとつとして、信頼できるコミュニティに属するのがお勧めです。これは本業を持っている人が銀行情報や市況をつかむには限界があるので、そこは「**有料でも情報収集のできる方法を得ることが得策**」です。

自分が目指す投資家やメンターを見つける

もうひとつは「**自分が目指す投資家やメンターを見つける**」ようにします。彼らと接点を持って教えを乞うわけですが、この場合、メンターとも**win-win**の関係になるように努め、「**情報だけクレクレ人間にならないように注意する**」ようにしましょう。

最後に1番大切なこと

不動産投資をするにあたって、目標（いつまでにいくらくらいの規模にしたいのか）とか、どのような投資方法を選ぶかは最初に考えておくべきです。その意味でも情報収集の場となるコミュニティや、客観的に自分を見つめ直すきっかけをくれるメンターは大切です。

そして、実は何よりも大切なこと、それが「**物件情報にアンテナを張り続ける**」ということです。ここまでくると徐々に的を絞った情報が取れるようになります。知識も蓄えているので、不動産業や知人から流れてきた情報も自分なりに良し悪しが判断できます。

こうして徐々にStageが上がっていくのですが、人に聞いてもなかなか得られない情報もあります。これが「**不動産投資の罠**」といえます。2時限目では、この不動産投資の罠について考えていきます。

Column 1

不動産投資で失敗しないコツ

「悩みはお金が解決」してくれる そして、「知りあいに頼りすぎない」

❶サラリーマンの悩みはお金が解決してくれる

会社勤めをしていると、仕事や数字のノルマに追われ、上司や同僚、チームの人間関係といった、組織にいるだけで常に精神的なストレスにさらされるものです。これが、会社の給与とは別に、不動産投資におけるキャッシュフローがあれば、大きな気持ちの拠り所となります。

もし会社で何かあっても、会社の中で堂々と自分の意見を主張できたり、言えなかったとしても、会社に媚を売ったりしがみつかない自分でいられるようになります。

多くのサラリーマンの悩みは、「**人間関係・お金・健康・結婚・時間に集約され、お金が多くの問題を解決する**」可能性があります。お金があれば人間関係に悩まされず、理想の職種や職場を探せます。あるいは自営、独立が可能になるのです！

「**不動産投資でキャッシュフローがプラスになる物件を手に入れ、お金が増えていくと精神的な負担が軽くなる**」ことは間違いありません。これにより、「よし、また次の物件を手に入れよう！　そのためにも仕事もがんばろう」という、公私ともにポジティブに変わっていくのです。

❷知りあいに頼りすぎない

お友だちや兄弟に大家さんや不動産屋さんがいたら、ついつい相談したくなってしまいます。お金のことは税理士さんに、もめごとは弁護士さんに、相談できる知りあいがいたら頼もしいことこのうえありません。しかし、本当にあなたの友だちはその世界で優秀なのでしょうか。そして、その知識は確かなものなのでしょうか。ついつい友人の言うことを信じて、彼ら彼女らの意見に傾倒しがちですが、「**できるだけ不動産で成功している多くの人の話を聞く**」ようにしましょう。いいと思ったものはモデリング（真似）するようにすることです。100%真似するのはなかなか難しいかもしれませんが、自分と仕事・収入・資産背景など、環境が似ている人はモデリングしやすいですし、再現性も高くなります。

ちなみに、「**自分の不動産チームはすべて知りあいではない人で構成**」しましょう。もちろん友人に相談するのもいいのですが、くれぐれも意見を鵜呑みにしないようにしてください。友人との関係は金銭が絡まないほうがうまくいくものです。

2時限目
不動産投資の罠

不動産投資をはじめようと思うと、いろいろな話が舞い込んできます。まずはその罠にはまらないのが、不動産投資で失敗する人0.4%にならないコツです。

01 誰も教えてくれない不誠実な事実①「注意したほうがいい人」たち

1 「相手から言ってくる話」にロクなものはない！

前節の「Stege①とStege②の注意点」でも少し触れましたが、「**不動産投資だけに関わらず、基本的に儲け話が飛び込んでくることはあり得ません**」。必ず儲かるような話だったら、その話を持ってきた営業マンが自分自身でやっているわけで、わざわざ見知らぬ他人に知らせる理由はないですよね。「**彼らは〝儲け話〟を売ることで儲けている**」のであって、儲かる話を持ってくるわけではないということを肝に銘じましょう。「**不動産投資でいうなら、電話営業をしている不動産業者、飛び込み営業をしている不動産業者に対して注意が必要**」です。

「高属性のサラリーマン」の人は注意せよ！

悪徳業者は、上場企業のサラリーマンや公務員、もしくは医師といった「**高属性のカモ**」を虎視眈々とねらっています。

「今、御社の前にいます。老後の年金対策や将来設計でお役に立てるアパート投資を御社限定でご紹介しております。少しだけお時間いただけないでしょうか？」

会社や携帯にこんな電話がかかってきたら要注意です。

医師の場合には医局に直接電話をしてきて、「〇〇先生はいらっしゃいますか？」と攻勢をかけてくるようです。

ねらわれている理由は、銀行の融資評価がよく、不動産を買える属性だからです。上場企業の電話帳や役所の名簿も販売されているので、悪徳業者は片っ端から電話営業してきます。高属性のサラリーマンは経済的に恵まれ、生活面でも充実しています。その分仕事が忙しく、なかなか投資などに目を向けられません。とはいえ誰しも漠然と将来の不安を抱いているものです。そのような罪もない人たちに対し、「病気やリストラで働けなくなったときのために！」「老後の年金代わりに！」「節税対策に！」と、巧妙な勧誘をしてきます。

さらには「何もやらないことがリスクですよ！」と不安を煽って、儲かりもしない物件を紹介してくるのです。現に私

悪徳業者の手口

- ねらっているのは「高属性のサラリーマン」「医師」「士業」「資産家」「地主」
- 「土地活用」「相続対策」という名目で、アパート建築を素人の地主に迫る

の友人である教員も、この手口で区分マンションを買わされましたし、知人の医師は、あっという間に数棟もイマイチ物件を売りつけられてしまいました。

資産家や地主の人だって注意せよ！

また資産家や地主宛に、大手アパート建築会社が「土地活用で資産形成」「相続税対策をしましょう」といった提案をしてきます。「**アパートを建てることでその土地は貸付地になって評価額が下がり、建築費も借り入れすることで、さらに相続税も下がりますよ**」、そして「**家賃からローン返済をすることでキャッシュが残りますよ！**」と提案してくるのです。

２０１５年1月に相続税制改正で相続財産の非課税枠が４割減り、相続税の課税対象者が増税前の１・７倍に増えました。これに伴い、２０１１〜２０１４年まで20兆円くらいだったアパートローン残高は、２０１６年末には22兆円を超す勢いになり、金融庁も注意喚起を促しました。

「アパート建設が実需とズレている！」という意見も目立ちはじめたなか、アパートメーカーに背中を押されて、需要のないところに高価格のアパートを建てた地主たちが破たんする事例も出てきました。アパートメーカーの元営業部長に話を聞いたところ、「**自社の建築費は高くて採算があいにくいので、最初から破綻しそうなことはわかっている。それでも建て続けないといけないから素人の地主を口説いている**」のが実態だそうです。

本当に美味しい話など、わざわざ相手からくることはありません。くれぐれも甘い罠にはまらないように注意をしましょう。

02 誰も教えてくれない不誠実な事実②「知人が紹介してくる物件」

1 最初に「不動産仲介手数料」の話を知っておこう

通常の不動産売買は、売主側と買主側それぞれに、宅建業の資格を持っている仲介業者が入って契約手続きを行います（片手取引）。「**仲介業者は、売物件の広告を出して買主を募集したり、権利関係を確認して取引に向けて整備したり、各種書類や交渉の代行など、不動産取引に係る一切を代行してくれる宅建業者**」です。

一般の人が慣れていない不動産取引を円滑に安全に進めるため、宅建士が準委任契約で遂行し、成約に至った場合、その対価として、売買では物件価格の「**3%＋6万円（税別）**」を上限に、買主・売主から受け取ることができます。

● 不動産の売買・交換の仲介手数料

売買代金（消費税を含まない）	仲介手数料（消費税を含む）
200万円以下の金額	5%＋消費税
200万円を超え400万円以下の金額	4%＋2万円＋消費税
400万円を超える金額	3%＋6万円＋消費税

● 不動産の売買仲介のしくみ

片手取引

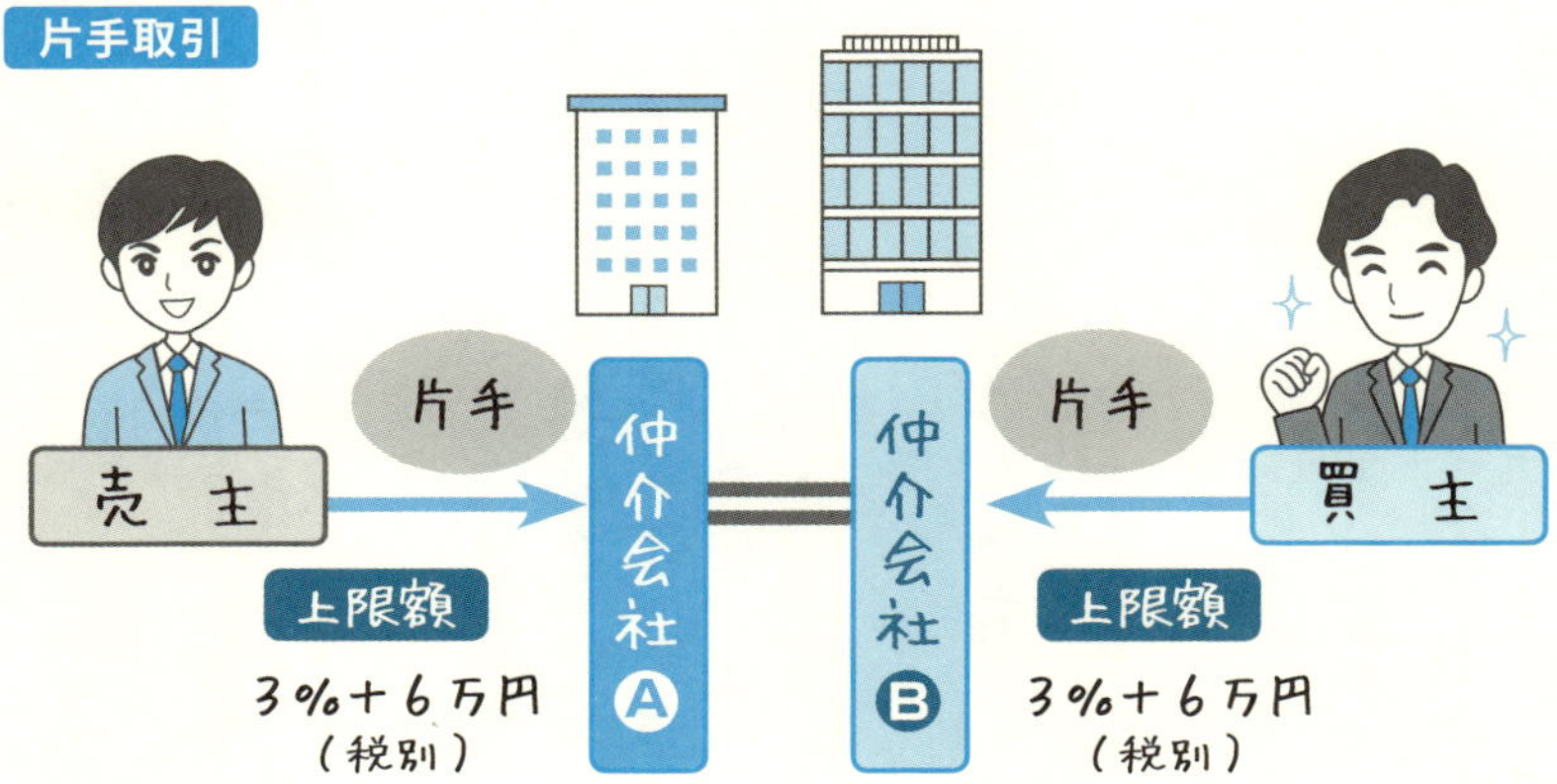

例 物件価格 1億円

仲介手数料・片手

(1億円×0.03+6万円)= 306万円(税別)

両手取引

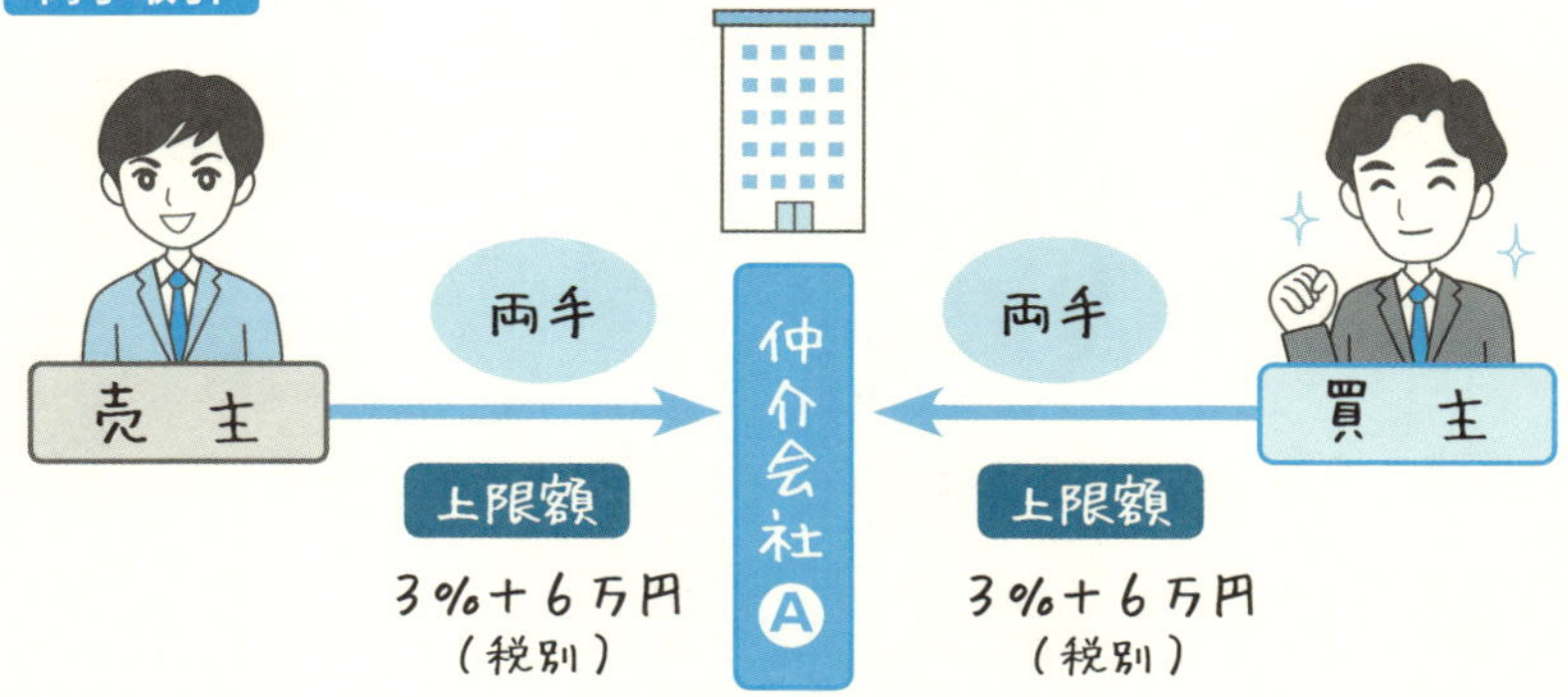

例 物件価格 1億円

仲介手数料・片手 306万円×2 = 612万円(税別)

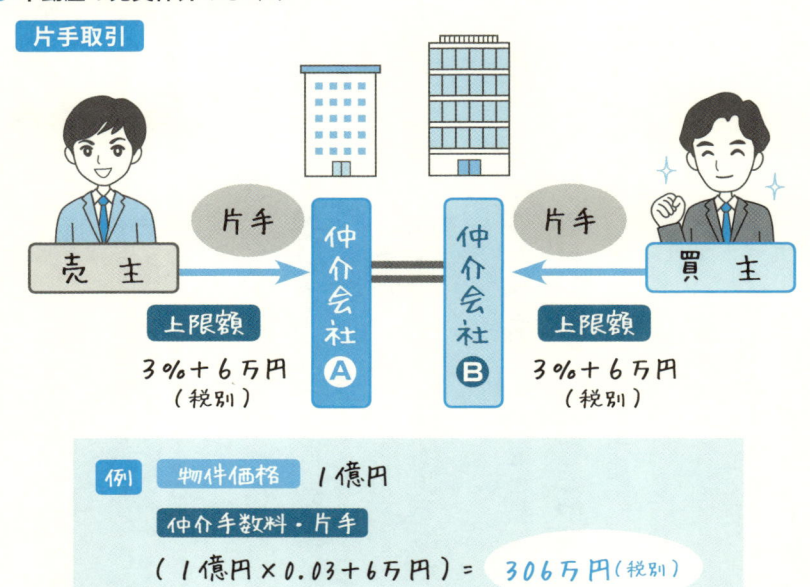

その結果、売主は売り側の仲介業者へ、買主は買い側の仲介業者へ仲介手数料を支払います（前頁上図参照）。

ひとつの仲介業者が売主と買主の両方に入る場合は「**両手取引**」となり、手数料を1社で双方分、単純に2倍手にすることができます（前頁下図参照）。建売のアパートメーカーが自社で販売することもありますが、大抵は近くの宅建業者に仲介を依頼して、仲介手数料を支払っています。

ここでとても大きな気づきがあります。宅建業者が売主から物件の仲介を専任・専属で依頼された業者の立場になってみてください。現時点で片手確定なわけです。ならもう一方買い手の片手も手に入れ、両手にしたいと思うのは自然な流れです。そうです。「**売り物件を専任・専属で預かった業者に早い段階でアプローチできれば、お宝物件を手に入れられる可能性がある**」のです。

2 「先輩大家の口コミ」も危ない!?

不動産投資で成果をあげている知人と会話をしていると、

「不動産業」と「宅建業」は何が違う？

不動産業 売買、仲介、賃貸（土地・住宅・ビルの大家）、管理（分譲マンション、賃貸物件の管理）など、さまざまな業種が含まれる

宅建業 不動産業のうち、売買、仲介、賃貸といった取引（流通）だけを取り扱う業者のこと

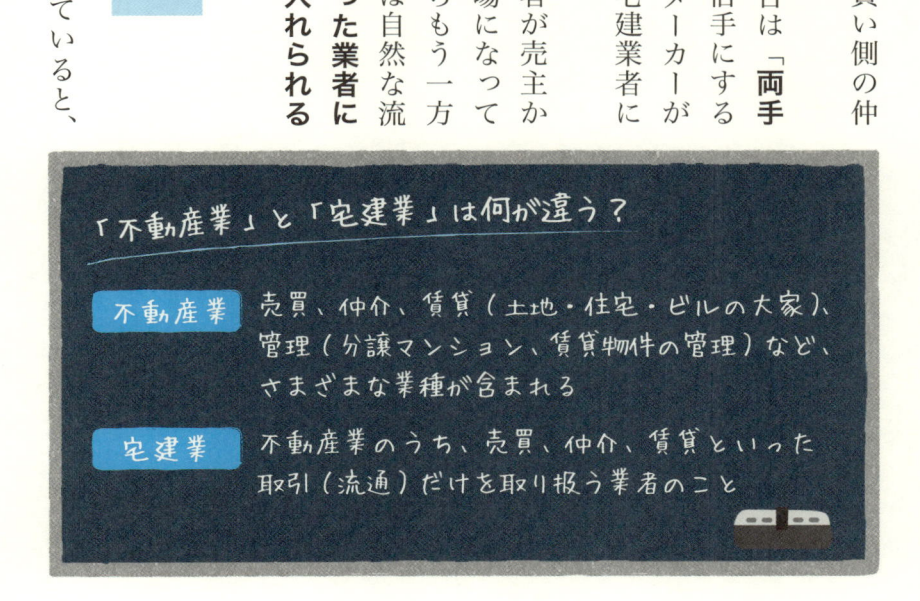

「その新築アパートいいですね！」「そうだろう。一緒に見に行くかい？」「紹介してあげるよ！」なんて、誘われることがあります。現地まで見に行ってみると、「どう、いいでしょう」「待っている人がいっぱいいるよ。申し込みだけでも入れておいたらどう？」「こんな物件なかなか出てこないので買いだよ」と勧められたりします。

この場合、売主は仲介手数料を支払わなくてすむので、代わりにコンサルティング料という名目で、紹介者（知人の人）に紹介料を支払っていることがあります。すべての場合がそうとはいえませんが、この紹介料を目当てに知人が積極的に勧めてくることがあります。

売主からすれば、宅建業者に支払う仲介手数料が省けますし、宣伝広告をしなくても紹介者が顧客誘導をしてくれるのは好都合なわけです。あなたからすれば、知人からの紹介ですし、その知人が実際に物件を買っているので説得力があるように思えますが、「**必ずしも知人が本当にこの物件で成功しているかどうかはわからない**」ということを忘れないでください。もちろん基本的なこととして、アパートの場所や最寄

知人が紹介してくれる物件の落とし穴

- 知人に不動産業者から紹介料1％などが支払われ、販売協力していることもある
- 知人がその物件で本当に成功しているか、将来も成功するかはわからない
- 物件の善し悪しを見極める力がつくまで、安易に飛びつくと大ケガをする

り駅など、注意深く物件を見極めるようにしましょう。そして、「**まだ十分に知識がないと思っているうちは、浮いた話に乗らず身を守る**」ことを肝に銘じてください。

3 「宅建免許と手数料」のカラクリ

「**宅建業者は、土地・建物などの売買・交換・賃貸の仲介や分譲住宅の販売代理などを行う業者**」です。不動産業者が宅建業の免許を受けるためには、専門家である宅地建物取引士を一定数以上確保しなければなりません。

具体的には自宅やアパートといった投資物件の売買で見てみると、購入側としては希望物件を探し、売却側としては好条件の買い手を広く探して売買の契約を成立させます。アパートの賃貸においては、借り手を探し、貸し手との間を仲介して契約を成立させてくれる業者です。

仮に6000万円のアパートの仲介なら、売主であるアパート販売会社に186万円の仲介手数料がかかります。これが「**紹介の場合なら、自社の宅建免許で仲介することで仲介手数料を支払わなくてすみます**」。アパート価格の1%を手数料として紹介者に支払ったとしても、安くあがるというカラクリです（下図参照）。

● アパートを売却したときの紹介料（想定）と仲介手数料の比較

紹介料	仲介手数料
アパート価格の1%	アパート価格の3%＋6万円（税別）
60万円	186万円

※アパートの価格：6,000万円

03

誰も教えてくれない不誠実な事実③「不動産業者から紹介された物件」

1 不動産業者からの「仲介手数料0円」は、必ずしも得ではない

物件を探していて、不動産業者から「新築アパートに興味ありませんか？　いい物件があるので紹介しますよ！」「業者が売主なので仲介手数料はかかりません」と言われることがあります。

たしかにアパート建売会社が宅建業者で、買主が売主から直接物件を購入する場合には、仲介手数料はかかりません。これはアパート建売会社が売主で、自ら所有している物件を買主に直接販売しているからです。

「**販売資料に〝売主〟〝自社物件・販売主〟と記載されていたら、仲介会社が関わることなく売主から直接購入できるので、仲介手数料はかかりません**」。

しかし、実際には売主であるアパート建売会社から紹介してくれた不動産業者へ仲介手数料や紹介料が支払われていて、不動産業者にもメリットがあるから提案してくるのです。

つまり、**「仲介手数料が無料だからといって、必ずしも割安ということにはならない」**のです。

物件そのものでキャッシュフローが残り、競争力が維持できる物件かを確かめるようにしましょう。

● 仲介手数料0円のカラクリ

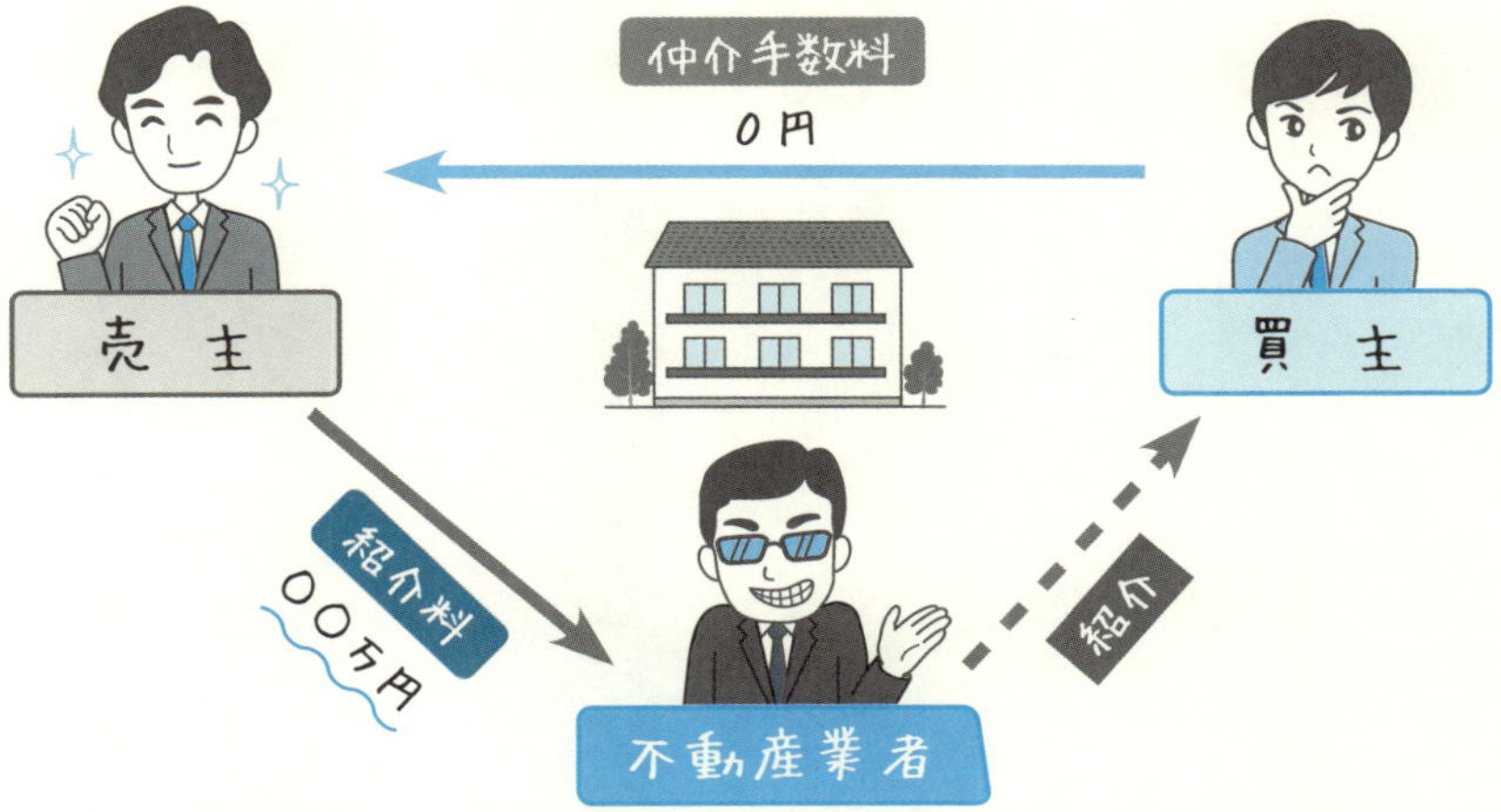

不動産会社が紹介してくれる物件の落とし穴

- アパート建売会社から紹介料が出ていて、その業者の思惑で勧めてくることもある
- 業者が売主なので仲介手数料が無料だからといって、いい物件とはかぎらない
- 銀行が紹介する不動産会社、建築会社だから大丈夫ともかぎらない（2時限目04参照）

04

誰も教えてくれない不誠実な事実④「銀行が紹介してくれる物件」

1 銀行が紹介してくる物件が「優良なハズがない」

銀行から融資を受けて不動産投資をしている投資家が、銀行に「表面利回りのいい物件や安い土地を紹介してくれませんか？」「安く建ててくれる建築会社はありませんか？」と聞いてみると、銀行が抱えている不良債権処理で、目玉物件が出てくることがあります。

しかし**「本当の目玉物件は、優良取引先に紹介して融資付け替えですぐに決まってしまいます」**。あるいは手に負えないくらいの不良債権物件だと、「**サービサー**」といって不良債権を買い取る子会社などに転売されてしまいます。よって、一般の投資家にそういった目玉物件が紹介されることは皆無です。紹介してもらえるのは、銀行にとって重要な取引先である不動産業者や建築業者からの物件というのが関の山です。私も何度もチャレンジしていますが、物件を紹介してもらおうと思っても、「**ロードサイド店舗**」（幹線道路といった交通量の多い道路の沿線にあり、車やバイク、自転車でのアクセスが主な集客方法の店舗）で、表面利回りが5％も出ないようなコンビニ店舗を紹介されたり、木造で坪80万円もする高い建築業者を紹介されたりしました。

銀行によっては不動産業者の機能を併せ持っているため、仲介に入ったり、コンサルティング料を取れたりする旨みがあったりもします。結局、**「銀行やその支店としての思惑で紹介されることになるので、よほどの資産家でないかぎりカモにされるのがオチ」**です。

2 「銀行融資が通った」からといって優良物件ではない！

投資物件を積極的に提案してくる不動産業者が、「この物件、ローンが通るか審査だけでもかけてみましょう」「検討している人がほかにもいるので、準備だけでも先にしておきましょう」と急かします。とりあえず必要書類を提出すると、1～2週間で「ローンが通りました！　まだ物件も押さえてあるので決断してください」と迫ってきます。

ここで注意です。「**必ずしも〝ローンが通る物件＝優良物件〟ではありません**」。

「**物件の担保が足りない分を、あなたの給与や事業の余力で補填して融資承認が下りることだってあります**」。これは、物件の力ではないということの証です。

「次回以降の融資に影響する」恐れがあり！

この場合、個人の信用余力を食い潰していくことになるので、次回以降、その銀行でも他行でも融資が受けられなくなることがあります。スルガ銀行から融資を受けてそれを持っているがために、金融資産は潤沢にあるにも関わらず、次の融資を受けられない人もいます。

ただこのような融資は、スルガ銀行だけにかぎったものではありません。法定耐用年数を超えた融資や違法物件への融資などを積極的に扱っている金融機関も、まだまだたくさんあります。すでに不動産投資物件の融資を受けているなら、成長を妨げる融資になっていないか、ほかの銀行の評価を下げる融資になっていないか、もう一度見直しておきましょう。

「**不動産業者は売ることが優先なので、悪い物件でも融資が通りそうな特定の銀行や提携先の銀行へ融資の打診をしていることが多い**」です。このような不動産業者に融資を任せていると、本来であれば借りられる好条件の銀行からも借りられなくなります。「**属性のいい人は、借りる銀行の順番も意識する**」べきです。

しかし、そのあたりを不動産業者も誰も教えてくれません。どのように不動産業者や銀行とつきあっていくのか、しっかり考えてから行動しましょう。

銀行が紹介してくれる物件の落とし穴

- 物件は悪くても、個人の属性でカバーして融資承認が下りることもある
- 個人信用を食い潰すと、次回からその銀行、ほかの銀行でも融資が受けられないことがある
- 高属性な人ほど借りる銀行の順番を意識すべき（都銀→地銀→信金→信組→ノンバンクの順で）

05 誰も教えてくれない不誠実な事実⑤「インターネットに出ている物件」の95%はゴミ!

1 「優良物件」はネットに出てくるわけがない

「**健美家**」や「**楽待**」といった、投資物件を専門に扱っているポータルサイトがあります。全国の不動産業者はこういったポータルサイトに、手数料を支払って物件を掲載しています。通常、不動産業者は、物件を預かったら次のような手順で売却します。

❶ 不動産業者が物件を預かる
❷ ネット掲載する前に、業者間で流しあう
❸ 業者間で流れてきた情報を、自社の顧客に声をかけてさばく

「**この過程で優良物件は売れてしまうため、ネット掲載の物件は、ある意味売れ残り**」なのです。そうであれば、掲載される前に紹介を受けられるように業者となかよくなりたいものです。

2 「惜しい物件」から次の情報へつなげる

では、なかよくなるためにはどうしたらいいのでしょうか。これには次のような方法を繰り返すことで、**「不動産業者の顧客リストへ載せてもらう」**ようにするのです。

❶ネット検索して少し惜しい物件を探す
❷その不動産業者へ積極的にコンタクトを取る
❸直接連絡を取って、希望する物件の条件（エリア・構造・築年数・価格帯・表面利回りなど）、**自分の属性**（年収・資産・職業）**を伝える**
❹❸のような物件が出てきたら、すぐに購入できることをアピールしておく

3 「ネットに出ているダメダメ物件」を優良物件に変える

ネットの物件情報のもうひとつの利用方法として、「**長期で売れ残っている物件を安く値引き交渉し、表面利回りにできるだけ近づけて購入する**」というのがあります。

実際には、次の手順で進めることになります。

❶希望する表面利回りよりマイナス1～2％低くても、需要が見込める物件を探す（購入目標額を決めておく）⇒Column 2 物件を購入する「購入目標額」の決め方（次頁参照）

❷不動産業者から資料を取り寄せて、販売状況、値引き交渉がどの程度可能か聞く

❸登記簿謄本から購入時期、ローン残高などを調べておく（業者が転売目的で短期で借りていないか、残債からいくらなら売主が損切りせずにすむのかなど推察する）

⇒Column 3 登記簿謄本から「売り手の残債」を推測する方法（次々頁参照）

❹6カ月以上売れ残っている放置物件について、なぜ売れないのか、これまで引きあいがどうだったかなどを聞き、業者に寄り添って話を聞いてなかよくなる

❺そして、タイミングを見て大幅な値引き交渉を入れる。特に申し込みが入ったが融資でこけた物件は、売主、業者とも焦っていることが多い。また業者が転売目的で所有している場合には、通常1年以内に売却、全額返済する銀行との約束があるので、そのタイミングが大幅値引きを引き出すチャンスになる

さて、2時限目の「不動産投資の罠」で、「誰も教えてくれない不誠実な事実」をお伝えしました。3時限目では「やってはいけない不動産投資術」をお伝えします。ここまで終了すると、不動産投資で失敗する人0・4％に入らず、不動産投資で成功するステップに進む準備ができます。

Column2

物件選定のヒント❶

物件を購入する「購入目標額」の決め方

「**物件価格 1 億円に換算して、2 ～ 3% のキャッシュフローが残ること**」が、目標額を決める際のひとつの目安になります。

次の例で具体的に見てみましょう。

例

物件 築 10 年・RC　**物件価格** 1 億円　**年間家賃収入** 800 万円
表面利回り 8%　**銀行からの借入条件** 1%・30 年ローン（年間返済額 386 万円）
空室率 10%（80 万円）　**諸経費率** 15%（120 万円）

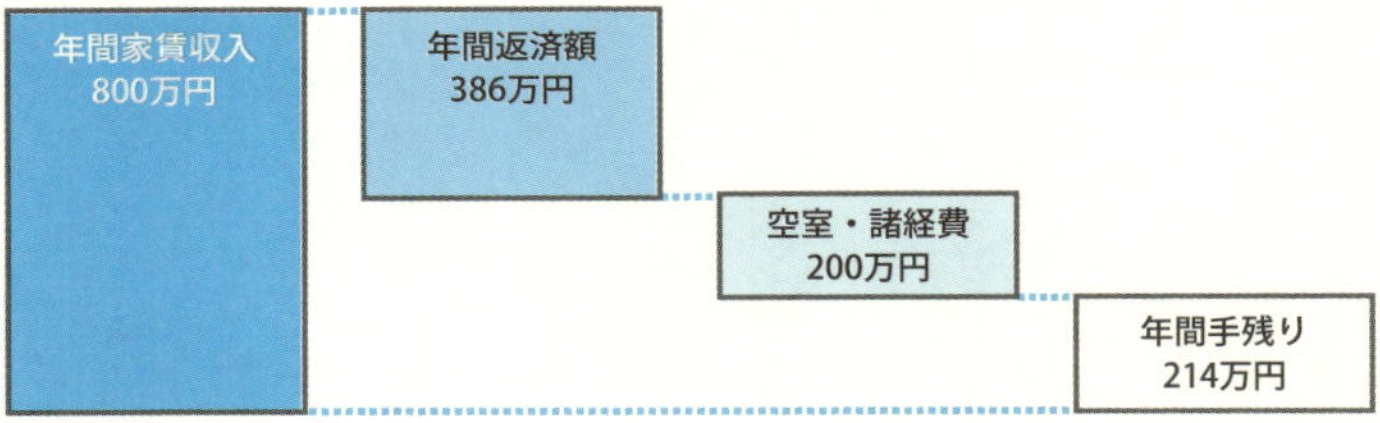

銀行からの借入条件 個人・法人の属性で変わってくるので、年間返済額は前後してくるのが一般的です。**空室率** 地域の需要によって 10 ～ 20% で変動します。LIFULL HOME'S の「見える！賃貸経営」（https://toushi.homes.co.jp/owner/）で地域の空室率を調べられますが、詳細は物件の近くにある賃貸仲介業者から情報収集して想定します。**諸経費率** 固定資産税、共用部の水道光熱費、入居づけの仲介手数料、広告宣伝費、室内や共用部の修繕費用で、物件によって多少変わってきます。実績のあるものはそれを参考にして、諸経費率を設定するといいでしょう。

上記の例から計算すると、1 年間でキャッシュフローは次のようになります。

年間手残り　800 万円（年間家賃収入） － 386 万円（年間返済額） － 200 万円（空室・諸経費） ＝ 214 万円

1 億円の物件に対してキャッシュフローが 214 万円なので、2.14%となる

仮に売り出し当初 1.2 億円だとしても、物件価格を 1 億円まで値引きできれば、購入してもいいことになります。

読者特典❶ 利回り計算機（読者向け公式サイト：kimunii.com）▸▸

Column 3

物件選定のヒント❷

登記簿謄本から「売り手の残債」を推測する方法

❶登記簿謄本から売り手の状況を推測する

所有者が一般の不動産投資家の場合 中長期所有が多いです。登記簿謄本（次頁参照）の「**甲区に所有権移転日（購入日）**」と「**乙区に抵当権（根抵当権）の設定額**」が記載されているので、おおよそいくらで買ったのかを予測し、経過年数から残債が推測できます。

所有者が不動産会社の場合 短期所有で1年以内の転売を想定しています。登記簿謄本の「**甲区に所有権移転日（購入日）**」が記載されているので、そこから1年近く経過していると交渉しやすい場合があります。あわせて「**乙区に抵当権（根抵当権）の設定額**」が記載されているので、そこから仕入れ価格が推測できます。

例　登記簿謄本から「売り手の残債」を推測する（次頁の例参照）

「**❶ 権利部の甲区に所有権移転日**」が記載されているので、平成21年に購入していること、「**❷ 権利部の乙区の抵当権の設定額**」から5,000万円の借り入れをしていることがわかります。鉄筋コンクリートの物件なので、ほぼ最長の30年の借入をしていると考えます。この物件を検討しているのが令和元年だとすると、10年経過しているので、「**5,000万円÷30年×20年=3,333万円**」ほど残債があると推測できます。したがって、売却に伴う諸経費なども推測すると、「**売値が3,400万～3,500万円を下回ることは難しい**」と考えられるので、この金額をひとつの目安に価格交渉を進める戦略を取ります。

目安といっているのは、現金をいくらか入れている場合もあるので、その場合は残値以外も考慮する必要があるからです。

登記簿謄本は仲介業者に頼めばもらえますが、時間がかかる場合は「**登記情報提供サービス**」（https://www1.touki.or.jp/）から入手できます。

❷仲介業者に相談する

売り手は物件を売りたい価格で出していますが、必ずしもその価格で売れるとは思っていない場合があります。まずは、仲介業者に相談してみましょう。相手も商売を成立させたいので、「お客様はいくらだったら買いますか？」と聞かれることもあります。特に市場が冷え込んでいるときは、買い手の味方になって動いてくれることが多いので、積極的に値引きにチャレンジしましょう。

登記簿謄本例

❶ 平成21年に購入していることがわかる

表題部（土地の表示）		調整	余白	不動産番号	○○○○○○○○○○○○○
地図番号	余白	業界特定	余白		
所在	千代田区飯田橋○丁目			余白	
①地番	②地目	③地積 ㎡		原因及びその日付［登記の日付］	
1番2	宅地	300：00 ：		1番から分筆 （平成22年10月14日）	
所有者	千代田区飯田橋○丁目○番1号 佐藤和也				

権利部（甲区）（所有権に関する事項）			
順位番号	登記の目的	受付年月日・受付番号	権利その他の事項
1	所有権保存	平成21年10月15日 第○○○号	所有者 千代田区飯田橋○丁目○番1号 佐藤和也
2	所有権移転	平成21年10月27日 第○○○号	原因 平成21年10月26日売買 所有者 千代田区飯田橋○丁目○番2号 石井一郎

権利部（乙区）（所有権以外の権利に関する事項）			
順位番号	登記の目的	受付年月日・受付番号	権利その他の事項
1	抵当権設定	平成21年11月12日 第○○○号	原因 平成21年11月4日金銭消費貸借同日設定 債券額 金5,000万円 利息 年2・4%（年365日日割計算） 損害金 年13・5%（年365日日割計算） 債権者 千代田区飯田橋○丁目○番2号 石井一郎 抵当権者 千代田区飯田橋○丁目○番○号 株式会社○○銀行

※ 下線のあるものは抹消事項であることを示す。

❷ 5,000万円の借り入れをしていることがわかる。10年経過していることから、残債が「5,000万円÷30年×20年=3,333万円」ほどあると推測される

3時限目 やってはいけない不動産投資術

新築ワンルームマンション、新築アパートなど、アパートメーカーからの建築提案、サブリースには「罠」がいっぱい!

01

新築ワンルーム

「キャッシュフローが赤字の物件」を購入してはいけない

1 はじめから赤字の物件を選択する理由はない

「所得税還付が受けられるから」と、月々の収支が赤字の新築ワンルームマンションを投資目的で購入する人がいます。「**所得税還付とは、不動産投資で赤字が出た際に損益通算ができるため、払いすぎた所得税が戻ってくること**」をいいます。

サラリーマンや勤務医といった勤め人は、所得税もガラス張りで節税の余地も少なく、高所得者ほど高い納税を強いられています。この歯がゆさに目をつけた業者のトークは巧みです。

- **新築ワンルーム投資をすれば個人事業主になって青色申告できます。アパート経営で赤字になった分を本業の収入と損益通算することで、所得税の還付が受けられますよ！**
- **物件のロケーションがいいので将来の資産性が高く、持っていても損はしません！**

- **将来の年金代わりになりますよ！**
- **団体信用生命保険に加入すれば、生命保険代わりにもなります！**

そもそもワンルームは銀行の評価が低くなります。これは、何かあったときに共用部の修繕、建て替えなど、「**単独で資産性を上げる取り組みができない**」こと、「**土地が共有持分で評価が出にくい**」といったことが理由です。

たとえローンの返済が終わって無借金でワンルームを持っていても、あまり高く評価してもらえません。

また新築ワンルームで、購入当初はキャッシュフローが黒字の物件もあります。これは「**赤字にならぬよう巧妙に家賃を1～2割高くして、キャッシュが残るように見せているため**」です。

しかし、数年経てばこの「**プレミアム家賃**」は剥がれ、キャッシュフローも赤字になります。さ

用語補足

不動産投資では、マンションは大きく「区分所有マンション」か「一棟マンション」に類別される。新築ワンルーム投資は、区分所有の中でも単身者向けを対象にしたもの。投資用マンションデベロッパーから新築分譲で購入し、投資用として運用することになる

不動産の種類	備考
区分マンション	ワンルーム 1R、1K　DINKS・ファミリー向け 1LDK、2LDK、3LDK
一棟アパート	一棟は、木造・軽量鉄骨をアパート、鉄筋コンクリート・鉄骨をマンションと呼ぶ
一棟マンション	
駐車場	
テナント・店舗	

らに慌てて売却しようと思っても、新車と同じく購入と同時に2~3割下がっているので、数百万円は損をすることになります。

とにかく、**「怪しい話や美味しい話には、近寄らない」**ことです。「自分だけは大丈夫!」と思うかもしれませんが、よく点検してみてください。新築ワンルームを販売する不動産業者は、次のようなアピールポイントで売り込んでくるので、次頁図に「買わない理由」として反論ポイントをまとめておきます。

新築にかぎらず、**「築浅物件《ちくあさぶっけん》」**においても類似の売り込みでくるので注意しましょう。

最後に、この実態を事例に基づいて検証してみましょう(次々頁参照)。

新築ワンルームを売りつける手口

- 最初は黒字でもすぐに赤字になる!
- キャッシュフローが赤字になるのは投資ではない!
- 35年で節税できるのは数百万円なのに、キャッシュフローの累積赤字は1,000万円以上
- 生命保険が必要なら月数千円で入れる。毎月数万円から数十万円の赤字物件は必要ない
- 高額納税者でも、本業を失えば金食い虫のお荷物となる

● **新築ワンルームを買わない理由**

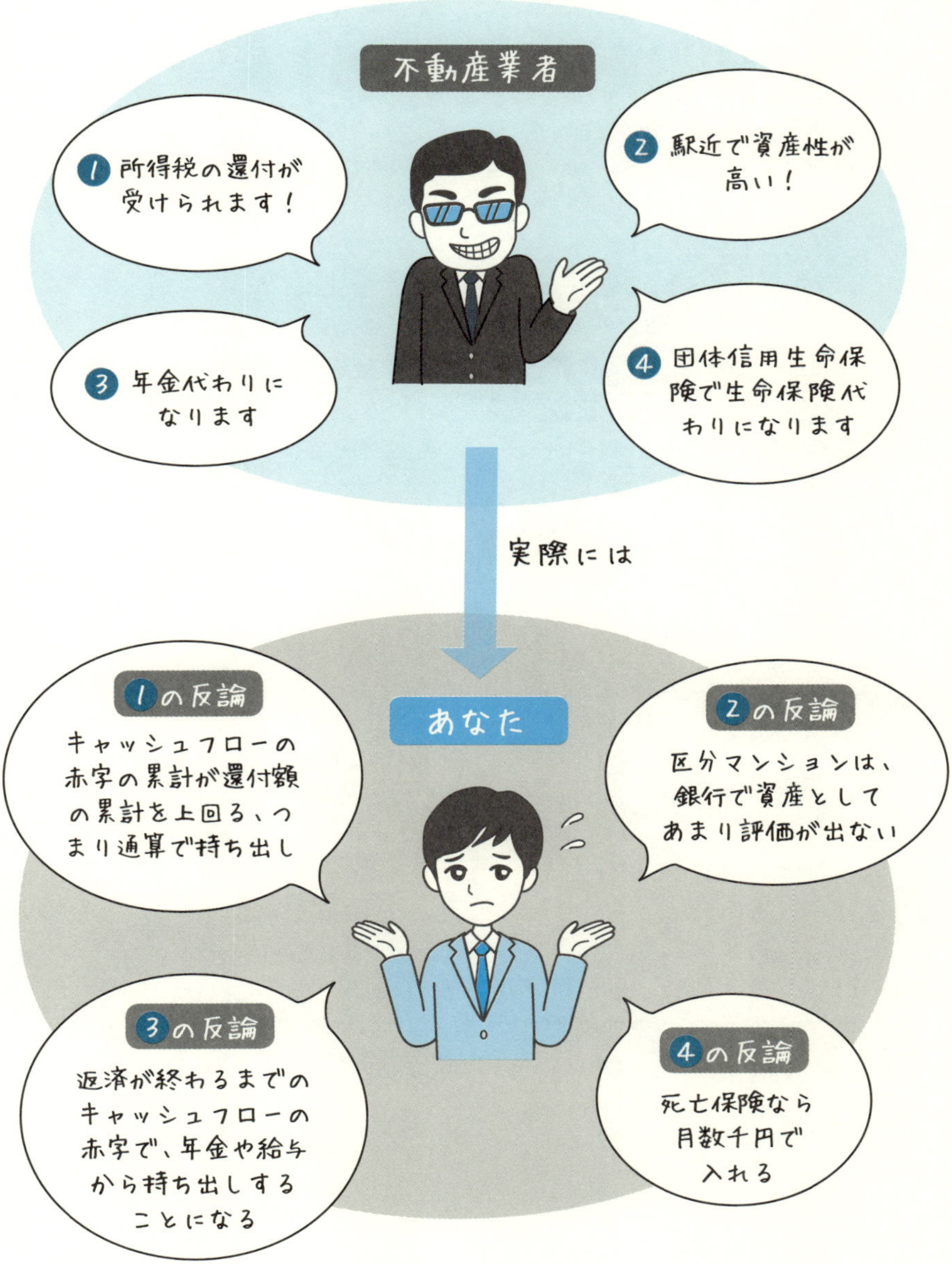
不動産業者
1 所得税の還付が受けられます！
2 駅近で資産性が高い！
3 年金代わりになります
4 団体信用生命保険で生命保険代わりになります
実際には
あなた
1の反論
キャッシュフローの赤字の累計が還付額の累計を上回る、つまり通算で持ち出し
2の反論
区分マンションは、銀行で資産としてあまり評価が出ない
3の反論
返済が終わるまでのキャッシュフローの赤字で、年金や給与から持ち出しすることになる
4の反論
死亡保険なら月数千円で入れる

● 新築ワンルームを購入

物件	2,500万円（土地：1,000万円、建物：1,500万円）
家賃	6.5万円（年間：78万円）
減価償却	47年定額償却

こんな物件を次の条件で購入した。

アパートローン融資期間 30年　金利 2％
年間ローン返済額 111万円（元本＋利息）

そして、リスクを次のように想定した。

空室率 10％　諸経費率 15％

1年間のキャッシュフローを計算してみると……

6.5万円×12カ月	＝	78万円	家賃収入（1年間）
		−111万円	年間ローン返済額
−78万円×10％	＝	−7.8万円	空室リスク費
−78万円×15％	＝	−11.7万円	諸経費
		−52.5万円	キャッシュフロー

キャッシュフローは赤字になった。

これを「アパート経営」の観点で計算（キャッシュフローから減価償却費を引く）してみると……

	−52.5万円	キャッシュフロー
1,500万円 ÷ 47年 =	−32万円	減価償却費
	−84.5万円	アパート経営の会計

アパート経営の収支は−84.5万円となった。
そして、還付される所得税を計算してみると……

−84.5万円	アパート経営の会計
×43%	給与所得900万円〜1,800万円の場合
36.3万円	所得税還付

1年間のトータル収支を見ると最終損益は赤字。

−52.5万円	キャッシュフロー
＋36.3万円	所得税還付
−16.2万円	最終損益

※ちなみに、この物件の 表面利回り は、3.1%（78万円÷2,500万円）

02

新築アパート

「新築アパートメーカー」から購入してはいけない

1 新築アパートメーカーは、「ひとり1物件」しか紹介してくれない

アパートメーカーは土地を安く仕入れることができれば、たとえアパート需要が微妙だったとしても、建てやすい場所に建築する傾向があります。なぜなら、彼らは数をこなしていく必要があり、土地を厳選していたら商売が伸びないからです。

しかし、「**賃貸業は立地で入居率が左右されるので、場所選びが重要**」です。いったん購入してしまったら、あたりまえですが、立地はあとから変更することはできません。

まず、次の2点をしっかり調査する必要があります。

❶ **本当に、その場所にアパートの需要があるのか？**
❷ **需要はあったとしても、供給過多になっていないか？**

しかし厄介なことに、**「新築アパートメーカーは、往々にしてひとり1物件という形で提案してくることが多く、オーナーとなる人に場所を選択する機会や権利を与えないことが多い」**のです。

特に、ここ数年はアパート投資の人気加熱の中で、紹介してほしい人が物件数よりも多く、「この人にはこれ！」という形で1棟、多くても2棟くらいしか紹介してもらえない状況が続いてきました。その結果、物件を比較したり精査をすることもできずに、新築アパートを勧められるがままに買ってしまうのです。

また、**「この〝建てやすい場所〟は、次から次へと新しく出てきては新築物件が建つので、あなたが買った新築アパートは、1～2年も経てばすぐにユーザーから見劣りする物件になってしまう」**のです。せっかくの入居者も、新築になびいて引っ越ししてしまうかもしれません。

2 「新築プレミアム」という魔法の言葉

新築アパートは新車と同じで、買った途端に値が下がっていきます。

新築アパートメーカーの新築アパートの値付けは、市場で売れるであろう表面利回りを上限に、土地と建物でかかった原価に2～3割の利益を乗せて売りに出しています。

つまり、「**表面利回り9～10％くらいでつくって表面利回り7％で売っている**」イメージです。

具体的には、次頁のようなイメージになります。ここはとても大切なので、考え方や計算方法をよく覚えておいてください。

- **年間家賃収入720万円のアパート一棟を表面利回り9％取れるようにつくろうとすると**
- **8000万円（720万円÷9％）でつくることになる**
- **そこに2〜3割の利益を乗せて売ると、1億400万円（8000万円×1・3）で売ることになる**
- **これだと購入者の手に渡った時点で、表面利回りは7％（720万円÷1億400万円）になってしまう**

実際に7％の表面利回りでもよしとして買った場合でも、表面利回りを高くするために、新築アパートメーカーが最初から設定家賃を1割高くしていることがあります。「**この高い家賃は、新築アパートならではの〝新築プレミアム〟というご祝儀的な家賃設定だから可能**」なのと、「**入居者を募集する際に仲介業者に通常の仲介手数料とは別に、広告費を多めに払うことで、この強気の家賃設定でも客付けが可能になるから**」です。

入居者が1〜2回転もすれば「新築プレミアム」は剥がれ落ちて、表面利回りは7％から6・

3%ぐらいまでガタンと落ちてしまいます。「失敗した！」とすぐに売ったとしても、買うときにかかる「仲介手数料＋諸経費」、売るときにかかる「仲介手数料」だけで、物件価格の10%くらいは損をしてしまいます。

1億円の物件であれば1000万円はかかるので、大きな痛手になります。

表面利回りが6・3%になると残るキャッシュフローが少なくなるので、もし空室率が大きく膨らんだり、大規模な修繕費が必要になったり、金利が上昇したときは、マイナスになるリスクが高くなります。

「頭金0円ではじめられる！」といった見栄えのいい広告が出ていますが、「**新築アパートを業者から購入するのは、相当用心してかからないと火傷しますよ**」。

新築アパートメーカーから紹介される物件の落とし穴

- 立地はあとから変更できない！　需要はあるか？供給過多でないか？
- 新築アパートの2〜3割が業者の利益
- 新築アパートメーカーは、表面利回り10%でつくっていても、実際には表面利回り7%で販売されることになる
- 初期家賃は「新築プレミアム」でふかしてあり、1割以上高い！
- 入居者1〜2回転で「新築プレミアム」が剥がれ落ち、表面利回り7%が6.3%に！

03

融資可能年数

法定耐用年数を超えた期間の融資で物件を購入してはいけない

1 耐用年数の残りが短い物件を、初心者が手を出してはいけない理由

「**耐用年数とは、建物が築何年まで利用に耐えられるか、価値があるのかを示す目安**」です。会計上、建物の経済的価値が毎年減っていく分を減価償却費として費用計上できます。この償却できる期間を構造別に定めたものを「**法定耐用年数**」といいます。下表にある木造であれば、22年にわたり建物が減価していくとして、その期間で減価償却費を計上していきます。

金融機関が融資期間を判断したり、不動産の価値を評価する鑑定評価でも、この法定耐用年数を目安に検討することが多くあり

● 法定耐用年数一覧

構造	法定耐用年数
木造	22年
軽量鉄骨	27年
重量鉄骨	34年
RC（鉄筋コンクリート） SRC（鉄骨鉄筋コンクリート）	47年

ます。融資の場合、一般的に10年経っている木造建築であれば、次の式のように考えます。

法定耐用年数（22年）－経過年数（10年）＝残存年数⇒融資可能年数（12年）

しかし金融機関によっては、残存年数を超えて融資してくるところもあります。

「3つのS銀行」で有名な、実質融資ストップとなってしまったスルガ銀行、静岡銀行とSBJ銀行は利率が高めですが、残存年数を超えて長期で借りることができます。

その結果、通常の法定耐用年数内での融資では「家賃収入＜返済」となってしまい、キャッシュフローが出ないところが、3つのS銀行であれば、「家賃収入＞返済」となり、キャッシュフローを黒字にすることが

● 法定耐用年数超えの長期融資の物件を購入

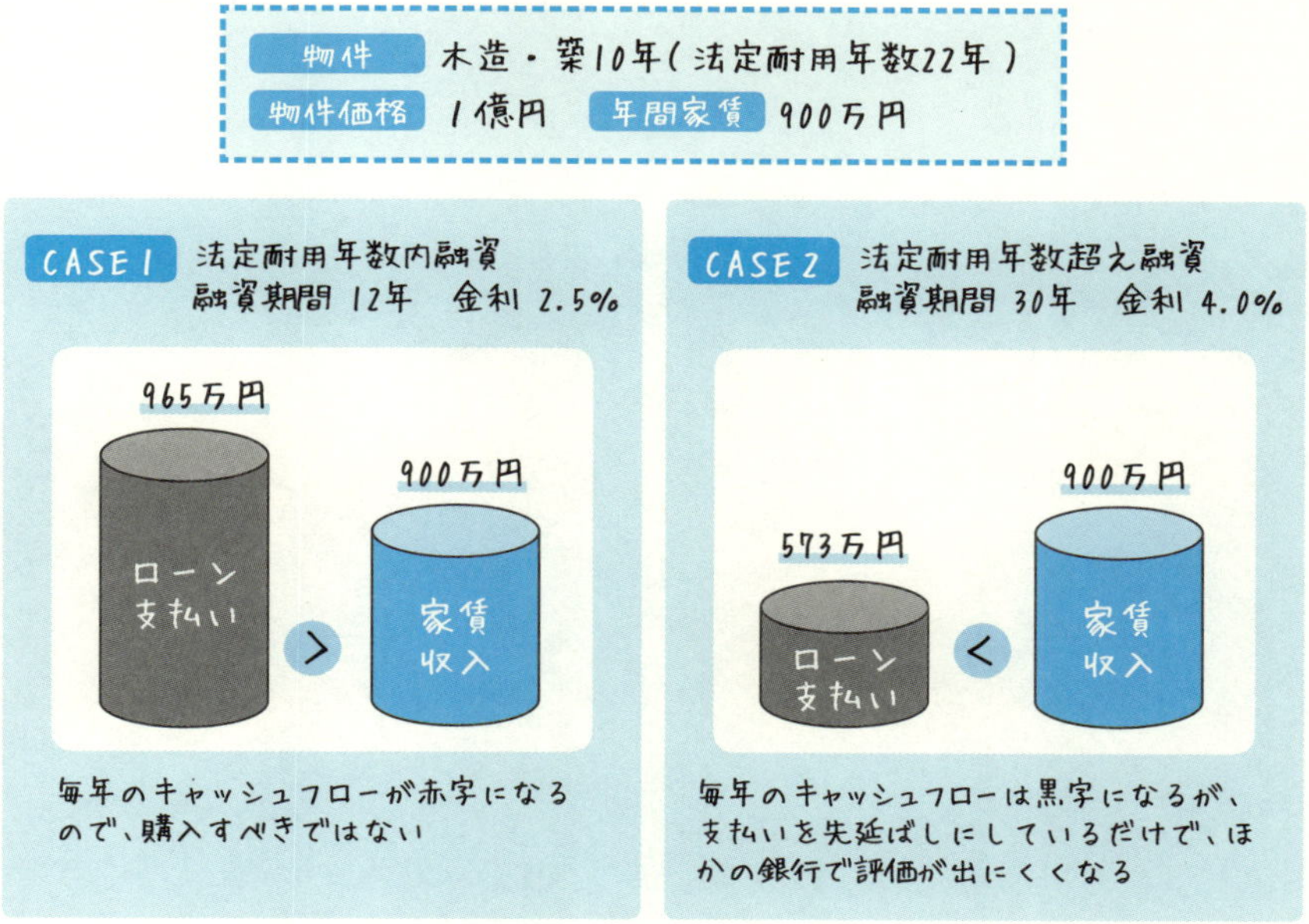

できます。

またこのような物件は、売却しようとしても次の購入者も当然のように融資は受けにくいので、融資金融機関を限定してしまうことで出口が見つけにくくなります。

不動産投資でさらなる成長を望んでいる場合は、最初にこのような物件を買ってしまうと成長が止まってしまう可能性が高くなります。担保価値の低い物件が個人の信用力を食いつぶしてしまい、追加融資が難しい状態になることを「**信用《しんよう》毀《き》損《そん》**」といいます（下図参照）。

「法定耐用年数を超えた期間の融資で物件を購入する」不動産投資は、ある程度成長してから、打ち止めでもいいというタイミングや、繁華街や街の中心地にある希少性の高い古い物件を買いに行く場合なら、有効な手段になるかもしれません。

用語補足

信用毀損

ローン残高が個人の信用力と、所有物件の担保価値の合計を超えてしまい、追加融資が受けられない、もしくは受けにくくなる状態のこと

04 土地活用・相続税対策 「アパートメーカーからの提案」でアパートを建築してはいけない

1 検証してみたら「地主を骨抜きにする」ような提案ばかり

アパートメーカーが地主に「相続税対策」と煽ってアパート建築を提案してくることがよくあります。実際には、「**地主を骨抜きにするような、アパートメーカーが優位な提案になっている**」のが現状です。これは、地主の友人が受けた複数の大手アパートメーカーの提案を比較検証して、改めてわかったことです。

前提条件 三大都市の県庁所在地で、市街地の駅近に100坪の土地を所有しているアパートメーカーB社の提案が表面利回り6％だった。これに対して、地場のD工務店を探すことで表面利回り12％にアップした。

検証結果

なぜこうなったのか、考察すると次のような理由が考えられます。

❶B社からの提案が15戸だったのに対し、B社からの提案金額より安く20戸建てられるD工務店を見つけられたので、圧倒的に建築費を抑えることができた。しかも、B社が重量鉄骨であるのに対し、D工務店はRC（鉄筋コンクリート）なので、耐用年数も長くなる

❷B社は「一括借上家賃保証」をする提案になっていて、家賃の85％しか保証されていなかった

「**土地を持っていない投資家が、表面利回り5〜6％の仕上がりで低いと残念がっているのはある程度しかたのないこと**」です。これが「**土地を持っているとしたら、6％しか表面利回りがないのはどうにも合点がいかない話**」になります。

さらに、次のような落とし穴がセットになっています。

❶家賃保証は2年に1回見直す

❷家賃保証は大家から一方的に解約できない

❸修繕を見越した、修繕費を積み立てるためのフルサポートパックのような提案は、アパート会社の指定した高い系列リフォーム会社しか使えないようになっている

ここで問題なのは、サブリースをしているアパートメーカーは借家人という存在なので、借家人は弱いという位置づけになり、法律的にも借家人を守ろうとする方向になります。

結果オーナーより借家人というお面をかぶったサブリース会社が保護され、強い立場になるのです。

サブリース（家賃保証）のしくみ

オーナー⇓サブリース会社（借家人）⇓入居者の構図で、サブリース会社が入居者を見つけ転貸することで、オーナーに家賃を支払う（85％程度の家賃保証）

仮に家賃保証が解約できたとしても、既存の入居者を全員解約したり、修繕費の積み立て契約を解約する場合は、解約はできるが貯めたお金が返ってこないなど、アパートメーカーしか優位にならない条件になっています。

実際に、競売でここ数年、築浅の大手アパートメーカー建築のアパートが売りに出ているのをよく見かけるのも、結局は焦げついてしまった証拠です。

不動産の世界で、「○○建託村」といわれる場所は、比較的田舎にあります。「**もともとニーズが少ないところへどんどん乱立することで、入居者は埋まらず、値崩れが起こり、家賃を下げても下げても空室が埋まらず、その結果、家賃収入が減ってしまいローンを返せなくなる**」という構図です。

これだと、ある意味、地主にアパートメーカーが群がり、破たんに追い込んでいるとしかいいようがありません。お隣さんがやることになれば、隣の芝生は青く見えるものです。田舎で空いていた土地が、節税やら土地活用になるとなれば、我先にという心境にもなります。

もし土地を持っていて、土地活用を考えているのなら、数百万円、数千万円の節税のために、財産すべてを失うリスクがあるので、まずは、**「地元の不動産会社に賃貸ニーズや市場性を見てもらう」**こと、**「税務署の無料相談会などに足を運んで、相続税対策を自分主導で検討してみる」**ことからはじめてください。繰り返しますが、**「相手からくる話にはロクな話はない」**ことを肝に銘じておいてください。

● アパートメーカーからの提案を徹底比較

家賃保証で安定収入、節税効果を各社が提案

	A社	B社	C社-1	C社-2	地元D工務店
構　造	木造	鉄骨	RC	RC	RC
戸　数	8	15	9	15	20
坪単価	70万円	83万円	147万円	116万円	53万円
1室あたり費用	870万円	870万円	1.360万円	1,160万円	670万円
総建築費Ⓐ	6,960万円	1億3,840万円	1億3,400万円	1億8,900万円	1億3,400万円
年間家賃年収Ⓑ	650万円	858万円	806万円	1,270万円	1,560万円
表面利回り	9%（Ⓑ÷Ⓐ）	6%（Ⓑ÷Ⓐ）	6%（Ⓑ÷Ⓐ）	7%（Ⓑ÷Ⓐ）	12%（Ⓑ÷Ⓐ）
借上条件	家賃保証30年 90% リフォーム契約 2年ごと見直し	一括借上30年 100% （初期5年） 5年後見直し	家賃保証30年 85%	家賃保証30年 85%	

不動産投資はとにかく自分の
手と足を動かすことが大切。
自分で知識を身につけないと
「美味しそうに見える罠」に、
はまっちゃいます。

アパートメーカーからくる話は罠だらけ

- 数百万円の節税のために甘い誘いに引っかかり、高いアパートにならないか？
- 地主を骨抜きにするしくみを理解する
- 大手アパートメーカーと中堅地元建築会社では、利回り6%と12%で倍も違った！
- サブリースという甘い罠、一括借上・家賃保証で85%に家賃減額、一方的な解約条項！
- フルサポートで修繕費用をメーカー負担する代わりに高い積立金、解約時は返金なし！
- アパート建築、賃貸付け、管理を丸投げではメーカーの思うツボになる
- 大手のアパートメーカーの無料相続相談会は要注意！独立系の不動産会社や税務署に相談するほうがいい

05

新築ワンルーム

「高く買ってしまった物件」を買いたいという電話に騙されてはいけない

1 高く買ってしまった物件を安く売る理由はない

「お持ちの○○マンションを、ご予算○○万円で購入を希望されている方がいます」と、知らない不動産業者から、所有者に電話がかかってくることはよくあります。登記簿謄本などで所有者情報を調べて電話してくるだけの営業なので、実際に購入希望者なんているわけがありません。

「家賃はいくらですか？　それではキャッシュが残らないですよね。今のうちに売却して損失を最低限に抑えたほうがいいですよ」と、こちらが儲かっていないことに同情しつつ、このまま持ち続けることはリスクだからと、売却を勧めてきます。

これは「**ワンルームの物上《ぶつあ》げ業者**」と呼ばれる人たちで、「**所有者からの仕入れ価格を買い叩き、次の購入者を自社の不動産投資セミナーの参加者から募り、利益を上乗せして売却する**」ことを生業としています。

次頁の図のように、不動産業者が売主と買主の間に入り、売主から500万円で買った同日に、あらかじめセミナーで集客してきた購入希望者に800万円で売ります。業者は売買をしても、所有権は売主から買主に直接移転します。

結果、**「物上げ業者は所有権移転登記費用や不動産を購入したときに支払う不動産取得税がかからずに転売ができる」**のです。新築ワンルーム（や築浅物件）を高く買った所有者が、このようにして再度、安く買い叩かれてカモにされてしまうわけです。

これは、売主と物上げ業者間の契約が**「第三者のためにする売買契約」**、物上げ業者と買主間の契約が物上げ業者が所有しない物件の売買なので、**「他人物を売買する契約」**となります。その場合、物上げ業者への所有権の移転を省略できるので**「中間省略登記」**と呼ばれています。

ワンルーム物上げ業者に注意！

- 中間省略、第三者のためにする売買契約を使い、安く仕入れて高く売る即転売益をねらっている
- 高くワンルームを買った人が、再度買い叩かれ、2度貧乏くじを引くことになる

● 物上げ業者の手口

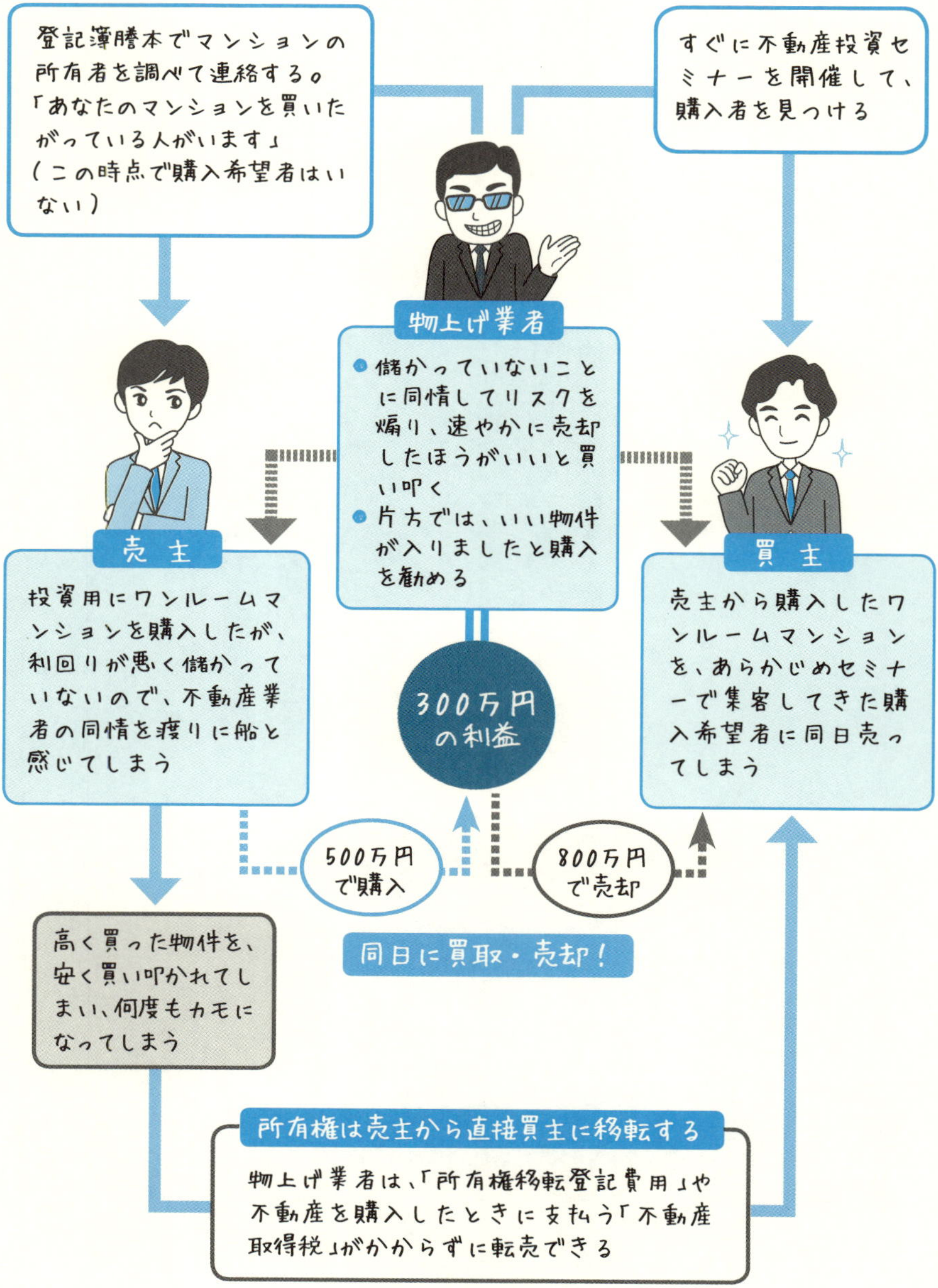

登記簿謄本でマンションの所有者を調べて連絡する。「あなたのマンションを買いたがっている人がいます」（この時点で購入希望者はいない）
すぐに不動産投資セミナーを開催して、購入者を見つける
物上げ業者
● 儲かっていないことに同情してリスクを煽り、速やかに売却したほうがいいと買い叩く
● 片方では、いい物件が入りましたと購入を勧める
売主
投資用にワンルームマンションを購入したが、利回りが悪く儲かっていないので、不動産業者の同情を渡りに船と感じてしまう
買主
売主から購入したワンルームマンションを、あらかじめセミナーで集客してきた購入希望者に同日売ってしまう
300万円の利益
500万円で購入
800万円で売却
同日に買取・売却！
高く買った物件を、安く買い叩かれてしまい、何度もカモになってしまう
所有権は売主から直接買主に移転する
物上げ業者は、「所有権移転登記費用」や不動産を購入したときに支払う「不動産取得税」がかからずに転売できる

4時限目
不動産投資はアパート一棟がお勧め

不動産投資で儲けるコツは、業者がやっているように、「自分で土地から探して新築を建てるのが1番」です！

01 「アパート一棟」と「区分ワンルーム」どちらが稼げる？

1 キャッシュフローから「ROEを比較」してみる

実際に私が所有していた物件を例に、アパート一棟と区分ワンルームの比較をしていきます。自己資金として現金を600万円持っていたので、最初に区分ワンルームを現金600万円で購入しました。その後、また現金が600万円できたので、その600万円を頭金にして、ほかに5400万円の融資を受けて6000万円のアパート一棟を購入しました（83頁：「区分ワンルームとアパート一棟の比較」参照）。

まず、キャッシュフローをROE（次頁下図参照）と資金回収期間の観点で見ていきましょう。

年間のキャッシュフローは、アパート一棟が174万円、区分ワンルームが58万円で、3倍以上の差がつきました。投資資金効率を示すROE数式（次頁下図参照）に、この自己資金600万円のケースをあてはめてみると、次のようになります。

アパート一棟のROE
174万円÷600万円＝0・29（＝29%）

区分ワンルームのROE
58万円÷600万円＝0・096（≒10%）

アパート一棟のほうが、資金効率的に3倍もいいのがわかります。「**アパート一棟は、他人資本を使って10倍の勝負ができるというレバレッジ効果が効いている**」のです。

またROEの逆数で示せる投資回収期間は、次のようになります。

アパート一棟の資金回収期間
1÷0・29＝3年

区分ワンルームの資金回収期間
1÷0・1＝10年

区分ワンルーム投資では時間がかかりすぎる

たとえですが、アパート一棟の場合、子どもの中学入学時

用語補足

ROE（Return on Equity）　キャッシュフロー÷自己資金
投資に対してどれだけ利益を生み出せたかの比率。
ROEが高いほど投資効率が高く、有利な投資といえる

資金回収期間　1÷ROE（ROEの逆数）
自己資金を何年で回収できるのかという期間

に一棟買うと、卒業時に投資した自己資金が返ってくる計算になります。

この調子でいくと、高校入学時に一棟購入、卒業時に資金回収、大学入学時に一棟購入、卒業までに資金回収というぐあいに、10年間で3棟購入して、都度3回自己資金が回収でき、次の投資運用ができてしまいます。

一方で、区分ワンルームだったら、子どもの中学入学時に入れた600万円が、大学を卒業するまで戻ってきません。

不動産投資をはじめる人は教育費や将来の年金代わりなど、目的はさまざまだと思いますが、「**区分ワンルーム投資では時間がかかりすぎる**」ということを理解してください。

2 「出口戦略（キャピタルゲイン）で比較」してみる

次に、「**売却という出口**」でどうなったのかを見ていきます。アパート一棟の売却価格は8100万円、区分ワンルームの売却価格は830万円だったとします。

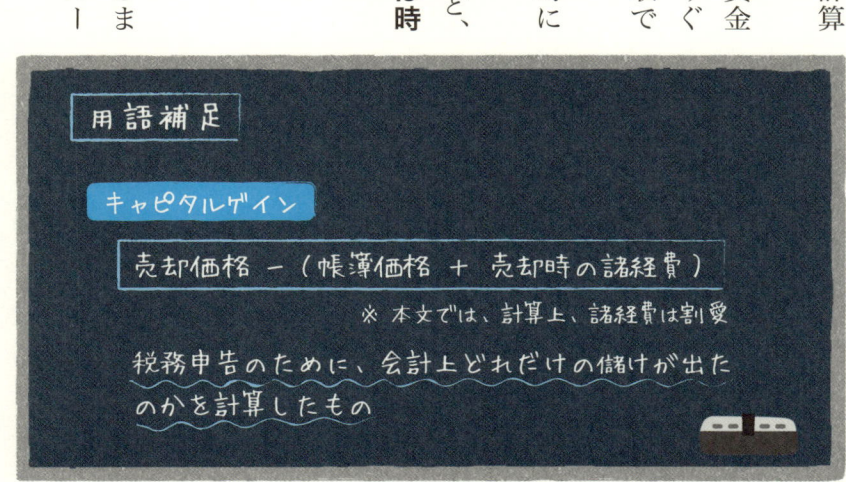

用語補足

キャピタルゲイン

売却価格 −（帳簿価格 ＋ 売却時の諸経費）

※ 本文では、計算上、諸経費は割愛

税務申告のために、会計上どれだけの儲けが出たのかを計算したもの

アパート一棟のキャピタルゲイン
8100万円－5000万円（帳簿価格）＝3100万円

区分ワンルームのキャピタルゲイン
830万円－460万円（帳簿価格）＝370万円

ここでは、約8倍の大きな差がつきました。

3 「投資キャッシュフロー」でどのくらい自由なお金を手にできたか比較してみる

さらにもうひとつ、重要な要素である「**投資キャッシュフロー**」も見ていきます。

ここでは次のように計算しています（計算のしかたは下図参照。計算式は次頁参照）。アパート一棟のローンの残り（残債）を3000万円としています。

用語補足

投資キャッシュフロー	売却価格 － 残債 － 自己資金

通常の営業活動以外（賃貸収入以外）の投資活動で、どれだけフリーなキャッシュが手にできたかを見る。ここでいう投資活動とは、アパート一棟や区分ワンルームを売却した際に、どのくらいのお金が増減したかということ

アパート一棵　8100万円－3000万円－600万円＝4500万円

区分ワンルーム　830万円－0円－600万円＝230万円

なんと、20倍以上の投資によるフリーなキャッシュフローが手にできたことになります。もう少し具体的に見てみると、アパート一棟の場合なら、入居者が私の代わりにローンを返済してくれたお陰で、残債5400万円が3000万円まで減ったということです。

アパート一棟と区分ワンルームで、これだけの差が出るのは、「**売却価格の上昇率はほぼ同じですが、アパート一棟のほうが価格が大きいので、上昇幅が大きくなる**」ためです。比較すると、アパート一棟6000万円が8100万円になったのですから、上昇率は1・35倍、上昇幅は2100万円になり、区分ワンルームは600万円が830万円になったので、上昇率は1・38倍、上昇幅は230万円になります。ここにもレバレッジ効果が出ているのです。上昇幅の絶対額も2100万円と230万円ですから、10倍違うことがわかります。

FXや株も、レバレッジは信用取引で掛けることができますが、ある一定幅の値動きを超えるとすぐに損切りをさせられて、多くの人が追加証拠金（追証）に追い込まれ、元本以外のお金を出さないといけなくなってしまいます。

対して不動産は0・4％の人しか失敗しません。「**20〜30年にわたってレバレッジを効かせることができ、その間ずっと入居者が家賃を支払って借金を返済してくれる**」ことになるのです。

● 区分ワンルームとアパート一棟の比較

価格	600万円
表面利回り	12%
購入	平成18年
構造	ＲＣ
築	11年（ワンルーム）
場所	大阪府

価格	6,000万円
表面利回り	12%
購入	平成22年
構造	鉄骨
築	19年（1棟10室）
場所	大阪府

	区　分	一　棟	
物件価格	600 万円	6,000 万円	①
自己資金	600 万円	600 万円	②
借入金	0	5,400 万円	①−②
借入条件		15 年、1.5%	
年間家賃	72 万円	720 万円	③
表面利回り	12%	12%	③／①
部屋数	1 戸	10 戸	
空室率	10%	10%	
諸経費率	10%	10%	
レバレッジ	なし	10 倍	①／②
キャッシュフロー	58	174	④
ROE	10%	29%	④／②
資金回収期間	10 年	3 年	
特　徴	資金回収 10 年	資金回収 3 年で再投資可能。 家賃で他人が返済	
確定申告	当面、白色申告で 節税効果低い	初年度から青色申告、 節税効果高い	
売却価格	830 万円	8,100 万円	⑤
帳簿価格（売却時）	460 万円	5,000 万円	⑥
残債（売却時）	0	3,100	⑦
キャピタルゲイン	830−460＝370 万円	8,100−5,000＝3,100 万円	⑤−⑥
投資キャッシュフロー	830−0−600＝230 万円	8,100−3,000−600＝4,500 万円	⑤−⑦−②

- ROE＝キャッシュフロー÷自己資金
- 資金回収期間＝1÷ROE

- キャピタルゲイン＝売却価格 − 帳簿価格
- 投資キャッシュフロー ＝売却価格 − 残債 − 自己資金

一棟をローンで購入すると、大家にはまず家賃からローンを返済して、さらに諸経費を引いた分がキャッシュフローとして残ります（**キャッシュフロー＝家賃ーローン返済ー諸経費**）。ローン返済が進むことで残債が減り、アパートが自分のものになっていくのです。

事例では、年間キャッシュフロー174万円を得つつ、約7年後に入居者の家賃でローン返済が進んで残債が3000万円にまで減り、半分が無借金になっているのです（下図参照）。

「**家賃から返済分と諸経費を引いた金額がキャッシュフローとして残り、さらには借金が返済されて徐々に自分のものになっていきます。売却する際に借金の残債が減っているので、大きくフリーなキャッシュを手にすることができる**」のです。

● アパート一棟投資の魅力

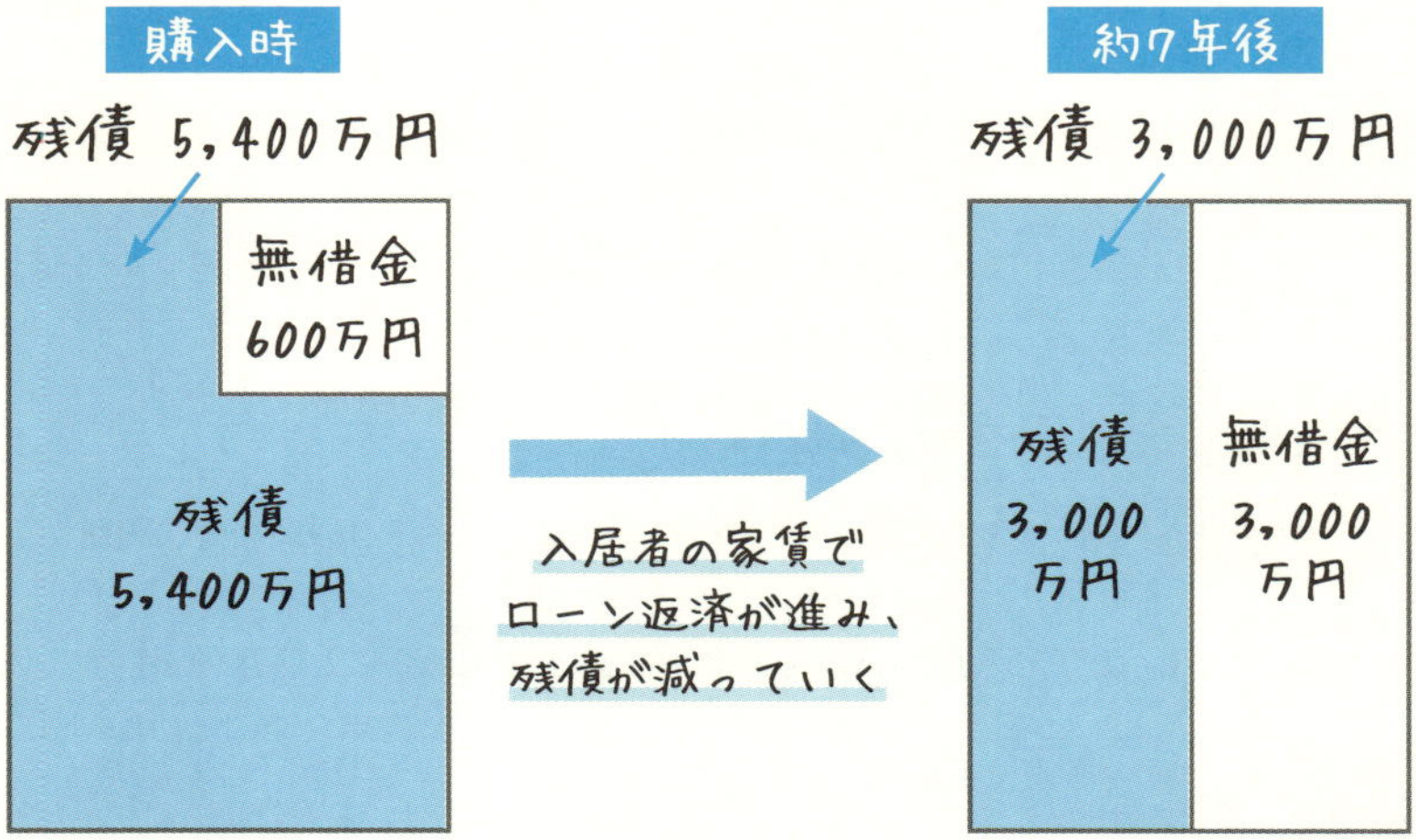

02 「最もお勧めする不動産投資」のはじめ方

1 「最初からアパート一棟買い」をしよう！

私がはじめたころは、サラリーマンの不動産投資が一般的ではなかったので、アパートローンが使えませんでした。しかたなく区分ワンルームを現金購入でスタートしてから戸建てに進み、7〜8室目で購入金額の半分までローンが組めるようになり、その後、ようやくアパート一棟で初の9割融資にこぎ着けました。

もちろん、一棟買いをはじめてからの成長が早かったことはいうまでもありません。最もお勧めする不動産投資のはじめ方は、もしも融資が通るなら、**「最初からアパート一棟からはじめること」**です。その代わり、物件選定を失敗するとマイナスにも大きく振れてしまいます。「**慎重にステップバイステップでやりたい人は、あまり儲かりませんが、損をしたときの影響も比較的少ない中古の区分ワンルームや戸建てからスタートしてもいい**」でしょう。

2 融資を受けるには、「ある程度の手元資金や収入」が必要！

アパート一棟投資の場合、銀行融資を受けてレバレッジを効かせる必要があることはお話ししました。ただし「**銀行融資を受けるためには、ある程度の収入や自己資金が必要**」です。

詳しくは5時限目04でお話ししますが、「**一棟投資が可能なゾーンは、年収750万円、金融資産800万円以上あることが最低ライン**」です。ここで大切なポイントは、金融資産は現金である必要はないということです。「**預金**」「**株式**」「**投資信託**」「**保険**」「**不動産**」「**会員権**」なども含まれます。「**金融資産一覧とは、銀行や**

● **金融資産一覧例**

（単位：円）

	区分	名義	口座番号	本人	家族	父	義母
銀	三菱東京 UFJ	本人		2,500,000			
	りそな	本人		1,500,000			
	×× 銀行	妻			300,000		
	○○銀行					3,000,000	
株式	SBI 証券	本人		1,000,000			
	野村証券	本人		300,000			
保険／投資信託	401K	本人		3,000,000			
	学資保険	長男			1,000,000		
	ジャパンリート			300,000			
	養老年金					1,000,000	
不動産	賃貸マンション	本人		5,000,000			
	自宅	実父				5,000,000	
	自宅	義母					10,000,000
会員権	△△カントリー	本人				100,000	
				13,600,000	1,300,000	9,100,000	10,000,000

※ 現金だけなく株式、保険なども金融資産として数える。家族と購入するなら、家族の金融資産も含めていい。

証券会社、保険会社の口座の名義、口座番号、金額などを一覧にして、金融資産全体の合計金額を整理したもの」です。

「**金融機関は、金融資産を多く持っている人に対して積極的に融資するので、できるだけ最大限の資産を公開する**」ようにします。家族、父母、義父義母、兄弟の連名で購入する予定なら合算も可能ですし、とにかく、すべての資産を洗い出し、そして足りない場合には知恵を絞ることが大切です！　そういった見せ方を工夫することで、融資のチャンスが広がります。

銀行への融資打診に必要な収入、金融資産一覧表のサンプルをサイトからダウンロードできるようにしているので、ぜひご活用ください。

読者特典❷　融資打診に必要な収入・金融資産一覧表
（読者向け公式サイト：kimunii.com で入手可能）▶▶

なお、年収や金融資産が右記のライン（年収750万円、金融資産800万円以上）にあてはまらなかったとしても、あきらめないでください！　新築なら住宅ローンを活用することもできます。賃貸併用住宅であれば年収550万円から、戸建てであれば年収300万円からチャレンジが可能です。詳しくは5時限目02 CASE❶と、5時限目06 番外編❶で、事例を見ながらお話しします。

03 「中古アパート一棟投資」をいろいろな角度から検証してみる

1 「中古アパート一棟・地方RC投資」は成功するのか？

「**地方は土地の価格が安いので、〝積算価格の出る土地〟や〝持て余すほど広大な土地を持っている地主がのびのびと敷地を使って建てた土地と建物〟を買って、〝含み資産〟にして買い進む戦略**」となります。

金融機関における不動産の主な評価は、「積算評価法」と「収益還元法」です。「**積算評価法は、現在の不動産を再調達するとしたときにいくらかかるかで、担保価値を評価するもの**」で、三井住友銀行が主にこれを使っています。

「**収益還元法は、収益がいくらあがるかという視点で、不動産の価値を家賃・不動産価格・融資期間で稼ぐ力、返済する力から評価するもの**」です。

三井住友銀行は全国規模で融資が可能なので、積算評価の出る田舎の土地を買い増していき、積算評価で「**余裕担保能力**」を活かして、次の物件で優位に融資を引き出すことができます。

次のような田舎の物件を購入することで、5000万円の担保余力ができます。

例
販売価格 **1億円**
積算価格 **1・5億円**
⇓
余裕担保能力 **5000万円**

この結果、次に買い進むときにも金融資産のエビデンスとして、現預金の代わりに、地主のように資産を持っていると評価してもらえるのです。

エビデンスとは?

「**金融資産一覧で作成した預金や株式、保険などを、確かに持っていると裏づける証明書のこと**」です。金融機関は融資にあたり、このエビデンスとして、名前と口座番号が入っている通帳・保険証書などのコピーの提示を求めてきます。土地や建物など不動産を持っている場合には、その所有と残債の有無がわかる登記簿謄本や金融機関からの借入明細の提示が求められます。最近、エビデンスは、悪徳業者による通帳改ざんなどによる不正融資が問題になり、以前はコピーでよかった金融機関でも、原本を対面で確認することが多くなってきています。

積算オーバー(積算価格>販売価格)の優秀な物件は見つからない

ここで注意しないといけないのは、「**日本の人口は2045年にかけて25%減少し、少子高齢化**

により賃貸住宅を必要とする20代から50代の労働人口が減る」と、総務省の人口統計で予測が出ていることです。特に北海道では35％、四国においては45％も減少します。

仮に空室率が常時20％のような田舎で45％の人口が減る前提で試算してみましょう。

現在の入居率 80％ ⇐ **2045年の人口減率** 45％

2045年には人口が45％減るので、入居率もその分下がると予想

2045年の入居率 80％×（100％－45％）＝44％ ⇓ **2045年の空室率** 56％ ⇐

ここから、予想諸経費を引く

予想諸経費 15％ ⇓ **キャッシュフロー** 100％－56％－15％＝29％ ⇐

この29％でローンを返済することになる

なんと2045年には、空室率が20％から56％になり、諸経費を15％と想定すると家賃の29％しか残りません。この29％でローンを返済しなくてはなりません。

通常であれば、「**満室家賃に占めるローン返済比率は40％代が健全で、50％代がセーフライン**」としてローンを組んでいるはずです。これは、今現在ローン返済比率50％代で組んでいる優秀な人でも将来的には、ローンの返済が危ぶまれるということです。

　そうなると、地方のＲＣ投資はよほど場所を選ばなければ危険だということになりますが、地方の物件を探したところで、キャッシュフローがしっかり回り、積算オーバー（積算価格＞販売価格）の物件など、皆無に等しいのがわかります。仮にあったとしても、先輩大家が先周りして買っていたものを引き取ることになる可能性が高いです。

　運よく手に入れられたからといって、このような地方の物件に融資をしてくれるのは三井住友銀行とスルガ銀行か、地元の銀行くらいです。現時点で、「**三井住友銀行は、地方にかぎらず融資姿勢がかなり消極的です。ましてスルガ銀行に至っては、〝かぼちゃの馬車事件〟の２０１８年10月から完全にストップ**」しています。

　スルガ銀行は、２０１９年４月12日に経営不動産投資向け融資を５月中旬に再開すると発表がありました。しかし、不正全容の解明、創業家との関係解消、経営再建など問題が山積みであり、正常な状況にいつ戻るかはわからない状況です。

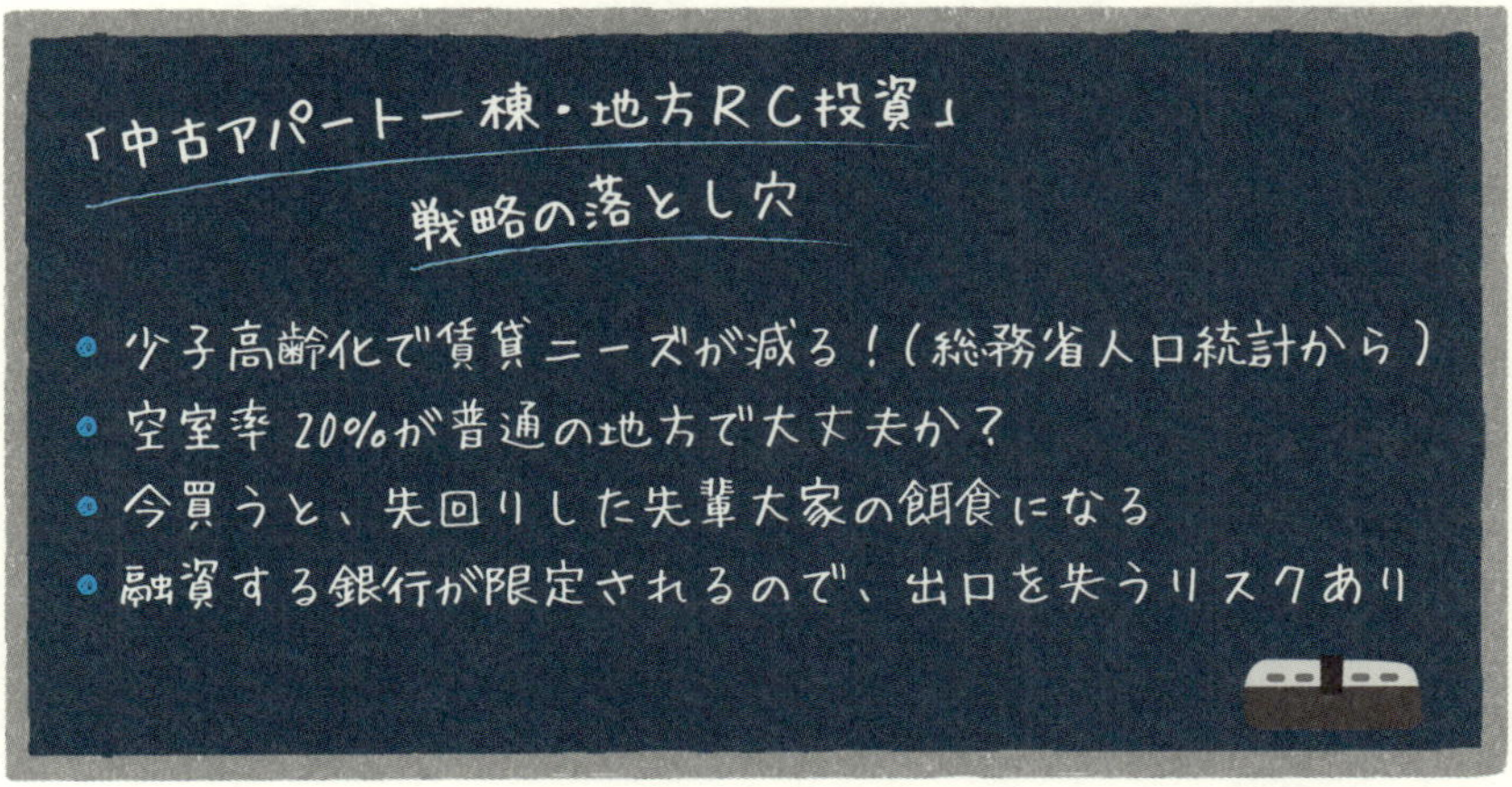
「中古アパート一棟・地方ＲＣ投資」
戦略の落とし穴
少子高齢化で賃貸ニーズが減る！（総務省人口統計から）
空室率20%が普通の地方で大丈夫か？
今買うと、先回りした先輩大家の餌食になる
融資する銀行が限定されるので、出口を失うリスクあり

かつてのように融資に対して積極的な銀行として復活するかは不明です。

こんな状況で、田舎の地方ＲＣに地元の銀行から融資を引っ張れるのは、地元の名士などかぎられた人だけです。最悪の場合、がんばって手に入れた「中古アパート一棟・地方ＲＣ」は、赤字のまま持った状態で、出口が見つからない可能性があります。

では、「どんな不動産戦略を選ぶ」べきか？

「現時点では利回りが高くなくても、流動性の高い都市圏で、さらに人口が減りにくい場所を選んでいくのが得策」です。もう少し市場の過熱度あいが覚めてきたら、地方ＲＣにも可能性はありますが、**「相場に参入する時期はくれぐれも注意が必要」**です。

2 「中古アパート一棟・土地値投資」は成功するのか？

読者特典 番外編
積算評価計算シュミレーター
（読者向け公式サイト：
kimunii.comで入手可能）

「法定耐用年数がすぎた古い木造物件を中心に、土地値（土地の値段）か土地値以下で物件を買い進む投資法」です。土地値以下なら表面利回りが低くても物件を購入するスタンスです。

この投資法は、法定耐用年数を超えた物件に対して融資をしてくれる信用金庫や信用組合など、比較的金利の高い（3～4％代）金融機関を使うことになります。

「築古物件ゆえ、修繕や故障による設備の入れ替え費用がかさむため、キャッシュフローが薄くなって次の投資に資金を回すことが厳しくなるリスク」があります。

出口戦略で売却するまで、きっちりキャッシュを回収できないうえに、田舎の土地値物件を買った場合は、そもそも将来的に売れるのかすら疑問が残ります。

この投資法を勧めていた著名投資家さんもいましたが、おひとりはM&Aで会社を売却することに成功し、もうひとりは海外不動産に転向しています。つまり、ラッキーな人でないとやってはいけないということです。

「中古アパート一棟・土地値投資」
戦略の落とし穴

- 利回り10%でも土地値以下なら物件を購入してもいい
- キャッシュフロー重視の投資ではない
- 法定耐用年数を超えた融資は、特定の「信用金庫」や「信用組合」頼りになる
- そもそも先輩大家さんが先回りしているので、なかなか見つからない

3 「中古アパート一棟・再生物件投資」は成功するのか？

「「**再生物件とは、ボロボロ、ガラガラの物件**」をいいます。
「大家が放置してボロボロになり、その結果、全室が空室のガラガラ物件」です。入居付けには大幅な改装、再生が必要です。

こういった物件を扱うのは、大家業として目利きのできるセミプロレベルになってからやればいいのであって、初心者が手を出す物件ではありません。はっきりいって、「**目利きを間違えると資金がショートして、物件にお金が出せなくなり自滅する可能性がある**」からです。

通常であれば改装費も含め金融機関から融資を引っ張るわけですが、全室空室の物件はなかなか銀行が相手にしてくれず、実績のある大家でなければ融資付けが難しくなります。

再生物件は、想定外なことが起きても対応できる手元資金力のある大家でなければ、やる必要がない投資法です。

「中古アパート一棟・再生物件投資」
戦略の落とし穴

- 経験のある大家でないと、ボロボロガラガラには融資がつかない
- セミプロ的な目利きのできる力が必要
- 再生物件には有事にも対応のできる資金力が必要

04 あなたにあった不動産投資法を「徹底診断」

1 あなたは銀行から「融資を受けられますか？」

自分にあった投資法を見つけるために、自己診断をしてみましょう。まずは、銀行融資が「受けられるか否か」です。

これは正確にいうと「**自身の属性（年齢、勤め先、年収など、銀行から見た社会的な信頼性）**」や「**資産背景（貯蓄、所有する資産）**」などによって変わります。たとえ同じ会社に勤めていても年齢が違えば役職や年収が違うわけで、それによって融資の状況は変わってきます。同じ年収で同じ年齢であっても、居住しているエリアによって融資の受けられる金融機関は変わります。融資については、7時限目の02で詳しく解説しているので、後ほどしっかり読んでおいてください。

基本的な話として、「**銀行融資を受ける際、求められるのは安定的な収入**」です。「**日本政策金**

融公庫といった政府系の金融機関であれば特に規定はなく、自営業者のような収入の不安定な属性でも借りることができます」が、それ以外の金融機関では「年収500万円以上」「年収700万円以上」、中には「年収1000万円以上」と定められている場合があります。年収の目安は銀行の融資姿勢、あなたやあなたの家族の資産背景、お住まいの地域、物件の内容によって変わります。

　ここでは、「**おおよそ〝年収750万円以上〟で正社員の人が、アパートローンで融資を受けられる人**」として定義づけます。日本人の平均年収は400万円ですから、年収750万円というと高いようにも思えますが、前述したようにこれは世帯で合計することができます。つまり、「**自分が年収400万円、配偶者が年収350万円であれば、年収750万円**」とみなされます。

　また、アパートローンを借りることを前提としているので年収のハードルが上がりますが、そのほかのローンを使った投資（賃貸併用住宅で住宅ローンなど）だったりすると、また条件が変わります。そのうえで次に読み進めてください。

❶あなたの属性で融資が受けられそうもないなら、〝区分・戸建て〟からはじめましょう
⇓「2　区分・戸建ての場合、新築と中古どちらがいいのか？❶」（98頁参照）へ進む

❷あなたの属性で融資が受けられそうなら〝一棟〟からはじめましょう
⇓「4　アパート一棟の場合、新築と中古どちらがいいのか？」（102頁参照）へ進む

● あなたにあった不動産投資法を徹底診断

融資を受けられるか？

- はい → **新築 or 中古？**
  - ○ 新築 →
    ● 新築アパート一棟
    - ・レバレッジが効く
    - ・建売は高い！
    - ・建売は場所が選べない

    自分で建てることで、好きな場所に高利回りの物件が建てられる
  - × 中古 →
    ● 中古アパート一棟
    - ❶ 地方 RC
    - ❷ 土地値物件
    - ❸ ボロガラ物件
    - ・利回りのいい物件が少ない
    - ・先輩大家の餌食に
    - ・レバレッジが効く
    - ・再生能力が必要
- いいえ → **新築 or 中古？**
  - × 新築 →
    ● 新築区分
    - ・キャッシュフローが出ないので、やったらダメ

    ● 新築戸建て
    - ・レバレッジが効かない
    - ・民泊で利回り向上の余地あり
    - ・業者建売は高い！
  - ○ 中古 →
    ● 中古区分
    - ・レバレッジが効かない
    - ・リスクが限定される
    - ・少額資金でしっかりとできる

    ● 中古戸建て
    - ・レバレッジが効かない
    - ・再生転売で資金づくりが可能
    - ・再生させる能力が必要
    - ・民泊で利回り向上余地 ⇒ ここで資金を貯めて、アパート一棟を目指すことができる

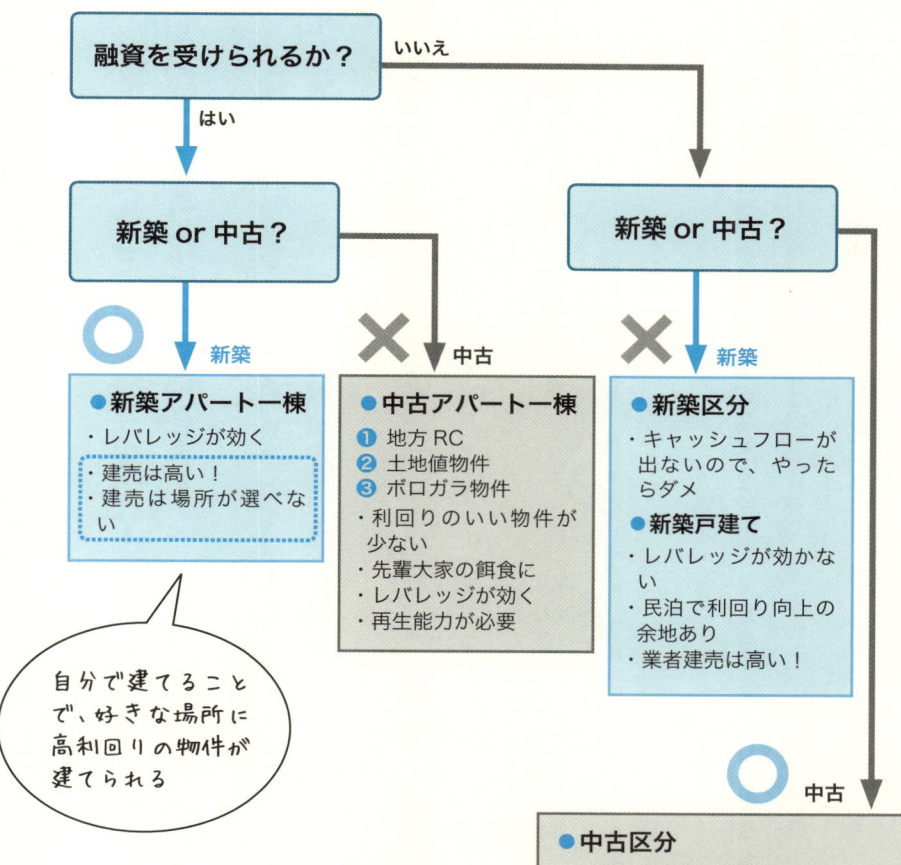

2 区分・戸建ての場合、新築と中古どちらがいいのか？ ❶
「新築区分には手を出すな！」⇒「中古区分をねらえ」

「区分とは〝区分所有マンション〟のことで、マンション一棟ではなく、マンションの一部屋の所有権を購入すること」です。投資用の区分ワンルームをはじめ、マイホーム用の分譲マンションも区分となります。

新築区分・中古区分に共通する特徴としては、毎月**「管理費」「修繕積立費」**がかかります。これは管理組合に支払います。一棟の管理会社に支払う物件の管理委託費については、入居がついてはじめて支払いが生じるものですが、区分の管理費・修繕積立費は、空室であっても発生するので注意してください。新築区分投資、中古区分投資のポイントは次のようになります。

- **新築区分はキャッシュフローが回らない。買った途端に2〜3割下がるので絶対に手を出してはダメ**
- **中古区分はリスクを最小化できるが、レバレッジが効かない。時間をかけて成長をねらう**

「管理組合」と「管理会社」の違い

名前は似ていますが、役割、内容はまったく違います。

「**分譲マンションなどの区分所有者全員が組合員になって、自分たちのマンションを管理するために“管理組合”を結成**」します。組合では「理事会」をつくり、マンションの管理は「理事会」で話しあいながら進めていきます。

マンションの区分所有者が、住宅ローン以外に毎月支払う管理費、修繕積立金をもとに、「マンションの管理費用、修繕費」に充てられます。

「**管理会社は、マンションの管理を行う専門業者**」です。マンションの管理は、管理会社に管理業務を委託していくのが一般的です。マンションの管理とは次のような多岐に渡って専門知識を必要とするものが多々あります。

- 共用部の清掃やゴミ出し
- 設備の保守点検
- 備品の管理

●「管理組合」「一棟のオーナー」が「管理会社」にマンションの管理を委託する

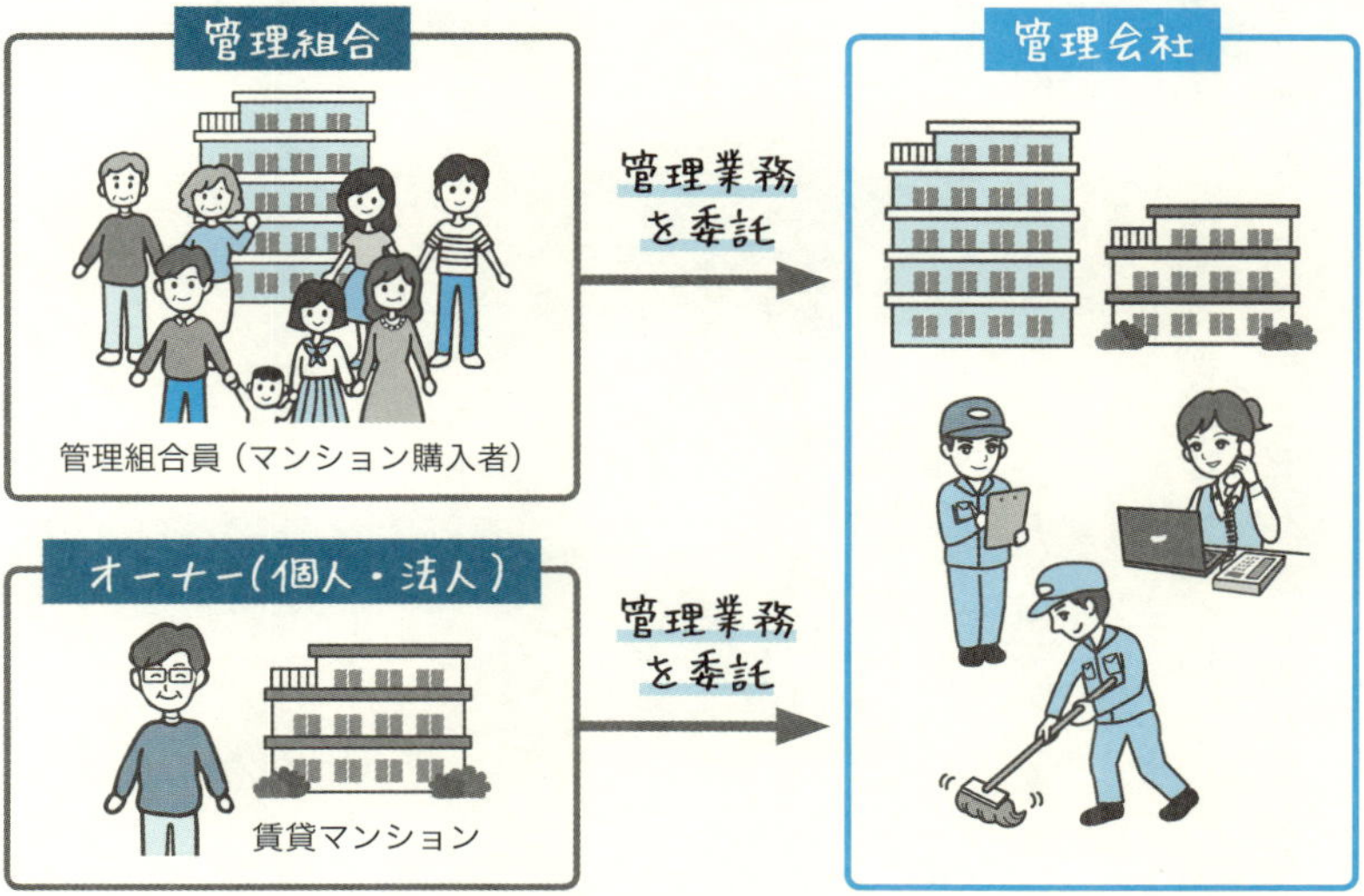

● **管理人窓口業務** ● **管理費・修繕積立金などの回収や滞納チェック**
● **会計処理** ● **大規模修繕計画** ● **理事会や総会の運営支援** ● **マンションの巡回**
● **業者立ち会いなど**

管理会社に委託する業務範囲によって、「**全部委託**」「**一部委託**」、委託せずに管理組合だけで管理をする「**自主管理**」に分かれます。

分譲マンションの「管理組合」だけでなく、一棟の賃貸マンションを保有する個人や法人のオーナーも、同様に管理会社に業務委託するのが一般的です。

3 区分・戸建ての場合、新築と中古どちらがいいのか？②
「新築一戸建てには手を出すな！」⇒「中古一戸建をねらえ」

「**戸建てとは、〝一戸建ての住宅〟のことで、一戸建てを所有して貸家にすること**」です。立地や広さ、仕様にもよりますが、区分同様にマンションを一棟購入するのに比べたら安価のため、投資初心者に人気のある手法です。

「**戸建てと区分との大きな違いは、管理費・修繕積立費といった固定費がかからない**」ことです。また「**共同住宅でないため、騒音などの入居者トラブルが起きにくい**」「**共有部の管理の必要がない**」（この2点については一棟投資との違いでもあります）といったメリットが挙げられます。そのほか、もともとマイホーム用につくられている戸建ての場合、ファミリー向けとなるので、長期入居が見込めるというのも特徴となります。

新築戸建て投資、中古戸建て投資のポイントは次のようになります。

- **新築戸建ては新築区分と同じくダメ。ただし民泊、旅館業といった住居ではなく宿泊施設として稼働させれば、家賃の1・5〜3倍に化ける可能性がある（民泊・旅館にするには適用条件がある）**
- **中古戸建ても中古区分と同様だが、再生投資は資金獲得のチャンスがある。ボロ物件を再生して利回り20％に仕上げ、利回り10％で転売することは妙味がある（戸建再生投資）**

銀行融資を受けられない人は「戸建再生投資」を使う

まず、土地つきのボロ戸建てを300万円程度（購入金額＋改修費）で仕上げます。この物件に、家賃5万円前後でファミリーや老夫婦、生活保護者といった人たちに入居してもらいます。

これで年間家賃は「5万円×12＝60万円」となり、「60万円÷300万円＝20％」の高利回り物件ができるのです。5年で元本も回収できますし、5年後に再度300万円出して同じような物件を買う方法もあります。また、利回り10％程度の金融商品として探している人や実需《じつじゅ》（自分が住む家を探している）の人に600万円で売ることで、300万円の資金を一気に600万円まで増やすことも可能です。次のステップで、３００万円（利回り20％）の物件を同時に2戸仕込めるので、６００万円が１２００万円に化けるチャンスがあります。

「自己資金が少なく銀行からも融資を受けられない人は、コツコツ積みあげていけばいい」のです。この方法を**「戸建再生投資」**といいます。この投資法で、属性がよくなくてもメガ大家になることも可能です。

時間は少しかかりますがひとつの着実な方法です。これができれば、売却益で原資を貯めて、アパート一棟を建てるためのステップアップとして使えます。**「残念ながら、中古区分では戸建再生投資ほど売却益が化けません」**。

4 アパート一棟の場合、「新築と中古どちらがいい」のか？

アパート一棟物件については、4時限目『01「アパート一棟」と「区分ワンルーム」、どちらが稼げる？』で詳しくお話ししています。

特に、4時限目『03「中古アパート一棟投資」をいろいろな角度から検証してみる』で紹介している**「〝中古アパート一棟投資法〟については、〝地方RC投資〟〝土地値投資〟〝再生物件〟とともに今の市況において、あまりお勧めできる投資ではありません」**。

ではアパート一棟投資で何をすればいいのか？　それはアパート一棟新築物件です。これなら入居率が高く、当面メンテナンスも不要というメリットがあります。ただ、業者から買うと高いというデメリットがあり、これを回避することが必要となります。

「新築アパート一棟投資」「中古アパート一棟投資」のポイントは次のようになります。

- **アパート一棟中古物件は、アパート一棟新築物件に比べて「高利回り物件」が購入しやすいというメリットがある**
- **とはいっても、アパート一棟中古物件にはさまざまなリスクがあり、特に運営（入居率・修繕コスト）と出口戦略（売却しにくい）が難しい**
- **アパート一棟新築物件は、入居率が高く、当面のメンテナンスが不要といったメリットがある**
- **アパート一棟新築物件は、業者から買うと高いというデメリットがある。これを回避することが必要**

読者特典❸

あなたにあった不動産投資法を徹底診断　一棟買いできないあなたにもぴったりの不動産投資法が見つかる！

（読者向け公式サイト：kimunii.com で入手可能）▶▶

05 誰でもいつでも稼げるのが「新築不動産投資法」

1 たどり着いたのは、「自分で土地から探し、新築アパートを建てること！」

不動産投資を15年、中古RC、土地値物件、再生物件、建売《たてうり》の新築アパートなど、ひととおり経験してきましたが、それなりにいい物件の臭いを嗅ぎ分けるテクニックも持ち備えてきました。

それでも、「**中古市場が高騰しているとなかなかいい物件を見つけることができない**」のです。

中古でも新築と利回りが大して変わらないし、新築を探してもいい場所や間取りがないなと思ったときにたどり着いたのが、「**自分で土地から探して新築アパートを建てること**」でした。

銀行の融資姿勢と物件価格、これらの相場は次頁のフローチャートのように推移します。

2019年8月現在は、❷と❸の間です。ここ最近は物件の高騰や不正融資などの問題で、金融庁が投資用不動産への融資が行きすぎていないか検査を強化してきています。これを受けて、各金融機関も融資条件、エビデンスのチェックが厳しくなってきました。

しかし日銀の緩和姿勢から考えると、急速に引き締めが起こることは考えられません。結果、ほぼ割安物件も出てこない状況のままです。

中古物件が高騰して、「融資の引き締めがはじまっても」先輩大家さんは稼げている

実は融資が引き締められている状況であっても、先輩大家さんの中には、この中古物件の高騰相場を利用して手持ちの中古物件をどんどん売りさばき、新築アパートを建てて新旧入れ替えに励んでいる人がたくさんいます。

これは、新人大家さんの場合には難しい投

● 融資姿勢と物件価格の推移のフローチャート

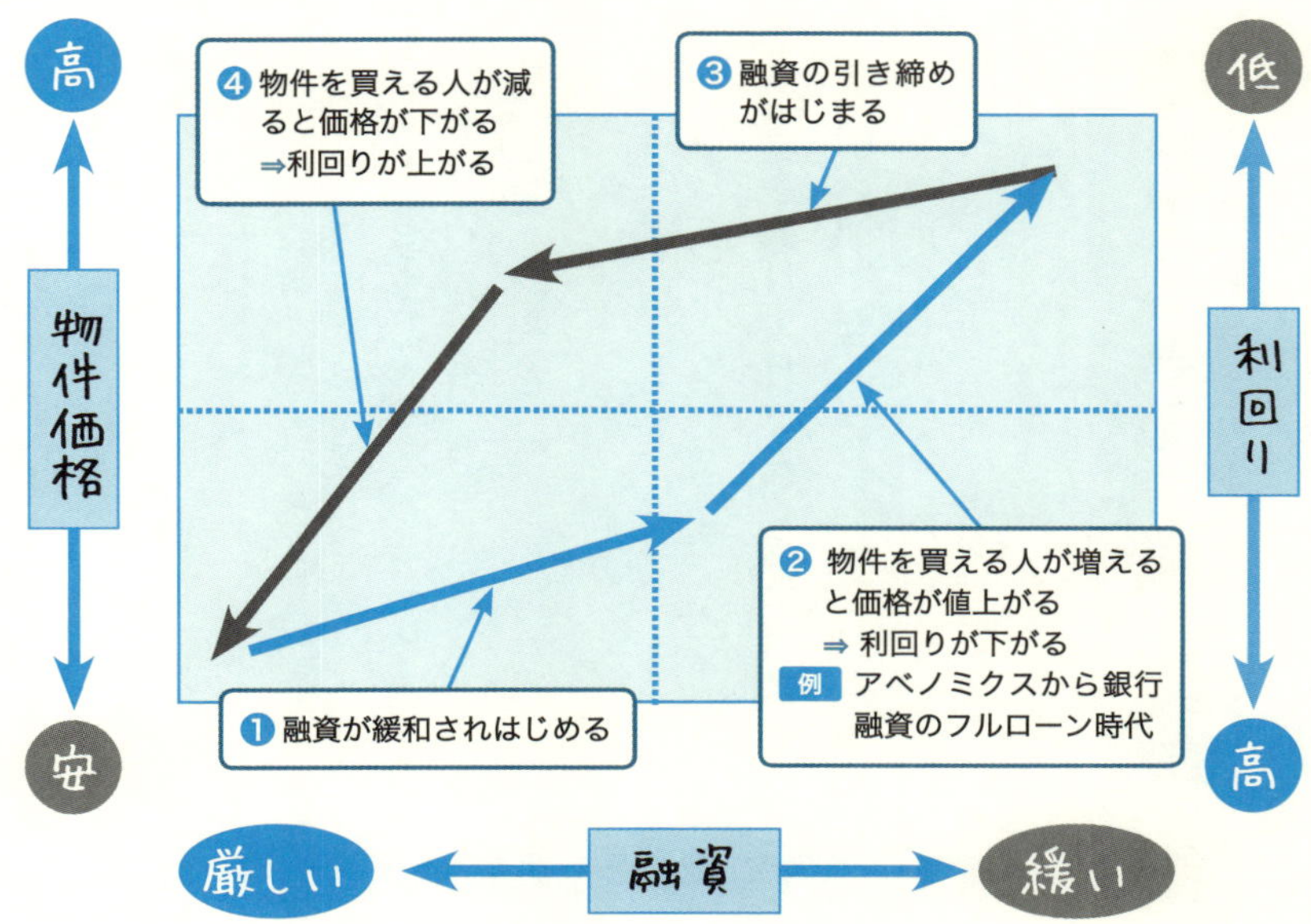

高
物件価格
安
低
利回り
高
④物件を買える人が減ると価格が下がる
⇒利回りが上がる
③融資の引き締めがはじまる
②物件を買える人が増えると価格が値上がる
⇒利回りが下がる
例 アベノミクスから銀行融資のフルローン時代
①融資が緩和されはじめる
厳しい
融資
緩い

資方法ですが、「**先輩大家さんが中古物件を手放してでも新しく新築アパートを建てようとするということは、それだけ新築アパート投資法にうまみがあるということ**」です。

一般に不動産市況は、金融機関の融資姿勢が変化するので10年サイクルで回っているといわれますが、このやり方であればいつの時代でも稼げるということです。

2 持ってよし、売ってよしの「高利回りアパート」は何が違うのか？

業者から新築建売アパートを購入するのに比べ、自らが土地を選んでプランニングに関わって新築アパートを建てることには、同じ新築でもたくさんのメリットがあります。ポイントは「**自分でしっかりと選定した場所に、ニーズのある間取り・設備を取り入れて安く建てること**」です。

具体的に、建売アパートと自分で建てる新築アパートとでは、何が違うのかを見ていきましょう。

新築建売アパートと自分で建てる新築アパートの違い❶

場所を選んで建てられる

利回りなどの条件を踏まえていい物件だと思った「**建売アパートは、駅から遠い**」物件が意外とたくさんあります。建売新築アパートの場合、アパートの立っている場所を選ぶことができません。一方、自分でアパートを建てる場合は、好きな場所を選ぶことができます。

では、新人大家さんにお勧めなのはというと、「**自宅がある駅、住んだことがある場所、親戚がいる土地、職場に近いなど、何らかのご縁がある地域、もしくはその近郊に建てること**」です。地域に知見があると、ニーズの把握やそれに向けた市場調査にも取り組みやすいからです。

新築建売アパートと自分で建てる新築アパートの違い②

ニーズに応じた間取り、設備が選べる

建売アパートの場合、利回りを上げるために部屋数を多くすることが優先されます。「**部屋を狭小にし、ロフトでそれをカバーしたり、3点ユニット（お風呂とトイレと洗面が一緒のタイプ）や風呂なしシャワールームにしている**」ものもあります。

自分で建てる場合はニーズにあった間取りや設備などが選べるので、工夫次第で競争力や家賃を上げることができます。

新築建売アパートと自分で建てる新築アパートの違い③

高利回りがねらえる

建売アパートの場合、相場の表面利回りを見て「土地＋建物の原価」から価格設定しています。通常、宅建業者は2～3割の利益を乗せています。

それに対して自分で建てる場合、次の2つを探すことで、高利回りのアパートを建てることができます。

❶ 安くて賃貸ニーズのある土地を探す
❷ 安くて信頼のできる建築会社を探す

この2つが見つかれば、業者の利益分を省くことができます。市場に出ている一般的な新築建売アパートの表面利回りは7〜8％ですが、自分で建てることで宅建業者の利益分を2〜3割省けるので、9〜10％あたりを目指せることになります。

新築建売アパートと自分で建てる新築アパートの違い❹

即転売でも儲かる

次頁下図のモデルケースにあるように、自分で建てる新築アパートの家賃収入は800万円です。自分で土地を探し、建物を建てて8000万円で完成させ、表面利回り10％（800万円÷8000万円）が実現できたとします。建ててすぐに表面利回り7％（800万円÷1億1300万円）で売れば、1億1300万円－8000万円＝3300万円の転売益もねらえます。

「**即転売するのは、金融機関との信頼関係に影響を与える**」のでお勧めできませんが、理論上可能ということです。

高利回りのアパートを持ってキャッシュフローを得るもよし、すぐに売ってキャピタルゲインを得るもよしで、持ってよし売ってよしが可能となります。

新築建売アパートと自分で建てる新築アパートの違い⑤

仲介手数料が安くすむ

建売アパートであれば、仲介手数料は土地建物の総額にかかりますが、自分で建てる場合には土地だけ決済して、建物は建築会社と請負契約します。

下図のモデルケースで考えても、新築建売アパートと自分で建てる新築アパートとでは200万円も差が出ます(左記参照)。

> **新築建売アパートの場合**
>
> 仲介手数料＝1億1300万円(建売の総額)×3%＋6万円＝345万円(税別)(Ⓐ)
>
> **自分で建てる新築アパートの場合**
>
> 自分で建てる土地が3000万円の場合：3000万円×3%＋6万円＝96万円(税別)(Ⓑ)

自分で建物を建てると仲介手数料は土地の購入分だけに

● 新築アパートと自分で建てる新築アパートの比較

	建売新築アパート	自分で建てる新築アパート
立地	駅遠い、不人気駅など	緑、知見、ニーズで選択可
間取り、設備	狭小、ロフト、UB、最低限	ニーズ、競争力のある設定
家賃設定	ふかし家賃（相場＋１割）	相場にあった家賃
価格設定	原価、周辺利回りから逆算 業者利益２～３割	土地、建築費を工夫可能
表面利回り	7～8%	9～10%
モデルケース	価格1億1,300万円 利回り7%、家賃800万円	価格8,000万円 利回り10%、家賃800万円
キャッシュフロー	返済比率59%	返済比率41%
キャピタルゲイン	即転売で利益は難しい	即転売で2,000万～3,000万円
仲介手数料	土地＋建物にかかる	土地だけ

なり、Ⓐ－Ⓑ＝約２４９万円（税別）の仲介手数料をセーブできます。

3 新築不動産投資にも「デメリット」はある

「**自分で土地から探して新築アパートを建てること**」が現在の市況において、最も失敗しにくい最適な投資法です。しかし、投資に絶対はないように、どれだけ素晴らしい投資にもデメリットは存在します。ここでは、新築アパート投資のデメリットについてお話しします。

新築アパート投資のデメリット❶

土地探し、建築業者探しなど、自分でやらなくてはいけないことが増える

宅建業者から収益物件を買うわけではないので、自分で土地探しや建築業者探しをしなくてはなりません。宅建業者の新築建売アパートであれば、宅建業者が収益物件にするのにがんばった分が、２～３割の利益として乗っています。

自分で建てる新築アパートの魅力

- 土地価格、建築費を削減することで、表面利回りを上げることができる
- 10年程度は大規模な修繕や設備の入れ替えがなく、入居づけも容易

この「がんばること」を自分でやることで宅建業者に支払う分をなくし、高利回りが実現可能となります。

これはデメリットというよりメリットと考えて、楽しみながら「**いいロケーションに利回りの高い人気物件を建てよう！**」という意気込みが必要です。

新築アパート投資のデメリット❷

家賃発生までに時間がかかる

土地探しからはじまり、建物の建築から完成まで、木造で半年、RCで1年ほどかかります。この間は家賃が入ってきません。一方で、建築中も土地と建築費の融資には金利がかかります。余裕を持って進めるには、「**ある程度の手元資金があるに越したことはありません**」。

新築アパート投資のデメリット❸

建築業者倒産のリスク

建築業者が倒産してお金を持ち逃げされたり、倒産しないまでも、工事が予定どおり進まないまま、お金だけ先に支払うことになれば本末転倒です。そのリスクを回避するためにも、建築業者には「**契約金**」「**着手金**」「**中間金**」「**竣工金**」といった名目で、3〜4回に分けて支払います。

「**できるだけ最初は少なく後半に多く支払うように配慮したり、途中で倒産しても再開できるように、設計図面など成果物は早目に納品してもらう**」といったリスク対応も必要です。

4 将来予測 しばらく持ってから売却しても儲かる！

木造新築アパートを表面利回り9％、RC新築アパートを表面利回り7％で建てた場合、10年後、20年後にどうなるのか、家賃下落も加味して試算してみます。木造、RCともに、10年後、20年後の残債から表面利回りを計算しています（家賃や残債などは次頁下図参照）。

木造新築アパート

- 表面利回り　9％
- 家賃下落率　10年：15％、20年：30％、30年：30％
- ローン期間　22年フルローン

RC新築アパート

- 表面利回り　7％

自分で建てる新築アパートのメリット・デメリット

メリット

- 人気、収益性の高いアパートが手に入る
- 転売でも所有でも儲かる
- 10年程度修繕費がかからない
- 当面、高稼働

デメリット

- 完成まで半年から1年は入金なし
- 土地建物の金利、諸経費を先に支払いがはじまるので、手元資金が必要
- 労働力投入と根気が必要
- 業者の倒産リスク

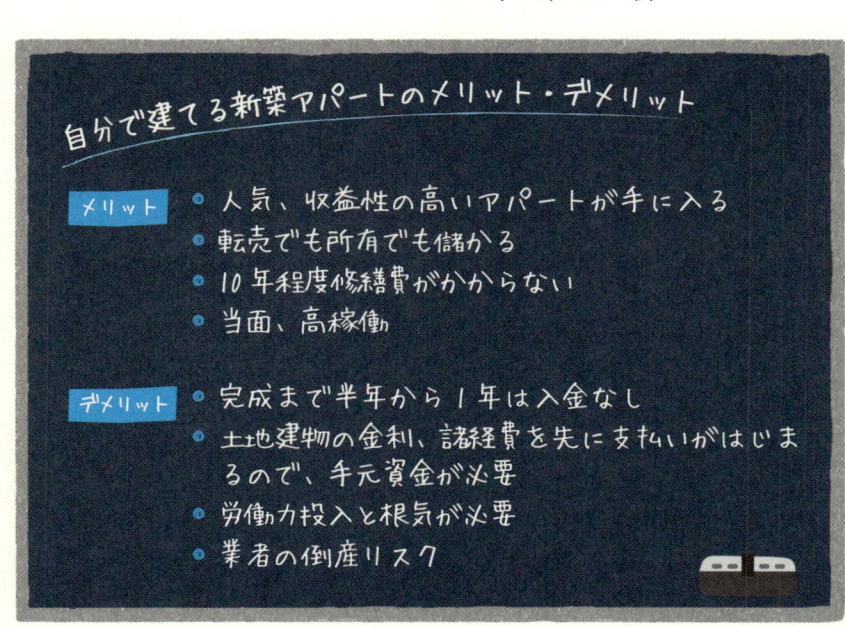

家賃下落率 10年：10％、20年：20％、30年：30％
ローン期間 30年フルローン

物件借入残高から利回り計算してみると、築10年だと木造で14％、RCで9・5％です。築20年なら木造69・3％、RC16・8％です。正直いって10年落ち20年落ちで、こんな表面利回りのいい物件は市場に出ていませんよね。

木造を築10年後に表面利回り10％で売った場合

売却価格は「765万円（家賃）÷10％（表面利回り）＝7650万円」となり、売却益は「7650万円（売却価格）－5455万円（残債）＝約2200万円」となります。

RCを築10年後に表面利回り7％で売った場合

売却価格は「630万円（家賃）÷7％（表面

● **自分で建てる新築アパートの経年における利回りの変化**

自分で建てる新築アパート投資法　経年のメリット
今の市場で築10年、木造14％ RC14％、RC9.5％の高利回り物件はない！
ということは、市況が同じであれば確実にそれ以上で売れる！

❶ 木造・表面利回り9％で建てた場合、築10年で14％の高利回り！

木　造	初　期	10年後	20年後	21年後
家　賃	900万円	765万円	630万円	630万円
家賃下落率		15%	30%	30%
物件借入	1億円	5,455万円	909万円	455万円
表面利回り		14%	69.3%	138.6%

前提条件：木造22年フルローン借り入れ、10年単位で15%家賃下落

❷ RC・表面利回り7％で建てた場合、築10年で9.5％の高利回り！

RC	初　期	10年後	20年後	21年後
家　賃	700万円	630万円	560万円	490万円
家賃下落率		10%	20%	30%
物件借入	1億円	6,667万円	3,333万円	333万円
表面利回り		9.5%	16.8%	147%

前提条件：RC30年フルローン借り入れ、10年単位で15%家賃下落

利回り）＝9000万円」となり、売却益は「9000万円（売却価格）－6667万円（残債）＝約2333万円」となります。

RCを築20年後に表面利回り7％で売った場合

売却価格は「560万円（家賃）÷7％（表面利回り）＝8000万円」売却益は「8000万円（売却価格）－3333万円（残債）＝約4700万円」となります。

5 「稼げるコツ」を覚えよう

このように、木造にしてもRCにしても、自分で建てる新築アパートなら、10年、20年経って売却しても、しっかり売却益が出てこの間のキャッシュフローもちゃんと出るという、持ってよし売ってよしが実現するわけです。

逆に「**中古物件を前オーナーから購入するのは、人のお古を高く引き取っている**」ともいえます。どうせやるなら仕掛ける側になりましょう。

これができるのも安く建てるからこそです。つまり稼げるコツは「**業者がやっているように自分でやる＝自分で土地から探して新築を建てる**」なのです。

5時限目

検証！　新築アパート投資法

自分の属性に応じて、どのモデルケースなら可能か、メリットを確認していきます。アパートは世帯年収550万円から、自宅は300万円からチャレンジできます！

01 モデルケースで見る「新築アパート投資法」

ここからは、具体的に「新築アパート投資法」の事例をお話しします。自分で土地から探して新築アパートを建てる場合について、年収や自己資金に応じたモデルケースを見ていきましょう。

1 新築アパート投資法を「はじめられる条件」

新築アパートをアパートローンで建てるには、「**750万円程度の世帯年収と自己資金として建築費の10％（頭金）＋7％（諸費用）を現金で持っている**」ことが最低ラインとなります。

諸費用7％という数字は、中古アパートを買うときに近い数字ですが、新築アパートの場合も、おおむね7％はかかると考えておくのが妥当です。「**新築アパート投資をする際は、土地の仲介手数料、地盤調査費、土地・建物の登記費用、取得税、建築中の金利支払いなど、家賃収入がない中で手出しのお金が先行することになるので、諸費用としてこのくらいの余力は必要**」となります。ただ朗報として、住宅ローンを使ってアパートと自宅兼用の賃貸併用住宅を建てる裏技もあります。この場合、「世帯年収550万円と自己資金として建築費の7％（諸経費）の資金」でスタートできます。

2 3つのモデルケースで考えてみる

ではここで、下図のような3つのモデルケースを考えてみましょう。売却利益とあるのは、仮に「**売らなくても“内部留保利益”が確保できた**」といえます。ここは大事なので、CASE❷の新築木造アパートを例にもう少しお話しします。新築木造アパートを建てて、利回り7％ですぐに売却すれば2000万円くらい儲かります。さらに新築木造アパートを20年間保有して、その間に家賃が30％下落したとしても利回り10％で売却できたら約1700万円儲かります（計算式 次頁参照、考え方 4時限目05❹「将来予測　しばらく持ってから売却しても儲かる！」112頁参照）。

● 3つのモデルケース概要

建物の構造		室数	仕上がり利回り	事業規模（万円）	年額キャッシュフロー※1	売却利益※2（万円）	ローン
CASE❶ 木造賃貸併用住宅		自宅＋3室	10%	3,900	55	1,670	住宅ローン
CASE❷ 木造アパート	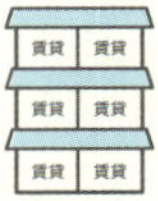	6室	10%	4,680	175	2,000	アパートローン プロパーローン※3
CASE❸ RCマンション	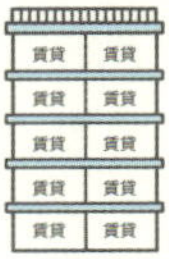	10室	8%	12,500	232	4,500	アパートローン プロパーローン※3

※1 住宅ローン 融資期間35年・金利1%　それ以外のローン 融資期間30年・金利2.5%
木造 諸経費10%・空室率10%で試算　RC 諸経費15%・空室率10%で試算
※2 木造 表面利回り7%　RC 表面利回り6%で、完成直後に売却できた場合の利益
※3 プロパーローン：161頁参照

計算式

468万円（新築家賃：4680万円×10％）**×0・7÷10％＝3276万円**（売却価格）

4680万円÷30年×10年＝1560万円（残債）

3276万円（売却価格）**－1560万円**（残債）**＝1716万円**（売却益）

そうです、いつ売っても儲かるのです。これができるのは、表面利回りが9％や10％取れる新築木造アパートを建てられたからこそです。「**〝いつでも売却益がねらえる〟これが〝内部留保利益が確保できている〟ということ**」なのです。これこそ「**不動産投資の成功の秘訣〝安く買って高く売る〟を実現できる**」自分で建てる新築アパート投資法の真髄なのです。

たとえば CASE❷ の新築木造アパートを、アパートローンで建てるのに必要となる自己資金は、頭金10％と諸費用7％の、合計17％の自己資金を見て、「4680万円×（10％＋7％）＝約796万円」となります。

CASE❸ もアパートローンを利用してRCマンションを建てるパターンです。CASE❷ と同様に、頭金10％と諸費用7％の、合計17％の自己資金を見ています。

一方で CASE❶ は、住宅ローンを利用して木造で賃貸併用住宅（一部自宅、一部アパートの形）を建てるパターンです。住宅ローンでは100％ローンが出ると想定し、諸費用は7％としています。この場合に必要な自己資金は諸費用分7％だけになります。「**アパートローンが借りられなくても住宅ローンを活用することで、ある程度の収入がある人なら誰でもアパート経営をスタートすることができます**」。

アパートローンの融資額については、金融機関の融資姿勢の変化で、頭金ゼロ円のフルローンやさらに諸費用も含めたオーバーローンが出ることもありますが、市況の変化、物件や個人の属性によっては急激な貸し渋りが起きることもあり得ます。本書では、そういった融資姿勢の変化なども踏まえて、あえて一般的な17％をもとに解説しています。

アパート建築は土地代込みで、木造であれば1室あたり750万～850万円（モデルケースでは780万円）、RCは1室あたり1050万～1350万円（モデルケースでは1250万円）で見ています。家賃は、木造で25～30㎡で6万5000円、RCなら35～40㎡で8万5000円で想定しています。

これでいくと木造の新築アパートを表面利回り10％で建てて、表面利回り7％で売却しても1670万～2000万円の利益が見込めます。RCの新築アパートなら、表面利回り8％で建てて表面利回り6％で売却すると、4500万円の利益が見込めます。

もちろん、地域性やそのときの相場によって大きく変化しますが、金額の大小があるにしても、数千万円の利益は見込めるということです。

それでは次節から、個別のケースについてお話ししていきます。

02

新築アパート投資法 CASE❶ 「木造賃貸併用住宅3階建て」

1 「住宅ローン」で「賃貸併用住宅」を自由に建てる

自己資金は憧れの自宅を買うために使うより、将来の備えに使いましょう!

まず CASE❶ では、賃貸併用住宅（アパートつきのマイホーム）を提案します。その理由は「**アパートローンより低い金利の住宅ローンを活用して、収益物件を買える可能性がある**」からです。住宅ローンはアパートローンより融資条件が厳しくないので、比較的取り組みやすいのが特長です。

賃貸併用住宅とは、マイホームに賃貸住宅が併設された物件をいいます。最上階にオーナー宅、下層階を賃貸住宅にし

● CASE❶ 木造賃貸併用住宅の設計は自由

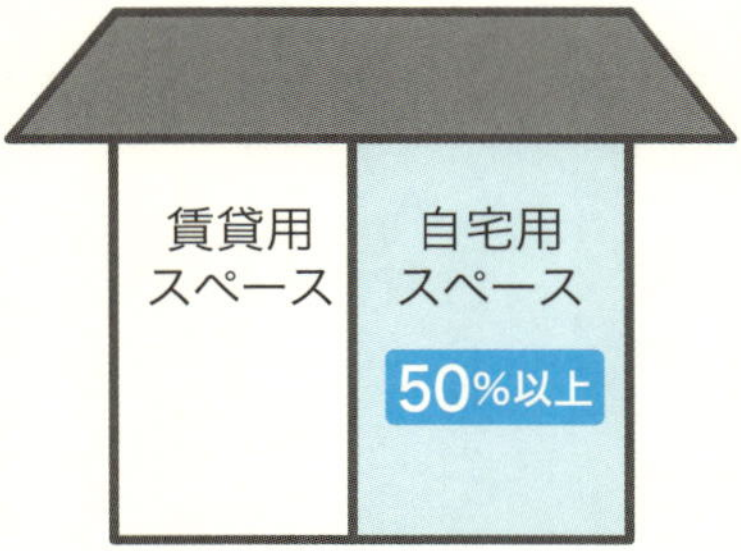

た階数で割り振るパターンや、123頁のレイアウトのように、建物の左と右でオーナー宅と賃貸住宅を縦割りするなど、設計は自由です。

住宅ローンさえ使えれば、大家業をはじめられる

この投資法では「**住宅ローンを使うのが肝**」です。アパートローンは年収の基準があるので使えない人も多いですが、住宅ローンは融資基準がゆるく、一定の収入がある人であればおおよそ借りられます。「**住宅ローンさえ使えれば、大家業をはじめられる**」のです。

銀行が住宅ローンの融資審査でチェックしているのは「**返済比率**」です。この「**返済比率とは〝年収に占める年間返済額の割合〟のこと**」です（計算式 下図参照）。「返済負担率」と呼んだりもします。銀行側でこの返済比率の基準が年収に応じて決められています（下図参照）。

この基準を超えると、返済負担が重くなって返済が滞るリスクが高まるので、融資が受けられなかったり、借入額を減らされたりします。年間返済額は、車のローン、クレジット

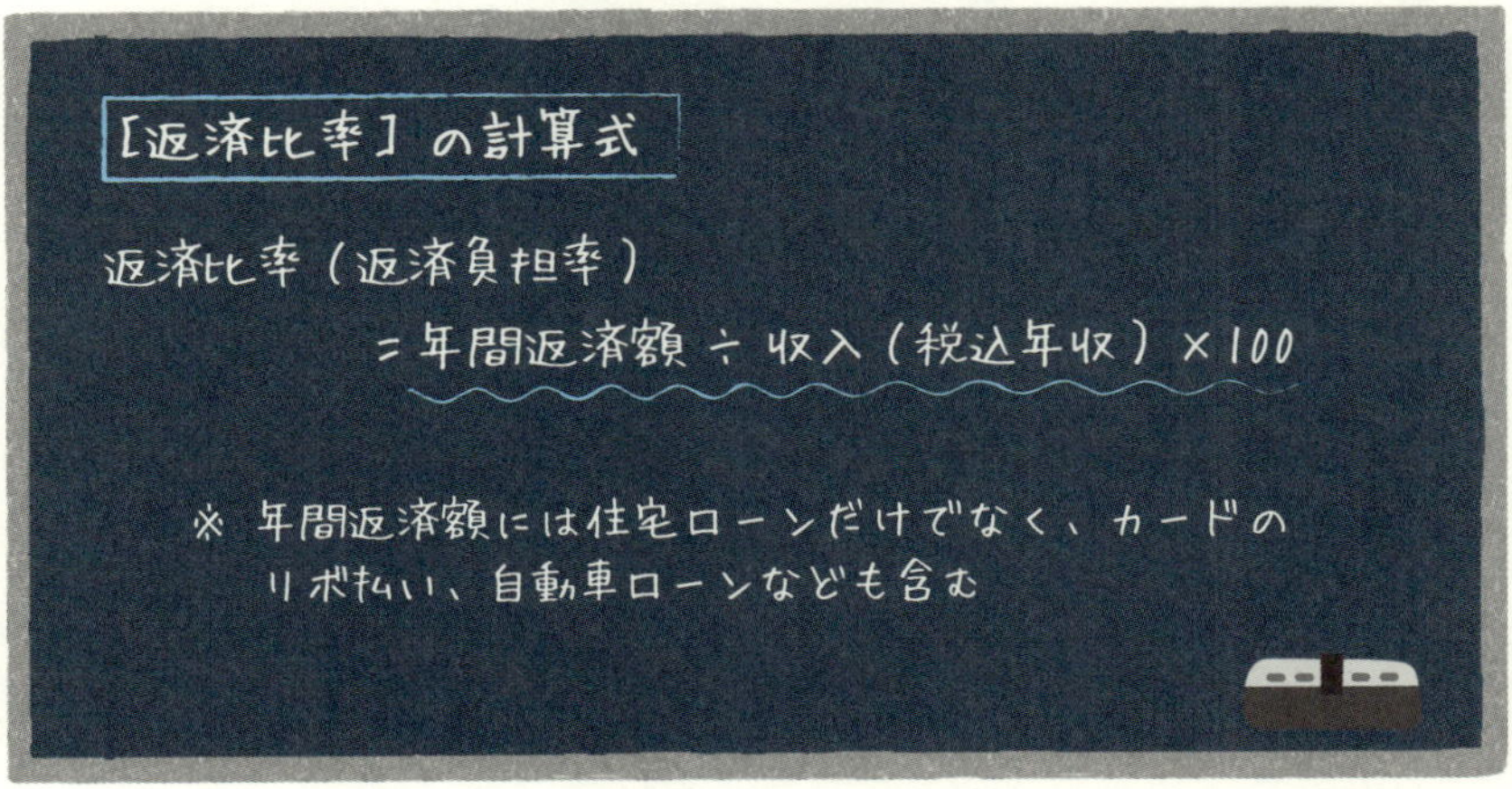

[返済比率] の計算式
返済比率（返済負担率）
＝年間返済額 ÷ 収入（税込年収）×100
※ 年間返済額には住宅ローンだけでなく、カードのリボ払い、自動車ローンなども含む

カードのリボ払い、携帯電話の端末代金の分割払いなども加算されます。「**きちんと返済しているかもチェックの対象**」です。融資金額は銀行の審査や個人の属性によってバラツキがありますが、おおむね、「**融資可能金額は一般的に年収の7〜8倍程度**」になります。

2 CASE ❶「新築木造賃貸併用住宅3階建て」のシミュレーション

モデルケースは、アパート3部屋とオーナーの自宅あわせて4部屋の構成です（次頁下図参照）。土地・建物の建築資金は、「**アパート1部屋あたり土地・建物で780万円**」として3部屋分、自宅部分はアパートとほぼ同じ面積ですが設備部分などが減るので、アパート2部屋分と想定しています。

結果、自分で建てる木造賃貸併用住宅3階建てでは、「**780万円×（3＋2）＝3900万円**」が総額となっています。

この物件を建てるためには、どれくらいの年収が必要なのか年収基準を見ていきましょう。ここでは、住宅ローン倍率を7・5倍とします。

● 返済比率（返済負担率）の基準例

フラット35

年収	返済比率
400万円未満	30%以下
400万円以上	35%以下

ある地方銀行

年収	返済比率
250万円未満	30%
250万円以上400万円未満	35%
400万円以上	40%

住宅ローンの融資限度額　**年収×7・5倍（住宅ローン倍率）**

年収基準　**3900万円÷7・5（住宅ローン倍率）＝520万円（融資額）**

3900万円の融資を受けたい場合、必要な年収基準は520万円となります。つまり、520万円以上の世帯年収が必要だということです。

6時限目の01「3つのどのCASEにするか大枠で決める」でお話しする世帯年収の目安、500万〜550万円というのはここからきています。

当然、土地・建物の総額や融資を受ける銀行の住宅ローン倍率にバラツキがあるので、目安として500万〜550万円としています。

自己資金を計算すると、「**3900万円（総額）×7%（自己資金率：諸費用分7%）＝273万円**」となります。計算より少し余裕を持って、自己資金は300万円としています。

総括すると、あなたが住んでいる地域や金融機関によって多少の差は出てきますが、「**世帯年収550万円、自己資金300万円くらいであれば、このモデルにチャレンジできる**」わけです。

● **木造賃貸併用住宅3階建てレイアウト**

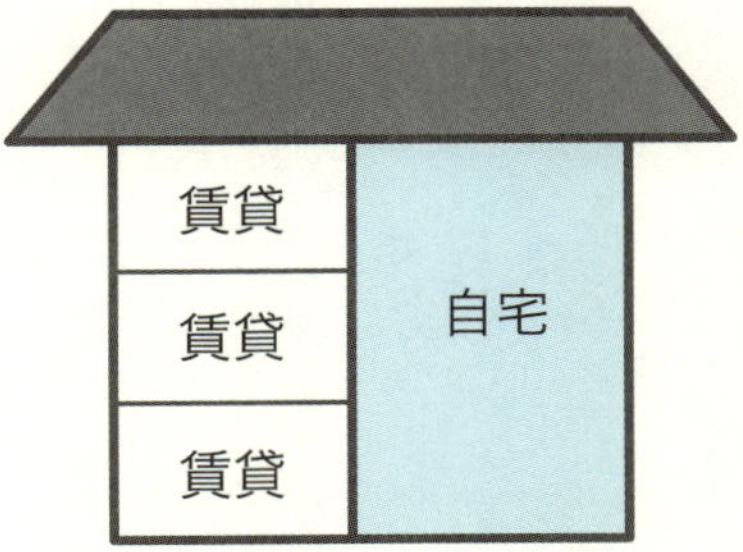

新築木造賃貸併用住宅3階建ての「具体的な数字」を計算してみる

モデルケースは「1400万円（土地）＋2500万円（建物）＝3900万円（総額）」の物件に対し、アパート3部屋と自宅を賃貸に出すことで、「234万円＋156万円＝390万円（左記参照）」の収益が出ます。表面利回りは「390万円÷3900万円＝10％」としています。

実際には、自宅は自分で住むことになるので、入ってくる家賃はアパート部分の234万円だけになります。

アパート3部屋からの家賃年収

6・5万円（1室あたり）×3部屋×12カ月＝234万円（年額）

自宅を賃貸に出した場合の家賃年収

13万円×12カ月＝156万円（年額）（自宅の家賃も、アパートの家賃同様、ネットで事前調査した金額）

アパート3部屋の表面利回り

234万円÷3900万円＝6％

アパート3部屋＋自宅を賃貸にした場合の表面利回り

（234＋156）÷3900万円＝10％

このモデルケースで、総額3900万円を住宅ローン（融資期間35年、金利1・0％）でまかない、空室率10％、諸経費率10％で年間収支を計算すると、次のようになります。

CASE❶ 新築木造賃貸併用住宅３階建ての収支計算

●賃貸併用住宅

3,900 万円（家賃年収 234 万円）を住宅ローン（借入金額 3,900 万円、融資期間 35 年、金利 1.0%）で購入。空室率 10%、諸経費率 10%と設定

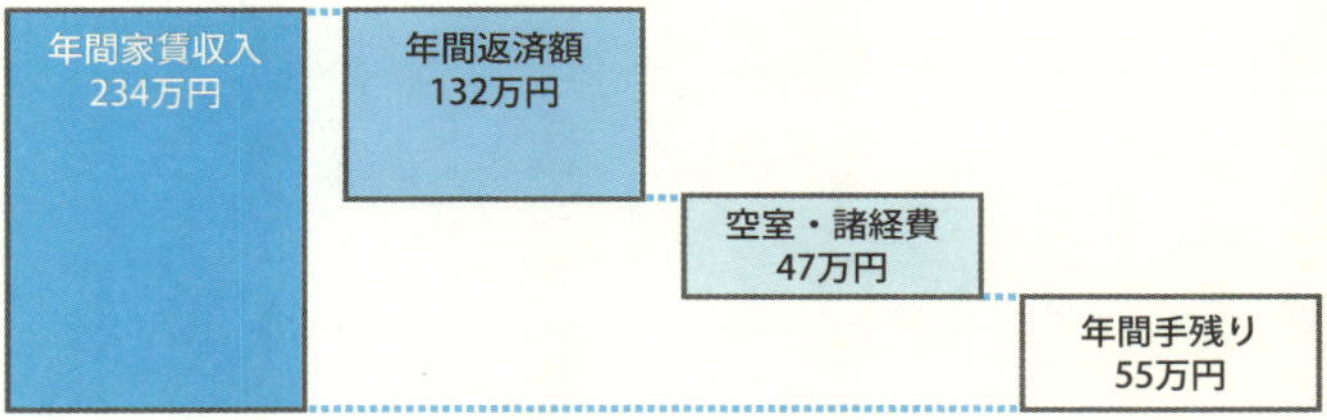

年収 550 万円、自己資金 300 万円として、住宅ローンで賃貸併用住宅を購入

（単位：万円）

	家賃	月数	1室あたり年収	表面利回り	1室単価	部屋数	家賃年収※2	総額	
相場	6.5	12	78.0	7.0%	1,114	5	234	**5,570**	❶

	家賃	月数	1室あたり年収	利回り目標	1室単価	部屋数	家賃年収※2	総額※1	
新築投資法	6.5	12	78.0	10.0%	780	5	234	**3,900**	❷

内部留保利益	1,670	❶－❷ ← 転売で儲かる可能性のある利益

住宅ローン倍率※3	7.5	❸
年収基準	520	❷÷❸
自己資金率	0.07	❹ ← 諸費用率7%
必要自己資金	273	❺＝❷×❹
自己資金	300	❻
自己資金充足判定	27	❻－❺
キャッシュフロー※4	55	← 月額4.6万円残る

※1 賃貸併用住宅で、計算上は、自宅部分の建築費は2室分として計算
※2 家賃収入は3室分で計算
※3 住宅ローンは年収の7～8倍が目安。ここでは7.5倍で設定
※4 住宅ローンは35年、金利1%、空室率10%、諸経費率10%で試算

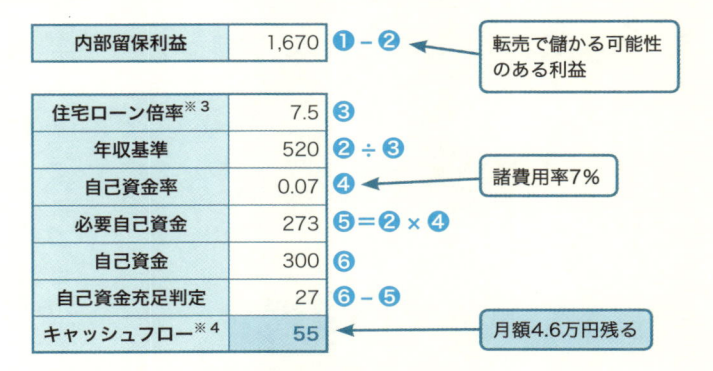

年間手残り **234万円（アパート3部屋からの家賃年収）－132万円（年間返済額）－47万円（234万円×20％（空室率＋諸経費率））＝55万円**

賃貸住宅の入居者に家賃を支払ってもらったうえに、タダで住めて、さらに月額4・6万円（年額55万円÷12カ月）のお金が残る計算になります。

読者特典❶ **利回り計算機（読者向け公式サイト：kimunii.com で入手可能）▶▶**

3 新築賃貸併用住宅を「選ぶメリット」はたくさんある

❶「住宅ローン」ならアパートローンより融資が受けやすい

「アパートローンは年収基準や自己資金など縛りがきついですが、住宅ローンなら年収300万円以上、過去1～2年の勤続年数で融資が可能」です。

注意する点としては、**「賃貸併用住宅において住宅ローンで100％融資を受けるには、自宅部分の面積（延床面積）が50％以上」**なくてはいけません。**「自宅部分の面積が50％未満だと、自宅**

部分は住宅ローン、賃貸部分はアパートローンなど、投資用ローンになる」ので注意が必要です。

また銀行の住宅ローンは、融資の際に団体信用生命保険（団信）の加入が条件で（保険料は銀行が負担）、加入者は無料で入れます（はじめから住宅ローンの金利に含まれている）。フラット35のみ、加入するかしないか選択できるようになっています。さらに通常の団信に加え、ガンや7大疾病といった追加で保証範囲を広げたい場合には、追加で金利が上乗せになります。

団信の大きなメリットは、「**住宅ローンの契約者が返済中に死亡、高度障害状態になってしまったときに、ローンの残額を肩代わりしてもらえる**」ことです。ローン契約者に万が一のことが起こっても、残された家族が住宅ローンの返済で経済的に困らないようになっています。

②「フルローン」が使える

「**フルローンとは、物件価格の全額を借入金によって調達して物件を購入するローンのこと**」です。125頁の例で

● アパートローンより住宅ローンのほうが借りやすい

ローンの種類	アパートローン	住宅ローン
金利	1.5～4.0%	0.7～1.0%
融資限度	年収10～20倍	年収7～8倍
自己資金	10%～	フルローンも可能
年収	700万円以上	300万円以上
勤続年数	3年以上	1～2年以上
住宅ローン控除	適用不可	適用可能
団体信用生命保険	一部のみ	適用可能

いうと、諸費用7％を除き、物件価格は全額借入でまかない、年間55万円のキャッシュフローを得ることができています。

通常、「**アパートを購入するには自己資金として頭金で物件価格の10％以上、諸費用で物件価格の7％程度が必要で、年収も700～750万円が必要**」です。これが住宅ローンを使った賃貸併用住宅の場合、年収基準や自己資金も厳しくないので、一定の収入があれば不動産投資をはじめることができます。元来、不動産投資は自己資金がある資産家、土地を持った地主、事業家が行うものでしたが、ここ数年の金融緩和で、自己資金がないサラリーマンでもアパートローンのフルローンで購入できる時期が続きました。

そのため、物件があまりよくないにも関わらず、有事に支払い能力のないサラリーマンに行きすぎた融資がされ、破たんする人も出てきました。この結果、金融庁が銀行に融資対象者を絞るように監視の目を光らせるようになりました。

そんななかでも、住宅ローンを使った「**〝新築木造賃貸併用住宅3階建て〟プランなら、ある一定の年収さえあれば誰でも収益不動産に取り組める**」のです。

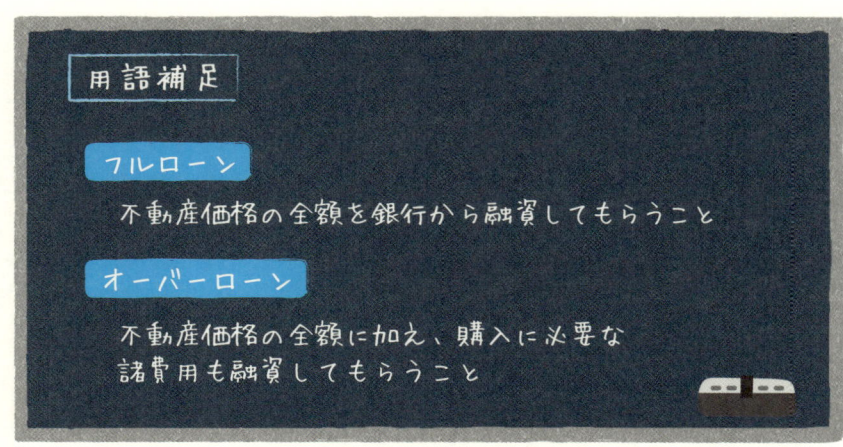

用語補足

フルローン

不動産価格の全額を銀行から融資してもらうこと

オーバーローン

不動産価格の全額に加え、購入に必要な諸費用も融資してもらうこと

③自宅部分は「住宅ローン減税」「すまい給付金」が適用可能

住宅取得者向けに、**「国土交通省から住まいづくり支援策」（https://www.mlit.go.jp/common/001190676.pdf）**が発表されています。この制度を使えば、自宅部分については住宅ローン減税や給付金の支援を受けることができます。ここでは主な点を見ていきます。

◉賃貸併用住宅の場合、自宅部分については「住宅ローン減税」が受けられる

住宅ローン減税とは、住宅ローンを借り入れて住宅の新築・取得、または増改築などをした場合、取得者の金利負担の軽減を図るための制度です。**「毎年末の住宅ローン残高、または住宅の取得対価のうち、いずれか少ないほうの金額の1％が10年間に渡って所得税額から控除」**されます。また、所得税から控除しきれない場合には、住民税からも一部控除されます。

加えて、消費税率10％が適用される住宅の取得をして、令和元年10月1日から令和2年12月31日までの間に入居した場合には、控除期間が3年間延長されます。各年の最大控除額は40万円、それが13年に渡るので最大520万円です。「**長期優良住宅**」の認定を受けた場合には、年間控除金額が最大50万円、13年で最大650万円にもなります。

ひとつ注意するのは、住宅ローン減税において、住宅の取得対価の額からもらった「すまい給付金」分を差し引かなければいけないことです。具体的には、取得対価が4000万円で「すまい給付金」が50万円だとすると、取得対価は「4000万円－50万円＝3950万円」として住

宅ローン減税を受けることになります。

「**賃貸併用住宅で住宅ローン減税が適用されるのは、オーナーの自宅部分だけ**」です。住宅ローン減税の適用を受けるための要件として、次の5点を満たす必要があります。なお、アパートローンで借りた場合には適用されないので注意が必要です。

❶ 登記簿に記載されている住宅の床面積が50㎡以上であること
❷ さらにその50％以上がオーナーの自宅部分であること
❸ オーナーの所得合計が3000万円以下であること
❹ 建築してから6カ月以内に住み、控除の適用を受ける年の年末まで居住していること
❺ 借入金の償還期間が10年以上であること

例を見てみましょう。総額5000万円の借り入れ（自宅部分が50％の想定）で、右記の条件を満たしているなら、住宅ローン減税は2500万円の1％で25万円になります。この金額が、自分が支払う所得税から控除されます。つまり、年間に支払う所得税が40万円だったとすれば、25万円控除できるので、差し引き15万円の支払いですむことになります。

◉ 住宅の取得対価の計算においては「すまい給付金」が控除できる

「すまい給付金とは、消費税増税後に住宅を取得した人に対し、収入に応じて税率8％時に最大

30万円、税率10％時に最大50万円を現金で給付する制度」です。すまい給付金は、消費税率引き上げによる住宅取得者の負担を緩和するために創設した制度です（**http://sumai-kyufu.jp/**）。

住宅ローン減税は、支払っている所得税などから控除するしくみであるため、収入が低い人ほど効果が小さくなってしまいます。すまい給付金制度は、住宅ローン減税の拡充による負担軽減効果が十分におよばない収入層に対して、住宅ローン減税とあわせて消費税率引き上げによる負担の軽減を図るものです。

「**すまい給付金制度は、収入を基準とするとサラリーマンと自営業者などとで不公平となるため、収入ではなく、都道府県民税の所得割額を用いて、給付基礎額を決定するしくみ**」となっています。消費税10％の場合には、都道府県民税の所得割額17万2600円以下（政令指定都市は8万6300円以下）が対象となり、申請することで最大50万円の給付金がもらえることになります。この給付金は所得（一時所得）とみなされますが、非課税枠50万円の特別控除が認められているので、ほかに一時所得がなければ非課税になります。※ほかに一時所得がある人は、建物の取得価額から給付金を差し引いて減価償却費を計算すれば、一時所得は課税されません。

◉「すまい給付金」の対象者

「**住宅を取得することで登記上の持分を保有し、その住宅に居住している収入が一定以下の人が対象**」です。また、住宅ローンを利用せずに住宅を取得する現金取得者については、年齢が50歳以上の人が対象となります。主な要件は次のようになります。

住宅の所有者 不動産登記上の持分保有者

住宅の居住者 住民票において、取得した住宅への居住が確認できる者

収入が一定以下の人

8%時 収入額の目安が510万円以下

10%時 収入額の目安が775万円以下

※1 想定しているのは、夫婦（妻収入なし）、中学生以下の子ども2人の家族

※2 実際には収入でなく、都道府県民税の所得割額で決まる。左と右で異なるのは、住民税（所得割）の都道府県として納付する配分が左（政令指定都市以外）では4%、右（政令指定都市）では2%となっている。神奈川県の場合、さらにこれに0・025%付加されたカッコ内の数字になる

住宅ローンを利用しない場合

年齢が50歳以上

すまい給付金基礎額確認表（消費税率10%・住宅ローン利用）

給付基礎額	参考 収入額の目安※1	都道府県民税の所得割額［変更なし］（神奈川県の場合※2）	都道府県民税の所得割額（神奈川県の場合※2）
50万円	450万円以下	7.60万円以下 （7.64万円以下）	3.800万円以下 （3.848万円以下）
40万円	450万円超 525万円以下	7.60万円超 9.79万円以下 （7.64万円超 9.85万円以下）	3.800万円超 4.895万円以下 （3.848万円超 4.956万円以下）
30万円	525万円超 600万円以下	9.79万円超 11.90万円以下 （9.85万円超 11.97万円以下）	4.895万円超 5.950万円以下 （4.956万円超 6.025万円以下）
20万円	600万円超 675万円以下	11.90万円超 14.06万円以下 （11.97万円超 14.14万円以下）	5.950万円超 7.030万円以下 （6.025万円超 7.118万円以下）
10万円	675万円超 775万円以下	14.06万円超 17.26万円以下 （14.14万円超 17.36万円以下）	7.030万円超 8.630万円以下 （7.118万円超 8.738万円以下）

参照 国土交通省「給付基礎額と都道府県民税の所得割額」
（http://sumai-kyufu.jp/sp/outline/sumaikyufu/kyufu_popup2.html

03 「賃貸併用住宅」を建てる前に知っておきたいポイント

1 オーナーと入居者の距離が近いことが不利になることも

まず賃貸併用住宅の場合、入居募集が不利になることがあることを心得ておきましょう。オーナーが近くにいるので安心と考える入居者もいるかもしれませんが、なかには「**オーナーが近くにいることを避けて部屋探しをする入居者もいます**」。

2 オーナーにとっても入居者との距離が悩みごとになることも

家賃の滞納があった場合、厳しい催促はしにくいものです。騒音や入居トラブルが起きたときにオーナーが近くにいたら、ほとんどのケースで直接オーナーに文句を言いに行きます。すぐに対処しないと、信頼関係が崩れて退去してしまうかもしれません。

原則、入居者とのつきあいは挨拶程度にして、苦情などは管理会社に任せると割り切るのがお勧めです。逆に自主管理（物件管理をオーナー自身が行うこと）をして、ちょっとした機会にお菓子やおかずのおすそ分けをするなど、日頃から会話をして信頼関係を深めるという昔ながらの深いおつきあいをする方法もあります。さらに踏み込んで、田舎から出てきた大学生へ、親御さん代わりになって、寮のようにまかないつきのアパートにしている人もいます。

騒音の問題は、木造アパートでは事前対策をすることも効果があります。上層階の音、隣の部屋の音などが問題になりにくいように、防音策を建築会社とよく話しあい、施工に工夫を入れることも対策になります。

まずはあまり心配しすぎることはないので、「**心得ておくことが備え**」になります。

3 賃貸経営の目線で、建てる立地を考慮する

「相続で土地を取得した」「子どもが独立したので空きスペースができた」という理由で、せっかくだから活用しようというような、自分目線だけで賃貸併用住宅を建てないようにしましょう。

賃貸住宅は経営なので、「**その土地が駅から徒歩10分以内か、ターミナル駅へのアクセスがいいか、通勤通学に便利かという、入居者目線で賃貸ニーズがあるのかを見極めたうえで建てる**」ようにしましょう。賃貸ニーズがなければ入居者が決まらず、入居者が決まらない場合、住宅部分はもちろん、賃貸部分も自分でローン返済していかなければならなくなり、大きなお荷物になり

かねません。

4 次の拡大に向けたヒント❶ 自宅部分も人に貸す

「住宅ローンを使って購入した物件は、本人がその物件に住むことが条件」です。黙って貸し出すようなことをしてしまえば、それは銀行を欺いたことになります。銀行にバレた場合は、期限の利益の喪失といって、借りている融資の一括弁済を求められかねません。もしくは低金利の住宅ローンから、高金利に引き上げられるケースもあります。

しかし、**「いったん、自分が住んだあとに転勤などやむを得ない理由があり、さらにその旨をしっかり金融機関に報告して了承を得ていれば〝自宅部分を人に貸し出す〟ことも可能」**です。転勤のほかには「家族が増えて手狭になった」など、銀行が納得できる理由が必要です。

5 次の拡大に向けたヒント❷ 引っ越した先で、「セカンドハウスローン」で建てる

住宅ローンは個人がマイホームを建てるためのローンなので、同時に複数組むことはできません。生活拠点を別に持つときには「**〝セカンドハウスローン〟という生活をする家とは別に、生活**

の拠点を持つときに利用できるローン」があります。

使い方としては、まず最初の物件を自分や家族が住む意思のもと、通常の住宅ローンで購入します。次に自分もしくは家族が、何らかの理由でその家から離れて住む必要が出てきたときに、セカンドハウスローンで新たに物件を購入します。それには次のような正当な理由が必要です。

- **転勤で単身赴任になったので物件が必要**
- **子どもが大学に行くために物件が必要**
- **仕事の都合で別の物件が必要**
- **両親を呼び寄せて近くに住んでもらうのに物件が必要**

「**借りるための条件は住宅ローンと同様で、給与からの返済比率に重点**」が置かれています。そのため、属性がアパートローンを借りるのに満たない人であっても取り組みやすいです。

ここでも1点、注意があります。「**基本的には住宅ローン同様に〝自分がずっと住むための家〟ではないものの、〝自己使用のための家〟となるため、最初から収益物件として貸し出すのは不可**」ということです。

当初と状況が変わるときは、金融機関の担当者に前もって相談するようにしましょう。

04 新築アパート投資法 CASE❷「木造アパート」

ここでは自宅を建てるかのように、土地から探して自分で建てられるように、比較的取り組みやすい小規模な木造アパートのケースを見ていきます。

1 「アパートローン」で木造アパートを建てる

アパートローンが借りられる人は、「賃貸併用住宅」ではなく、このCASE❷あるいはCASE❸からスタートすることをお勧めします！

アパートローンとは、年収・自己資金・属性など、銀行が定めた条件で画一的に審査する定型ローンです。その条件にハマれば比較的簡単にローンが通ります。

都市銀行や地方銀行など、金融機関であれば同じようなアパートローンはありますが、ここでは条件が明確に開示されているオリックス銀行のアパートローンを一例に見ていきたいと思います（２０１９年5月現在の情報）。

例 オリックス銀行のアパートローン

【借入対象不動産】首都圏、近畿圏、名古屋市、福岡市の居住用不動産
【借入金額】1000万円以上、2億円以下（年収の10〜20倍）、
購入金額の90％以内（頭金10％）
【借入期間】1年以上35年以下
【年収】前年度の税込年収が700万円以上で、安定収入の見込み
【年齢】借入時の年齢が55歳未満

オリックス銀行の場合、年収の10〜20倍が上限といわれています。他行でも、右記のようなアパート定型ローンの条件が決まっています。この**「アパート定型ローンに属性がハマるかがキー」**になります。

2 CASE ❷ 「新築木造アパート」のシミュレーション

モデルケースは、木造アパート6部屋の構成です（次頁下図参照）。土地・建物の建築資金は、アパート1部屋あたり土地・建物費用が780万円かかるとして、6部屋分と想定しています。

結果、自分で建てる新築投資法では、780万円×6部屋＝4680万円が総額となっています。この物件をアパートローンで買うためにはどれくらいの年収が必要なのか、**「年収基準」**を見ていきましょう。総額4680万円をアパートローンでまかなう場合、アパートローンの融資限度額は年収の10～20倍とされていて、次の計算式で求められます。

アパートローンの融資限度額　**年収×10倍**（住宅ローン倍率：ここでは10と設定）

年収基準　**4680万円**（融資額）**÷10倍**（アパートローン倍率）**＝468万円**

4680万円の融資を受けたい場合、必要な年収基準は468万円となります。本来は468万円あれば平気なはずですが、アパートローンを金融機関が取りあげる年収が700万円から750万円となっているため、世帯収入で750万円とします。

自己資金は、「4680万円（総額）×17％（自己資金率：頭金10％＋諸費用分の7％）＝796万円」となります。計算より少し余裕を持って自己資金は800万円としています。

総括すると、「**世帯年収が750万円、自己資金が800万円くらいであれば、このモデルにチャレンジできる**」ことになります。

● 木造アパートのレイアウト

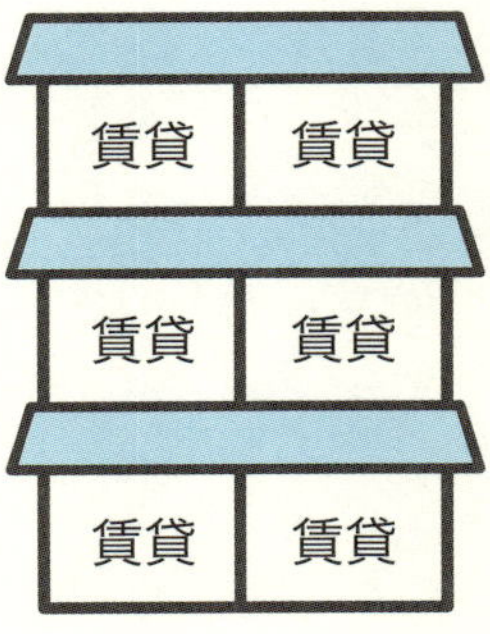

「新築木造アパート」の具体的な数字を計算してみる

モデルケースは「1680万円（土地）＋3000万円（建物）＝4680万円（総額）の物件に対し、収益はアパート6部屋を賃貸に出すことで、「468万円」の収益が出ます。表面利回りは「468万円÷4680万円＝10％」としています。

アパート6部屋の家賃年収
6・5万円（1室あたり）×6部屋×12カ月＝468万円（年額）

アパート6部屋の表面利回り
468万円÷4680万円＝10％

このモデルケースで、総額4680万円をアパートローン（融資期間30年、金利2・5％）でまかない、空室率10％、諸経費率10％で年間収支を計算すると、次のようになります。

年間手残り
468万円（アパート6部屋からの家賃年収）－200万円（年間返済額）－94万円（468万円×20％（空室率＋諸経費率））≒175万円

月額約15万円（年額175万円÷12カ月）のお金が残る計算になります。

CASE❷ 新築木造アパートの収支計算

●木造アパート

4,680万円（家賃年収468万円）をアパートローン（借入金額4,212万円、融資期間30年、金利2.5%）で購入。空室率10%、諸経費率10%と設定

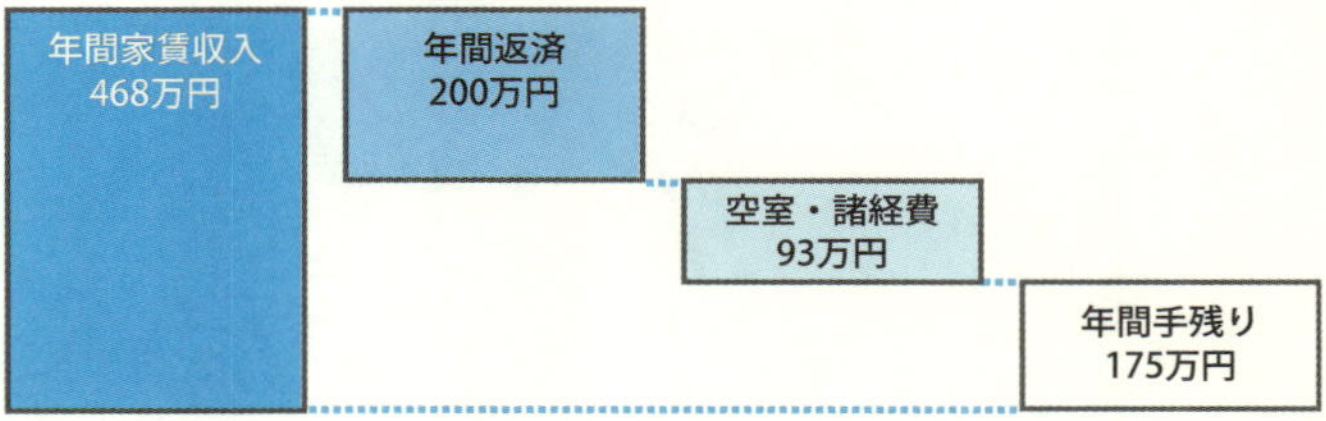

年収750万円、自己資金800万円として、アパートローンで購入

（単位：万円）

	家賃	月数	1室あたり年収	表面利回り	1室単価	部屋数	家賃年収	総額	
相場	6.5	12	78.0	7.0%	1,114	6	468	**6,686**	❶

	家賃	月数	1室あたり年収	表面利回り目標	1室単価	部屋数	家賃年収	総額	
新築投資法	6.5	12	78.0	10.0%	780	6	468	**4,680**	❷

内部留保利益	2,006	❶－❷	← 転売で儲かる可能性のある利益

アパートローン倍率	10	❸	
年収基準	750		← アパートローン倍率は年収に応じ10～20倍なので、❷÷❸から年収基準は468万円となるが、アパートローンを金融機関が取りあげる年収として750万円にしている
自己資金率	0.17	❹	
必要自己資金	796	❺＝❷×❹	← 諸費用率7%＋頭金10%
自己資金	800	❻	
自己資金充足判定	4	❻－❺	
キャッシュフロー※1	175		← 月額14.5万円残る

※1 アパートローンを30年、金利2.5%、空室率10%、諸経費率10%で試算

3 新築木造アパートを「選ぶメリット」はたくさんある

❶「5棟10室基準」という「事業的規模」の「青色申告事業者」へ近づける

前述しましたが、「55万円の青色申告特別控除を受ける〝青色申告事業者〟として確定申告するためには、〝事業的規模〟になることが必要」です。そのためには不動産投資の場合、まず5棟10室基準を目指します。1棟目から部屋数のあるアパートを所有することで近づくことができます。

❷副収入で、「次のアパート建築資金」を貯められる

1棟目が買えたら、その物件を安定的に稼働させるためにも空室率を低くして、収益基盤を確立することが大切です。そうすることで、拡大に向けた次の2つのことが実現可能です。

Ⓐ銀行から見て経営ができる人と評価を受け、次の融資が受けやすくなる
Ⓑ家賃収入という副収入が、これまでの本業の収入に加わることで、次のアパート建築資金を貯めやすくなる

銀行からの信頼と自己資金を積みあげていくことで、次のアパートへのチャレンジができるよ

うになります。「**建築資金を貯めるためには、アパート運営上の不意の出費をできるだけ抑えることも大切**」です。「退去時の原状回復費で借主負担を明確にして、必要以上にこちらが負担しない」「リフォームもコストパフォーマンスのいい業者を選ぶ」「事故災害時には保険を適用できるように保険の備えと有事対応をする」など、アパートオーナーとしての経験値と実力を上げていくことが必要です。

③新築アパートは、築10年ぐらいの中古に比べて、経費があまりかからない

「**新築アパートは、中古アパートに比べて10年間ぐらいはあまり経費がかからないのがポイント**」です。入居付けの際も、中古アパートに比べて広告宣伝費（入居付けのために余分に仲介会社に支払うお金）や退去時のリフォームも少なくてすむことが多く、築浅の間は礼金などももらえ、さらに収入がプラスになる可能性があるからです。

④個人のアパートローンにも「団体信用生命保険」がつけられるので、生命保険代わりになる

団体信用生命保険については、賃貸併用住宅と同様に、個人のアパートローンにもつけることができます。これが生命保険代わりになり、借りた本人に何かあったときには、「**残債が保険で全額返済され、家族には借金のないアパートが残るというメリット**」があります。

⑤審査スピードが比較的早い

金融機関のアパートへの融資には「アパートローン」と「プロパーローン」の2種類があります。**「アパートローンとは、アパートや投資用マンションを購入するためのローンで、個人の不動産投資家向けにパッケージ化されたローン」**です。そのため銀行内の手続きが定型化されていて、審査スピードが速いのが特徴です。融資順で**「買付」**（物件を買いますと申し込むこと）が入れられるような土地の場合には、購入に優位に働くともいえます。アパートローンは給与を返済原資として重視しているので、あまり家賃収入に重きを置いてはいません。したがって**「属性、収入が高いサラリーマンは、スムーズに審査が進むので利用しやすい」**といえます。

⑥この方法の繰り返しで年収1000万円が見えてくる

このケースでは、4680万円の新築木造アパートで、年間手残りが175万円になりましたが、これを年収1000万円の手残りにするには、この6倍程度の規模（4680万円×6棟＝2億8080万円）、つまり物件価格の総額が3億円程度になればいいことになります。サラリーマンを対象にしたアパートローンの総額上限が2億〜3億円であり、この方法を使えば年収1000万円まではいけることになります。

そのためには、焦ることなくこの方法を続けていけばいいのです。いきなり1億円の物件を建てられる人は3回に分けて、3億円の物件を買える人は1回でここまでくることができます。

4 アパートローンの「デメリット」

❶トータルで「自己資金が17％必要」

「**自己資金とは、頭金と諸費用を足したもの**」です。物件（土地＋建物）の資金調達は、ローン借入と頭金でまかなうことになります。物件価格以外に諸費用として手数料、保険料、税金などがかかってきます。アパートを購入する場合は、この頭金10％と諸経費7％の合計17％くらいの自己資金を用意する必要があります（次頁❸参照）。

物件の資金調達
ローン借入（物件価格の90％）＋**頭金**（物件価格の10％）＋**諸経費**（物件価格の7％）

自己資金
頭金＋諸経費＝物件価格の17％

❷自己資金がいったん出ていくので、「次の展開まで時間を要する」

アパートを一棟建てると本体価格の17％分の自己資金が出ていくので、次の展開をするためには、自己資金を貯める時間が必要になります。先述したとおり、最近、アパートローンではフルローンは難しくなりましたが、これまでは頭金を10％預金することで、フルローンを出してくれる銀行もありました。ここは情勢に応じて変わるので、個別に金融機関に相談してみましょう。

③アパートローンは、住宅ローンと違って、「10％以上頭金」を求められる

住宅ローンは物件価格１００％の融資を受けられますが、アパートローンは通常「**物件価格（土地＋建物）の10％程度の頭金が求められます**」。

さらにアパート建築は、土地を購入する際に、「土地の仲介手数料・取得税・登記費用・固定資産税の精算」、建物を建てたら「建物の表示登記・保存登記・登記費用・取得税」などがかかります。このあたりの「**諸経費で物件価格の7％程度を準備しなくてはなりません**」。

10％の頭金　4680万円（物件価格）×10％＝468万円
諸経費　4680万円（物件価格）×7％＝328万円
自己資金＝10％の頭金＋諸経費＝796万円

5 次の拡大に向けたヒント❶ 「新築木造アパートを売却」して自己資金をつくって次を建てる

ここでは、新築木造アパートを表面利回り10％で完成させたあと、表面利回り7％で売却して2000万円をつくって、次を建てる方法を見ていきます。

1棟目に投下した自己資金800万円は、2・5倍の2000万円になって返ってくることになります。自己資金が増えれば、次の物件は単純に、より大きな物件を建てられます。

表面利回り10％で完成 468万円（家賃年収）÷10％＝4680万円（完成価格）
表面利回り7％で売却 468万円（家賃年収）÷7％＝6686万円（売却価格）
売却益 6686万円（売却価格）－4680万円（完成価格）≒2000万円

6
次の拡大に向けたヒント②
数年後、資金回収したら「2棟目に進む」

もうひとつの方法は、自己資金として投入したお金を3年ほどで資金回収してから、次の物件を建てる方法です。

このケースなら、自己資金約800万円を数年かけて回収して2棟目の建築に進めます。

自己資金800万円を年間175万円の手残りで回収するには、単純に4・5年かかりますが、賃借人からもらう礼金や自分の給与からの補填で、2～4年で回収できたとします。すると、数年後には4680万円と同規模の2棟目を建てることができ、年間の手残りは175万円の2棟分の350万円になります。今度は自己資金800万円の回収は2年程度で可能になります。

そして3棟目を建てると、年間の手残りは525万円（175万円×3棟）、自己資金800万円は1・5年（800万円÷525万円）で回収できます。

4棟目を建てると、年間の手残りは700万円（175万円×4棟）となり、ほぼ1年（800万円÷700万円）で自己資金800万円を回収できて、5棟目を建てることができます。

「この方法でいくと、毎年1棟、あるいは数棟建てられるようになる」のです。

この例はまさに、不動産投資が複利であるということのわかりやすい例です。

● CASE❷ 2棟目、3棟目に進むためのシミュレーション

	自己資金回収期間	手残りの合計
1棟目	2～4年	175万円
2棟目	2年	350万円
3棟目	1.5年	525万円
4棟目	1年	700万円
5棟目	0.9年	875万円
6棟目	0.8年	1,050万円

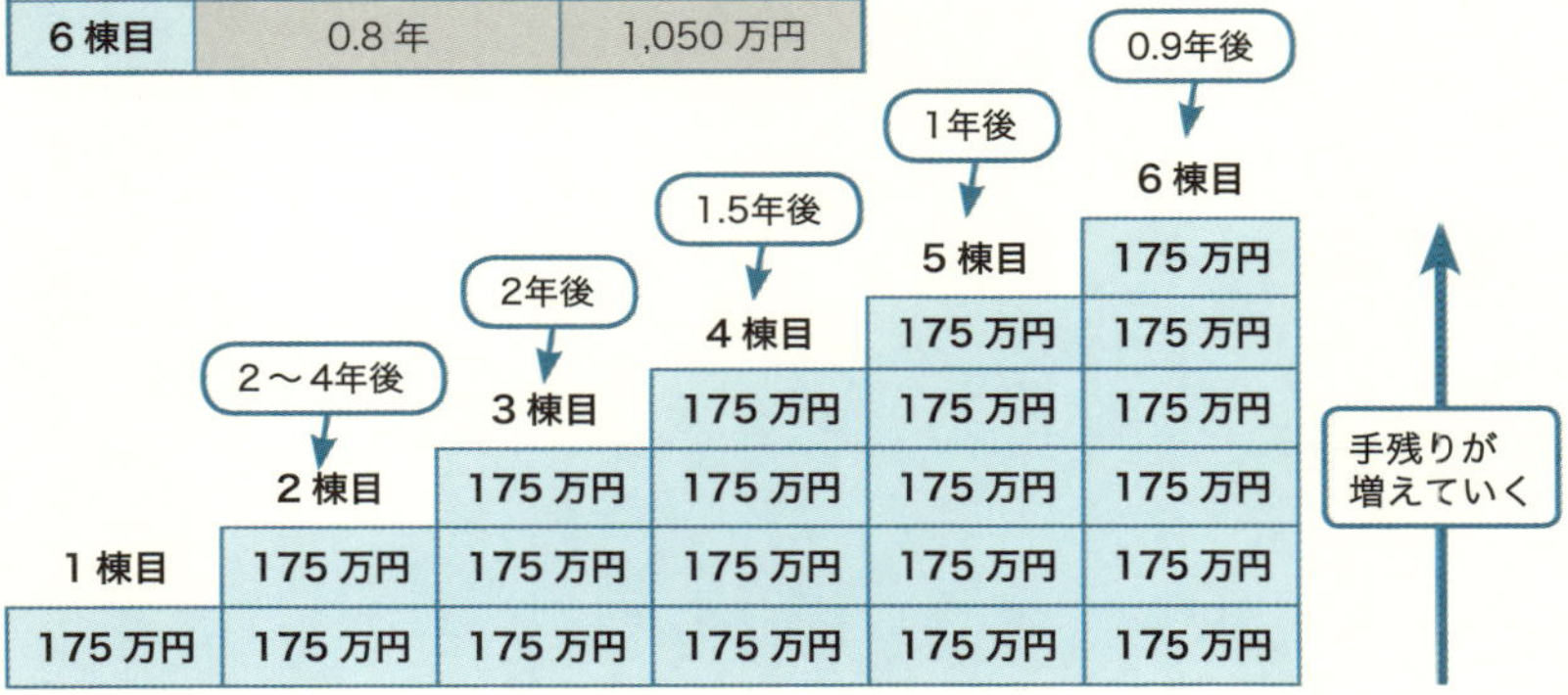

05 新築アパート投資法 CASE 3 「RCマンション」

「アパートローンを借りられる人で年収、自己資金に余裕がある高属性の人は、こちらからスタートすることをオススメ」します！

1 「アパートローン」で「RC1棟10室」を建てる

はじめて個人でマンションを建てる場合でも、高属性を活かしてRC（鉄筋コンクリート）の5棟10室の規模を目指します。

これで、「**青色申告の不動産賃貸業として、最も税制優遇を受けられる事業的規模の基準（5棟10室）を1棟でクリア**」できるようになります。

2

CASE 3 「新築RCマンション」のシミュレーション

モデルケースは、RCマンション10部屋の構成です（下図参照）。土地・建物の建築資金は、マンション1室あたり土地・建物で1250万円として、10部屋分と想定しています。

結果、自分で建てるRCマンションでは、「1250万円×10部屋＝1億2500万円」が総額となっています。この物件を買うためには、どれくらいの年収が必要なのか年収基準を見ていきましょう。

「**総額（1億2500万円）をアパートローンでまかなう場合、アパートローンの融資限度額は年収の10〜20倍とされている**」ので、次の計算で求めます。

アパートローンの融資限度額
年収×10（アパートローン倍率）

年収基準
1億2500万円（融資額）÷10（アパートローン倍率）＝1250万円

● RCマンション1棟10部屋のレイアウト

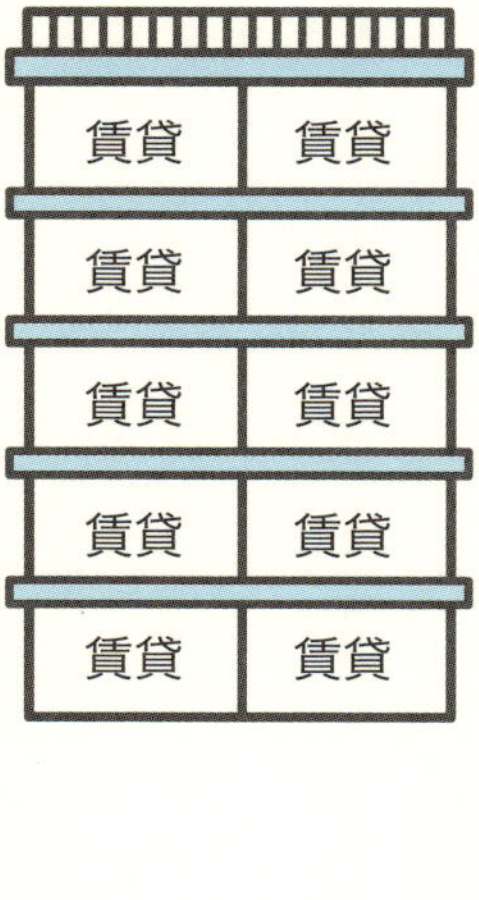

1億2500万円の融資を受けたい場合、必要な年収基準は1250万円となります。つまり、1250万円以上の世帯年収が必要だということです。

自己資金は、「**1億2500万円（総額）×17%（自己資金率：頭金10%＋諸費用分7%）＝2125万円**」となります。計算より少し余裕を持って自己資金は2200万円としています。

総括すると、「**世帯年収1250万円、自己資金2200万円くらいであれば、このモデルにチャレンジできる**」わけです。

新築RCマンションの「具体的な数字」を計算してみる

モデルケースは「4000万円（土地）＋8500万円（建物）＝1億2500万円（総額）の物件に対し、マンション10部屋、1室の家賃を8・5万円で賃貸に出すことで、「**1020万円（左記参照）で表面利回り8%**」としています。

マンション10部屋の家賃年収
1室あたり8・5万円×10部屋×12カ月＝1020万円（年額）

マンション10部屋の表面利回り
1020万円÷1億2500万円＝8%

年間手残りを計算してみましょう。総額1億2500万円を、アパートローンで融資期間30年、金利2・5%、空室率10%、諸経費率15%（諸経費率の15%は、5階建てでエレベーターの保守費用など木造3階建てアパートより諸経費がかかることを想定）で計算すると、「1020万円（マ

● CASE❸ 新築 RC マンションの収支計算

1 億 2,500 万円（家賃年収 1,020 万円）をアパートローン（借入金額 1 億 1,250 万円、融資期間 30 年、金利 2.5%）で購入。空室率 10%、諸経費率 15%と設定

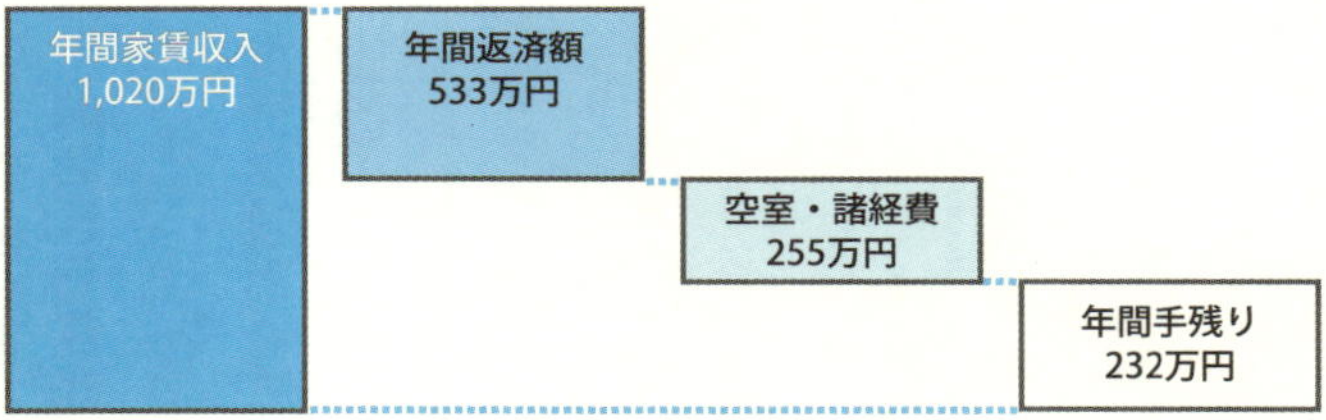

年収 1,300 万円、自己資金 2,200 万円として、アパートローンで購入

（単位：万円）

	家賃	月数	1室あたり年収	市場利回り	1室単価	戸数	家賃年収	総額	
相場	8.5	12	102.0	6.0%	1,700	10	1,020	**17,000**	❶

	家賃	月数	1室あたり年収	利回り目標	1室単価	戸数	家賃年収	総額	
新築投資法	8.5	12	102.0	8.0%	1,250	10	1,020	**12,500**	❷

内部留保利益	4,500	❶－❷	← 転売で儲かる可能性のある利益

アパートローン倍率	10	❸	
年収基準	1,250	❷÷❸	
自己資金率	0.17	❹	← 諸費用率7%＋自己資金10%
必要自己資金	2,125	❺＝❷×❹	
自己資金	2,200	❻	
自己資金充足判定	75	❻－❺	
キャッシュフロー※	232		← 月額19万円残る

※ アパートローンを30年、金利2.5%、空室率10%、諸経費率15%で試算

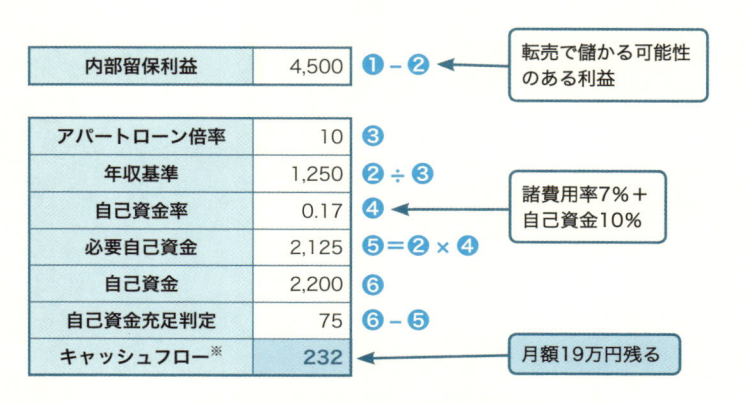

ンション10部屋からの家賃年収）－533万円（年間返済）－255万円（1020万円×25％（空室率＋諸経費率））＝232万円（年間手残り）」となり、月額約19万円（232万円（年額）÷12カ月）のお金が残ってくる計算になります。またここでは金利を2・5％と厳しめに見ていますが、このレベルのローンが組める人は金利1％前後になる可能性もあります。仮に金利1％とすると、年間手残りは232万円から331万円へと、100万円程度増えることになります。

3 新築RCマンションを「選ぶメリット」はたくさんある

❶「事業的規模」の「青色申告事業者」に新築マンション1棟でなれる

前述しましたが、個人事業として不動産投資を継続して拡大するには、「**青色申告事業者**」で「**事業的規模**」になることがお勧めです。そのためには、不動産投資でまず5棟10室基準を目指します。1棟目から部屋数のあるアパートを所有することで、事業的規模の青色申告事業者に近づくことができます。

❷RCマンションは融資期間も長く、「キャッシュフローが出やすい」

例外を除き、「**銀行からの融資期間は、残存する法定耐用年数内**」で行われます。新築RCマンションは法定耐用年数が47年あるので、「**銀行の融資期間は30年、長いところでは35年もとれるの**

で、長くゆっくり返済することでキャッシュフローが出やすくなります」。結果的には安定した賃貸経営が可能になります。

補足ですが、前述の CASE❷ 新築木造アパートでも30年の融資期間を受けることが可能です。これは、「**劣化対策等級に照合した建築をする**」と、通常、木造アパートの法定耐用年数は22年ですが、30年の融資を受けられる金融機関があります。

❸「出口戦略」が立てやすい

RCマンションは法定耐用年数が47年あるので、仮に17年間保有して手放しても、次の人が30年間融資を受けることが可能です。次の購入者を探す面でも、出口戦略が立てやすいのが特長です。

❹ RCマンションは「メンテナンス次第」で見た目も美しく維持できる

RCマンションは10年20年経っても、外壁塗装や防水などメンテナンスさえしっかりしていれば、パリッとした容姿を維持できます。

❺ CASE❷ の「アパートローンのメリット」もすべて享受

RCマンションなら、CASE❷ のアパートローンのメリット（142頁参照）もすべて享受できます。ここでは繰り返しになるので、項目だけ記載しておきます。

- 副収入で次のアパート建築資金を貯められる
- 新築マンションは、築10年くらいの中古マンションに比べて経費があまりかからない
- 個人のアパートローンにも団体信用生命保険がつけられるので、生命保険代わりになる
- 審査スピードが比較的早い
- この方法の繰り返しで年収1000万円が見えてくる

4 RCマンションのデメリット

❶ RCマンションは建築期間が長く、「家賃発生まで時間がかかる」

RCマンションは、木造アパートに比べて建築期間が長くなります。木造アパート3階建てなら半年強程度ですが、RCマンションは1年以上かかるのが普通です。

木造に比べて家賃が発生するまでに時間がかかるので、建築中の土地・建物の分の金利も長く支払う必要があります。「**キャッシュアウトに耐えられる、金銭的な余裕が必要**」です。

5 次の拡大に向けたヒント❶ 売却して、次を建てる

表面利回り8％で完成させたあと、表面利回り6％で売却して4500万円の利益を出して、次を建てる方法です。

1棟目に投下した自己資金2200万円は、4500万円の2倍になって帰ってくることになります。自己資金が増えると、次の物件はより大きな物件を建てることが可能となります。

表面利回り8％で完成 1020万円（家賃年収）÷1億2500万円（完成価格）＝8％
表面利回り6％で売却 1020万円（家賃年収）÷1億7000万円（売却価格）＝6％
売却益 1億7000万円（売却価格）－1億2500万円（完成価格）＝4500万円

6 次の拡大に向けたヒント❷ 数年後、2棟目に進む

もうひとつの方法は、自己資金として投入したお金を数年ほどで回収して、次の物件を建てる方法です。CASE❸の場合なら、自己資金2200万円を数年かけて回収し、2棟目の建築に進むということです。

自己資金2200万円を年間232万円の手残りで回収するには、単純に約10年かかります。賃借人から入ってくる礼金や給与からの追加で＋200万円として、年間貯蓄に回せるお金が432万円（232万円＋200万円）なら5年で回収できます。

また、CASE❸でローン金利2・5％としていますが、RCマンションが建てられる高属性の人なら、ローン金利1・0％前後で借りられる可能性もあります。仮に1％とすると、年間手残り331万円になり、礼金、給与からの追加200万円をあわせれば、年間貯蓄に回せるのが531万円（331万円＋200万円）で、4年ほどで自己資金が回収できます。

このように4〜5年で回収後に同規模のものを建てることができるようになるのです。

● CASE❸ 次の拡大に向けたヒント❷の前提条件

アパート金利	年間　手残り
2.5%	232万円（CASE❷）
1.0%	331万円（高属性の場合、1.0%もあり）

別途、自己資金を礼金、給与から貯める
200万円　（仮）

06 まだある！新築投資のバリエーション

投資家の属性によって受けられる融資は変わってくるので、最後に、CASE❶〜CASE❸とはまた違った、次の３つの新築投資手法をご紹介します。

番外編❶ 特に年収が少ない人のケース
番外編❷ １棟新築だけで事業規模を達成できる裏技的な手法
番外編❸ 年収が数千万円ある人向けのケース

1 新築アパート投資法 番外編❶ 新築木造自宅

「年収300万円、自己資金200万円」の会社員を想定

自己資金が少ない人にも朗報です！「**収入、自己資金が少なくても、融資額2300万円、融資期間30～35年くらいの住宅ローンは借りられる**」はずです。そういう人は、まず住宅ローンを使って家を建てましょう。その理由は、アパートローン融資が少し渋くなっても、銀行は住宅ローンに関しては今のところ審査もかなり寛容だからです。

あれっ、「アパート投資をするなら自宅は買うな」とどこかで聞いたことあるけど？ という質問が出てきそうですね。そうです、「**自宅は建てますが数年間住んだら売却してしまう**」のです。一例として、土地（1000万円）＋建物（1300万円）の2300万円で建てて、数年後に3000万円で売却したとして、500万～600万円は儲かります。

この方法でアパートを建てるための自己資金を貯めていくのです。このような土地を探して新築戸建てを安く自分で建てるのです。すごいでしょう！ これなら誰でもいつでもはじめることができます。

この方法は、既存の借り入れ、職業、過去2～3年間の年収などで個人差が出るので、個別に銀行に相談してみてくだ

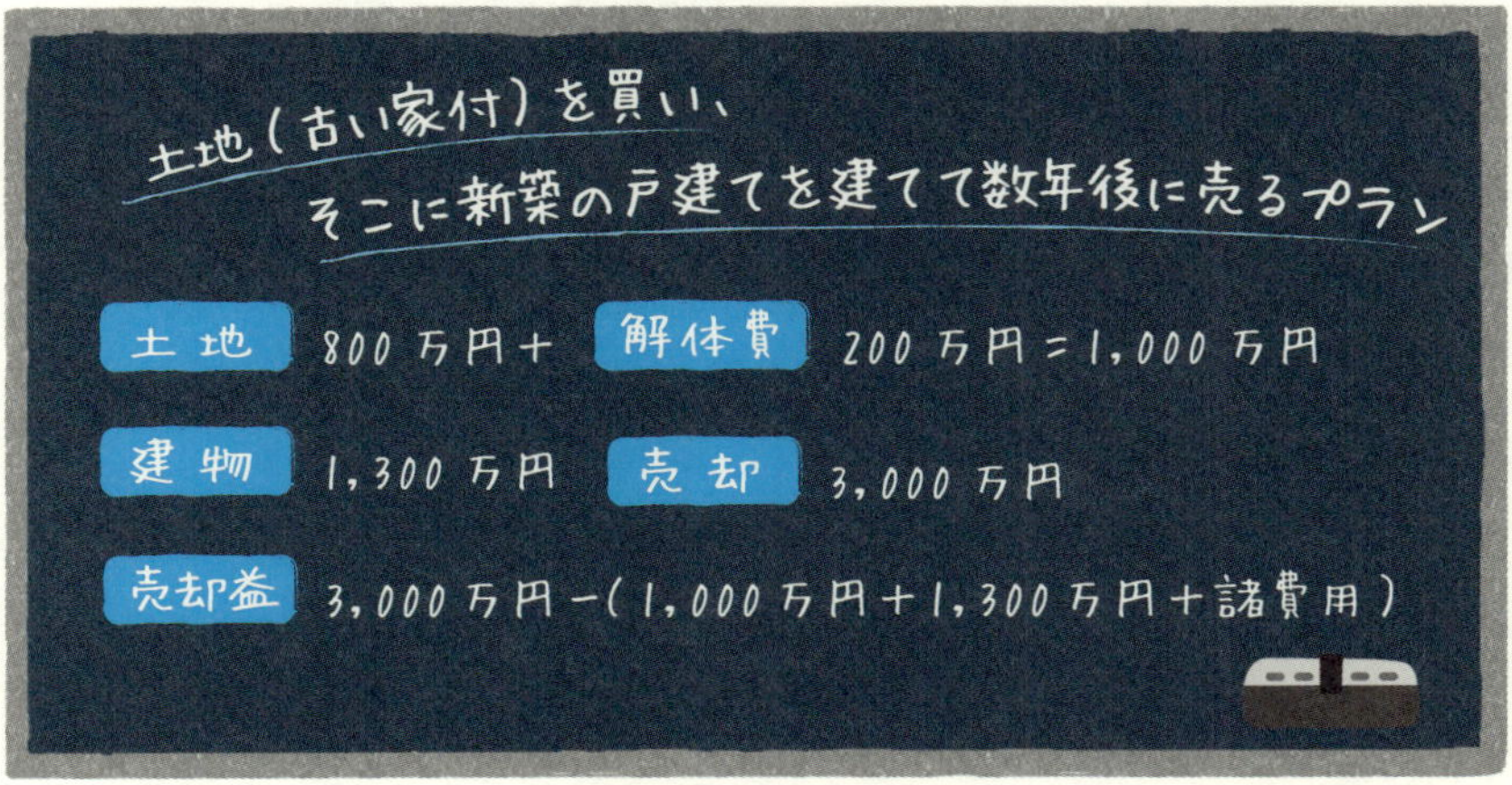
土地（古い家付）を買い、
そこに新築の戸建てを建てて数年後に売るプラン
土地 800万円＋ 解体費 200万円＝1,000万円
建物 1,300万円 売却 3,000万円
売却益 3,000万円－（1,000万円＋1,300万円＋諸費用）

さい。また、低額でコストパフォーマンスがいい家を建てる方法については、6時限目でお話しする手順に準じていけば、実現可能になるはずです。

2 新築アパート投資法 番外編❷ 木造アパート9室

CASE❷と世帯年収750万円は同じ。自己資金を増やして1200万円に想定

CASE❷よりスケールが少し大きく、部屋数が9室になります。世帯年収750万円は同じですが、**「自己資金1200万円くらいあればこの規模にチャレンジ可能」**です。

結論からいうと、CASE❷とメリット・デメリットはそれほど変わりませんが、青色

● 番外編❶ 新築木造自宅の収支計算

年収350万円、自己資金200万円として、住宅ローンで自宅を購入

(単位：万円)

	総額	
相場	3,000	❶

	総額	
新築投資法	2,300	❷

内部留保利益	700	❶－❷	← 転売で儲かる可能性のある利益

住宅ローン倍率	7.5	❸	
年収基準	307	❷÷❸	
自己資金率	0.07	❹	← 諸費用率7%
必要自己資金	161	❺＝❷×❹	
自己資金	200	❻	
自己資金充足判定	39	❻－❺	
年間ローン返済	78		← 月額6.5万円の返済

申告事業者で事業的規模（5棟10室基準）に近づけるということです。「**5棟10室基準というのは、賃貸住宅であれば10室、戸建てであれば戸建て1棟が2室分、駐車場であれば5台が1室、50台で10室分**」になります。

この例で、仮に土地が広くて敷地内に駐車場が5台分取れれば、この1棟で5棟10室基準の事業的規模を叶えられることになります。駐車場に必要なスペースは、おおよそ下図のようなイメージです。

● 駐車場に必要なスペース

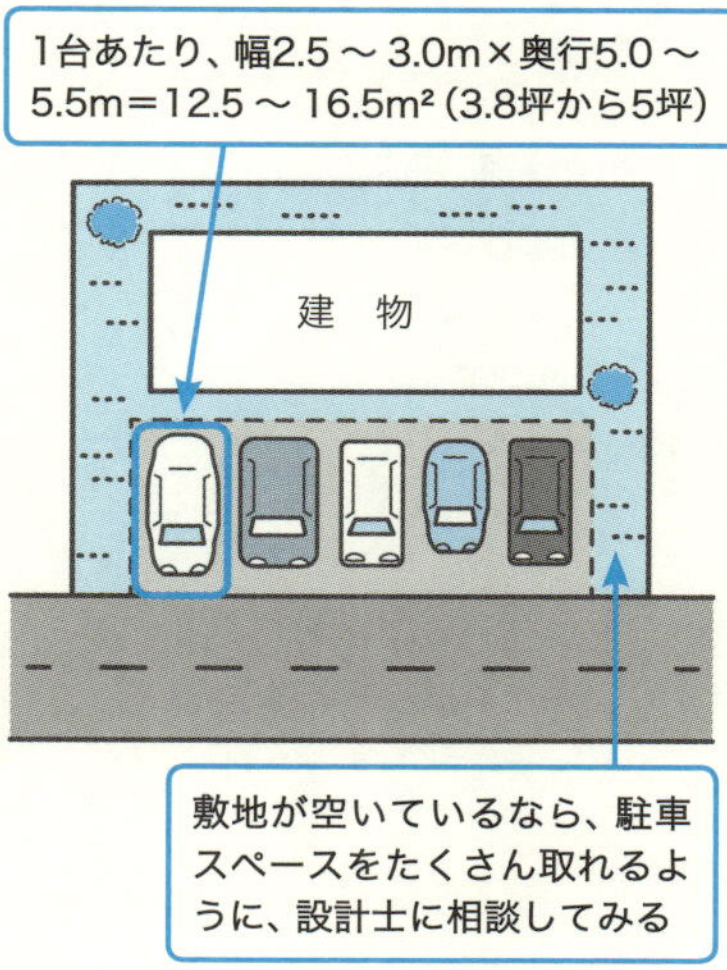
1台あたり、幅2.5 ～ 3.0m×奥行5.0 ～ 5.5m＝12.5 ～ 16.5m²（3.8坪から5坪）
建 物
敷地が空いているなら、駐車スペースをたくさん取れるように、設計士に相談してみる

3 新築アパート投資法 番外編③ ＲＣ高層マンションもお勧め

「世帯年収2000万円、自己資金6000万円」の人を想定

アパートローンは年収の20～30倍が上限なので、さらなる規模拡大を目指すには、不動産購入にかぎらず使える「**プロパーローン**」という一般的な事業性融資を受けられるようになる必要があります。給与や自己資金などが潤沢にある高属性の人、あるいは先祖から土地を譲り受けてぜいたくな資産背景のある人は、プロパーローンで融資を受けてＲＣ高層マンションを建てること

が可能となります。この規模を目指していくには「**世帯年収2000万円、自己資金6000万円以上**」の高属性の人が目安になります。

ここまで来ると、投入する自己資金も6000万円全額は必要ないかもしれませんが、見せられるお金として必要になります。というのは「**プロパーローンは個人の世帯年収、自己資金、担保評価の出る所有物件なども含めた総合判断で融資条件が出てくる**」からです。

● **番外編❷ 新築木造アパート９室の収支計算**

年収750万円、自己資金1,200万円※1として、アパートローンで購入

（単位：万円）

	家賃	月数	1室あたり年収	市場利回り	1戸単価	戸数	家賃年収	総額	
相場	6.5	12	78.0	7.0%	1,114	9	702	**10,026**	❶

	家賃	月数	1室あたり年収	利回り目標	1戸単価	戸数	家賃年収	総額	
新築投資法	6.5	12	78.0	10.0%	780	9	702	**7,020**	❷

内部留保利益	3,006	❶－❷	← 転売で儲かる可能性のある利益

アパートローン倍率	10	❸	
年収基準	702	❷÷❸	
自己資金率	0.17	❹	← 諸費用率7%＋自己資金10%
必要自己資金	1,193	❺＝❷×❹	
自己資金	1,200	❻	
自己資金充足判定	7	❻－❺	
キャッシュフロー※2	**262**		← 月額22万円残る

※1 アパートローンを金融機関が取りあげる年収が700～750万円となっている

※2 アパートローンを30年、金利2.5%、空室率10%、諸経費率10%で試算

読者特典④ 青色申告と白色申告の確定申告、各種届出ガイド、税理士との動画
（読者向け公式サイト：kimunii.comで入手可能）

読者特典⑤ CASE ❶ 〜 CASE ❸ を
シミュレーションしたExcelシート
（読者向け公式サイト：kimunii.comで入手可能）

読者特典

● 番外編❸ 新築RCマンションの収支計算

年収2,000万円、自己資金6,000万円として、プロパーローンで購入

（単位：万円）

	家賃	月数	1室あたり年収	市場利回り	1戸単価	戸数	家賃年収	総額	
相場	10.0	12	120.0	5.0%	2,400	22	2,640	**52,800**	❶

	家賃	月数	1室あたり年収	利回り目標	1戸単価	戸数	家賃年収	総額	
新築投資法	10.0	12	120.0	7.5%	1,600	22	2,640	**35,200**	❷

内部留保利益	17,600	❶－❷

転売で儲かる可能性のある利益

ローン倍率※1	20	❸
年収基準	1,760	❷÷❸
自己資金率	0.17	❹
必要自己資金	5,984	❺＝❷×❹
自己資金	6,000	❻
自己資金充足判定	16	❻－❺
キャッシュフロー※2	**757**	

諸費用率7%＋自己資金10%

月額63万円残る

※1 プロパーローンは個別審査となる。ここでは高額年収者へのアパートローン20倍まで融資可能なことを踏まえ、ローン倍率を20倍とした
※2 プロパーローンを30年、金利1.0%、空室率10%、諸経費率15%で試算

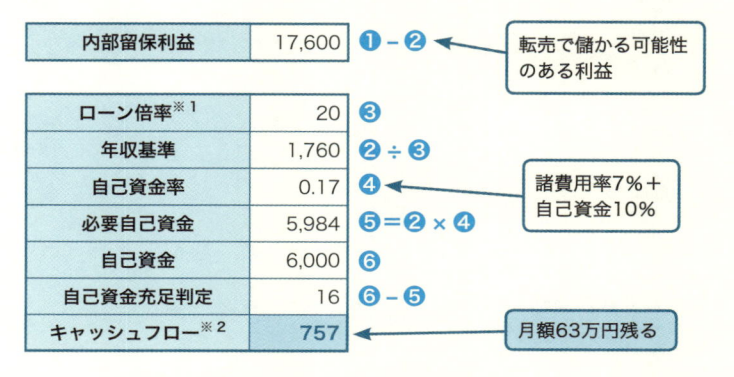

07 確定申告について知っておく

1 「不動産所得」と「確定申告」

会社員などの給与所得者でも、「**不動産投資で家賃収入が発生すれば確定申告しなければなりません**」。つまり、納税の義務が生まれることになります。これは、木造賃貸併用住宅、木造アパート、RCマンション、店舗、テナント、駐車場を問わず、「**不動産所得が20万円を超えていれば確定申告が必要**」です。「**不動産所得とは、不動産収入から必要経費を差し引いた金額**」です。

「**給与所得などがあれば、修繕費などで不動産所得が赤字になった場合でも、確定申告することで不動産所得の赤字と相殺する**」ことができます。

相殺することで、給与から源泉徴収されていた所得税が還付されたり、住民税の額が少なくなったりといったメリットもあります。

不動産所得とは 不動産投資における総収入金額－必要経費

所得税額とは （給与所得＋不動産所得）×所得税率－控除額

2 確定申告は「白色申告」よりも「青色申告」のほうがお得

前述しているとおり、確定申告には、「**白色申告**」と「**青色申告**」とがあります。

さらに「**5棟10室という事業的規模の賃貸業に認められると、節税効果が高くなります**」。不動産所得を計算する際に、不動産投資における総収入金額として計上するものは変わりありませんが、青色申告でかつ事業的規模のほうが控除額が多いのと、青色申告特有の特典が認められるという点で有利です。

結果、賃貸物件の経営で生じるさまざまな支出を経費として計上すると、利益を圧縮して節税することができます。

● 白色申告と青色申告の違い

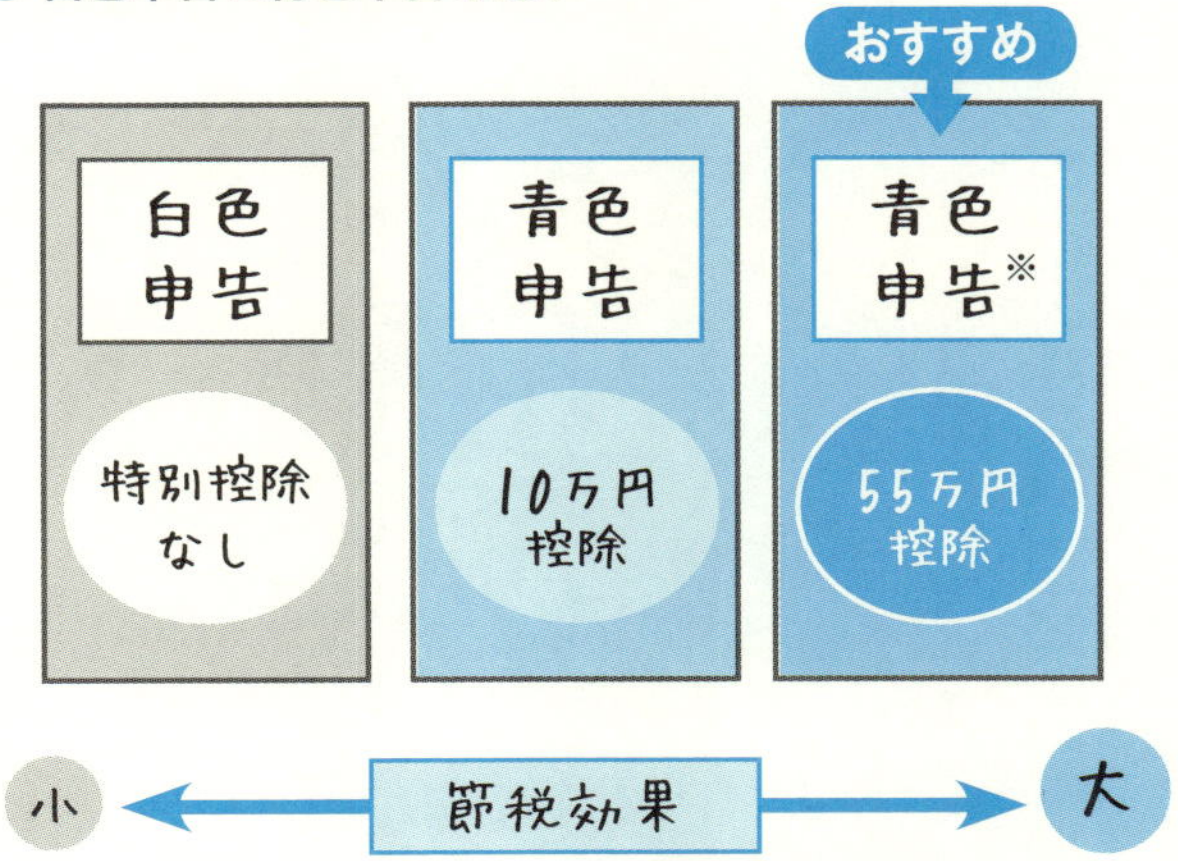

※ 事業的規模（5棟10室基準）

3 確定申告で「総収入と必要経費になるもの」

では不動産所得の申告にあたって、何を収入にしないといけないか、何が経費にできて、何が経費にできないのか。実際に確定申告の際にはどうすればいいのかなど、不動産投資初心者の人の疑問を解消していきましょう。なおここは、白色申告も青色申告も共通になります。

不動産投資における総収入金額に含まれるものは、国税庁のサイトで次のように定義づけられています。

❶「不動産の総収入金額」に含まれるもの

家賃や管理費、共益費、礼金、更新料、敷金のうち返金しないものなど、次の3つにあてはまるものが不動産の総収入金額に含まれます。

❶ 次のⒶからⒸの貸付による賃貸料収入

Ⓐ 土地や建物などの不動産の貸付

Ⓑ 地上権など不動産の上に存する権利の設定および貸付

Ⓒ 船舶や航空機の貸付

❷ 名義書換料、承諾料、更新料または頭金などの名目で受領するもの

❸ 共益費などの名目で受け取る電気代、水道代や掃除代など
❹ 敷金や保証金などのうち、返還を要しないもの

❷「必要経費」に含まれるもの

必要経費にすることができるのは、「**不動産収入を得るために直接必要な費用のうち、家事上の経費と明確に分けられるもの**」です。代表的な経費には、次頁のようなものがあります。

「**減価償却費は、実際の支出がないのに経費として帳簿上の利益を減らすことができる**」ので、節税効果があります。

ただし資産価値を向上させるための設備の費用は、修繕費として一括で経費計上はできません。これらは固定資産と同じく、耐用年数の期間にわたって減価償却する必要があります。たとえば、「**間取りの変更などは、資産価値向上のための費用にあたるため、修繕費ではなく減価償却する固定資産に**」なります。

「**〝不動産の総収入金額〟に含まれるもの**」「**〝必要経費〟に含まれるもの**」については、次頁の図にまとめてあるので、確認しておいてください。

● 不動産投資の確定申告で総収入と必要経費になるもの

不動産所得 ＝ 不動産投資における総収入金額 － 必要経費

総収入金額

❶ 家賃
❷ 管理費
❸ 共益費
❹ 礼金
❺ 更新料
❻ 敷金
❼ 保証金

❻❼は、返還しないもの

不動産収入を得るために直接必要な費用

❶ **税金**
不動産を購入したときの登録免許税、不動産取得税、契約書に貼る収入印紙代、毎年支払う固定資産税や都市計画税などの税金

❷ **火災保険、地震保険**
火災保険や地震保険といった保険料

❸ **管理会社への業務委託料**
不動産管理会社に渡たす家賃の 5%などの業務委託料

❹ **税理士や司法書士への報酬**
確定申告や不動産登記を依頼した場合の士業への報酬

❺ **修繕費、管理費、修繕積立金**
部屋の機能を原状回復させるための費用。退去後の部屋のクリーニング代や壁紙の交換、給湯器、エアコンの交換などの費用。マンションであれば、管理費として共用部分の清掃やメンテナンス費、修繕積立金として大規模修繕のために毎月支払う費用

❻ **ローン金利（不動産取得のための借入分）**
不動産を取得するために受けた借入金の金利、融資を受けた年に銀行に支払うローン取り扱い手数料
※ 土地取得のための借入金利子は、不動産所得が赤字になったとき損益通算はできません。

❼ **不動産購入に関わる交通費、交際費、書籍代**
物件を視察に行った場合の交通費、税金に関する本を購入した際の書籍代、不動産業者への手土産代など。あまりに交通費や交際費の頻度が高い、金額が多い場合は税務署のチェックが入ることもある

❽ **減価償却費**
建物の購入にかかった費用を耐用年数で割った金額が減価償却費

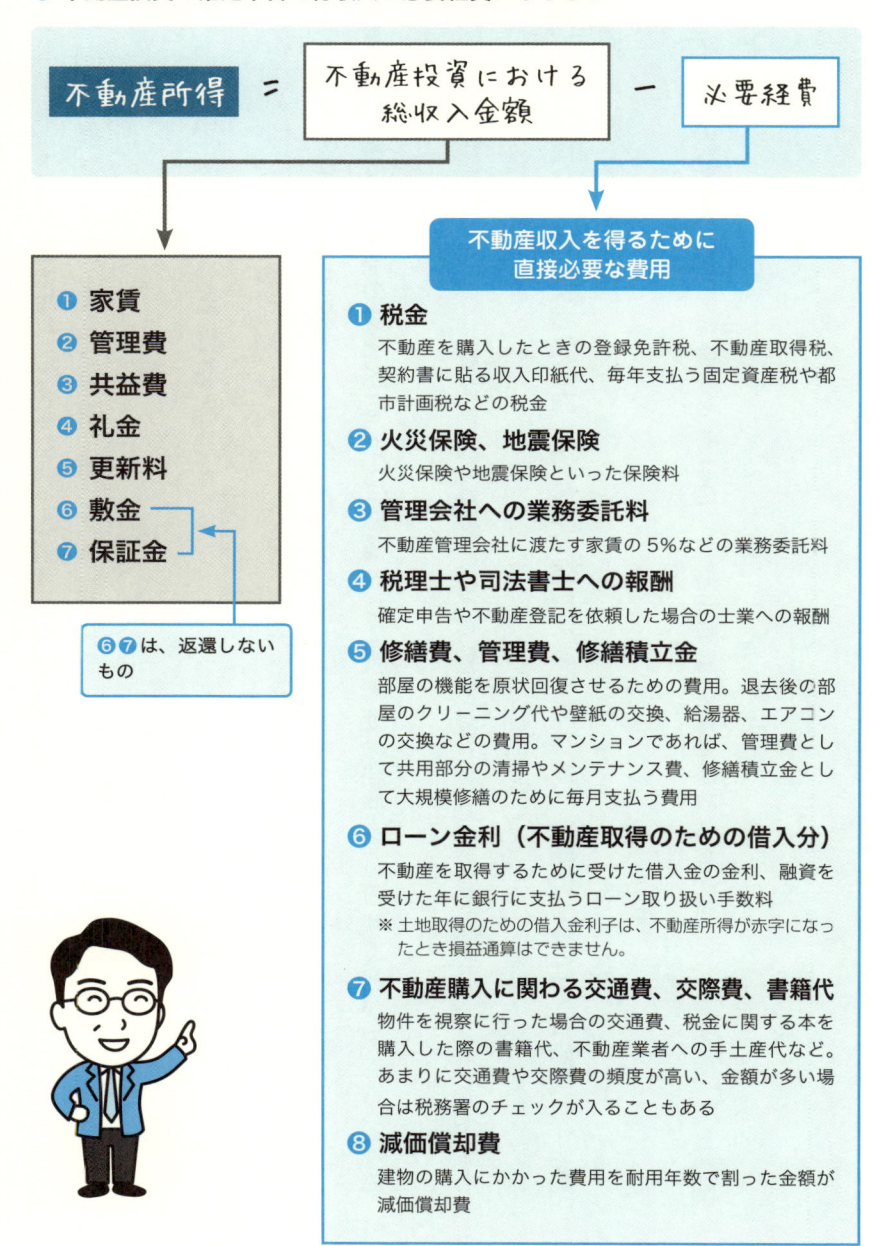

08 モデルケースと税金を考える CASE❶ CASE❷ CASE❸

ここではまず、モデルケースCASE❶CASE❷CASE❸を参考に、個人事業としてアパートローンの融資を受けた前提で税金対応を見ていきます。個人事業は「**白色申告**」「**青色申告**」、さらに事業的規模になることで、税制優遇をより多く受けられるようになります。

1 CASE❶「木造賃貸併用住宅3室」の減価償却と経費

❶「賃貸部分にかかった出費」は「必要経費」になる

「**住宅部分を除き、賃貸部分にかかった経費だけを収入から必要経費に**」することができます。たとえば、234万円の年間家賃がある場合（礼金などそのほかにも収入になるものがある場合は含める）、ここから必要経費を引いて、その残りが課税対象となります。

「**税金、火災保険、減価償却費など、建物全体にかかる出費は、建物の面積割合などで賃貸部分**

にかかった分だけをしっかり按分計算して必要経費にしなくてはなりません」。

具体的に見ていきましょう。まず減価償却費用について「**建物全体で減価償却費を計算**」し、その後、「**賃貸部分の減価償却費を按分する**」ので、これを参考に、そのほかの経費も賃貸部分にかかった分を計算します。

❷「建物全体の減価償却」を計算する

それでは、CASE❶ 賃貸併用住宅の3900万円の例で見てみましょう。仮に、土地1400万円、建物2500万円の場合、木造新築だと22年の減価償却期間なので、建物2500万円を22年で、毎年同じ金額で減価償却していきます（実際には、このうち賃貸部分のみを按分します。❸参照）。

2500万円（建物）÷22年（法定耐用年数）
＝約114万円（毎年経費にできる金額）

● 減価償却費のイメージ

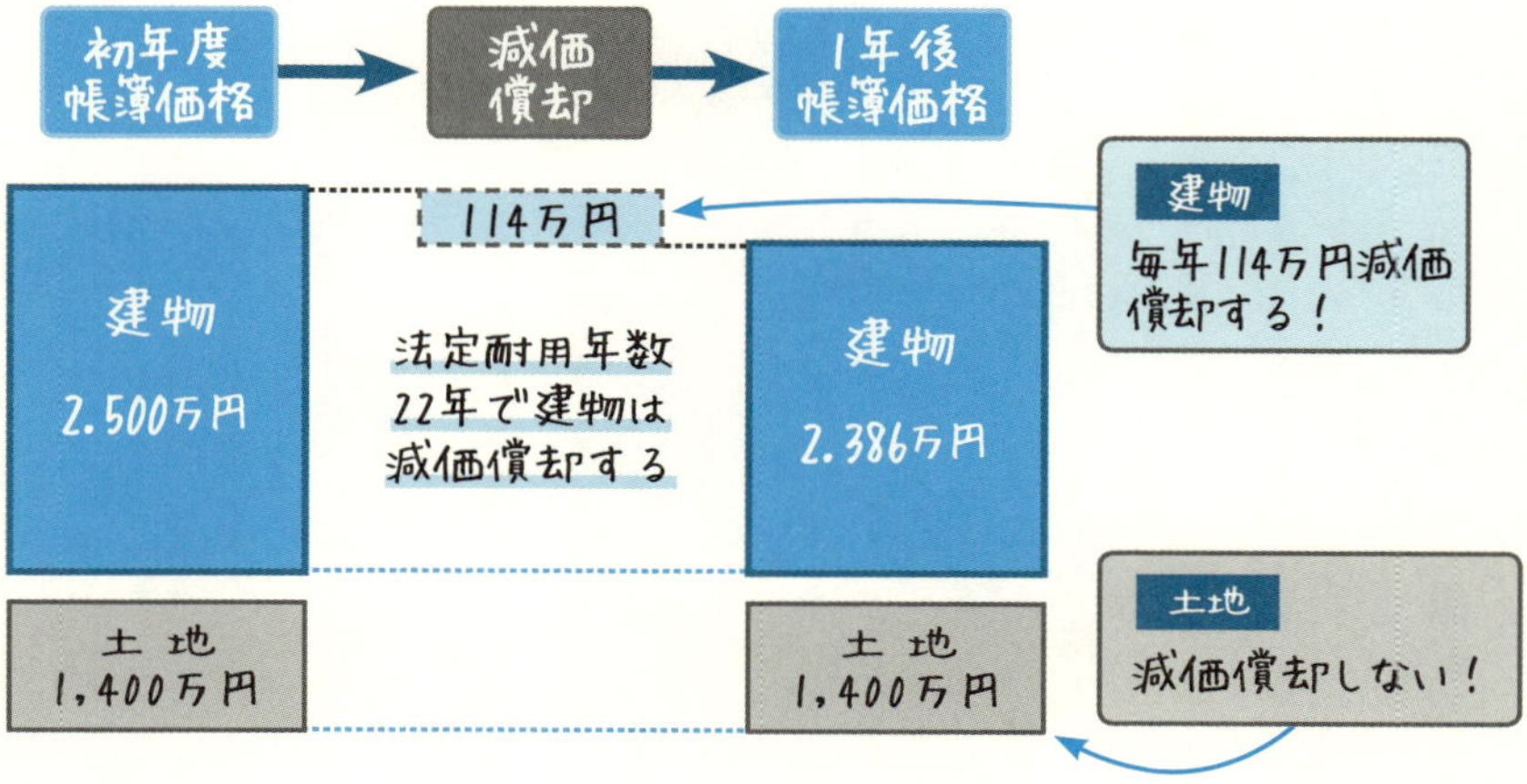

③「賃貸部分の減価償却費」だけ、経費にできる

CASE②のような一棟丸ごとが賃貸アパートの場合、②の減価償却費114万円全額を経費にできますが、**CASE①**のような賃貸併用住宅の場合は、賃貸部分に該当する分だけを経費とします。**CASE①**で見てみると、総額3900万円のうち、建物の建築費用が2500万円で、うち自宅部分が1000万円、賃貸部分が1500万円だったとします。この場合、賃貸部分1500万円の減価償却費だけを経費にすることができます。

ここで注意しなくてはいけない点が、「**経費にしない自宅部分も減価償却する必要がある**」ということです。そして「**減価償却した分だけ、〝帳簿価格〟という土地建物の帳簿上の価格が減っていきます**」。簿価は、物件を売却する際に次のように使われます。

厳密にいうと、売却時には自宅にかかる部分の耐用年数は、アパート部分の1・5倍で計算します。

物件売却価格－帳簿価格－売却にかかった諸費用
＝売却益（キャピタルゲインとして課税対象）

● **賃貸部分の減価償却費を経費にできる**

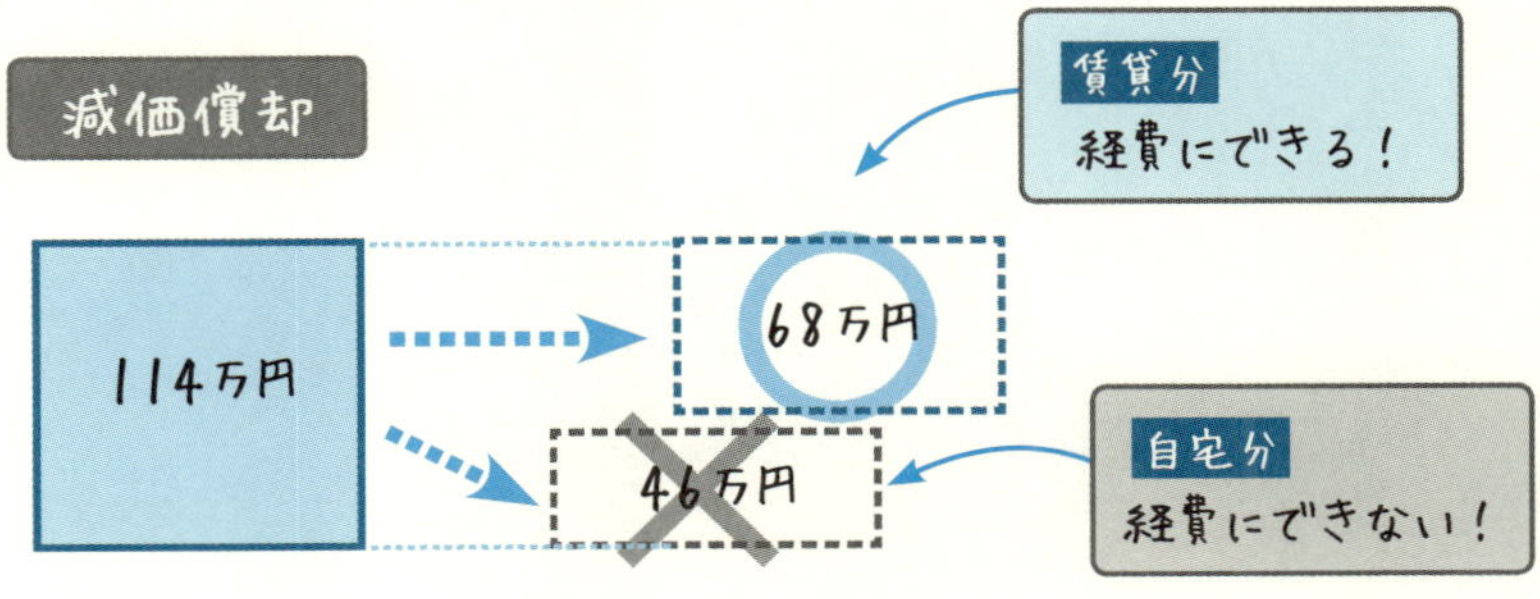

④必要経費も賃貸部分に関わる分だけ経費にできる

減価償却費以外の費用も同様に、賃貸部分に関わる分だけを按分計算して必要経費として計上することが可能です。

2 CASE❷「木造アパート6室」の減価償却と経費

木造アパート6室に関わる家賃、礼金、共益費など、すべての収入を「**不動産投資における総収入金額**」にしなければなりません。また、この不動産収入を得るために直接必要な費用を、全額「**必要経費とすることが可能**」です（5時限目07の168頁参照）。

不動産所得＝不動産投資における総収入金額－必要経費

❶「賃貸にかかった出費を経費」にする

CASE❶の賃貸併用住宅に比べて、CASE❷は建物全体がアパートなので、経費にできる分が多くなります。しかしこの段階では、まだ白色申告もしくは青色申告（10万円控除）なので節税項目は限定的になります。なお、次頁で後述しますが、青色申告は事前の届け出・承認や複式簿記をすることで、CASE①　CASE②でも適用できます。

3　CASE③「RCマンション10室」の減価償却と経費

①「賃貸にかかった出費を経費」にする

CASE②と同様に、賃貸にかかった出費は経費にすることができます。さらにCASE③までくると、青色申告でかつ事業的規模になることで、税制メリットを享受できるようになります。

②青色申告を選択する「メリット」

不動産投資を個人で行う個人事業には、5時限目07の165頁でお話ししたように、「白色申告」と「**青色申告**」があり、不動産の貸付を「**事業的規模**」で行っているかの判断基準として「5棟10室基準」というのがありました。

戸建てであれば5棟以上、アパートやマンションなどについては10室以上、駐車場なら50台分を貸し出せば事業的規模と判断できます。CASE③ならマンション10室を満たし、一気に「**青色申告で事業的規模**」ができるようになります。白色申告、青色申告（10万円控除）まではサラリーマンの副業的な位置づけですが、「**青色申告で事業的規模**」**になると青色申告のさまざまな特典を受けることができるようになります。**

なお青色申告をするには、事前の届け出・承認や複式簿記での記帳など、お金の流れを記録したり証ひょうを保存するなど、正確に申告することが求められます。そのご褒美として、「**ある条件を満たしていたら所得を減らすことができるというのが〝青色申告〟**」です。

次のように、白色申告で認められる経費は不動産に関わる経費項目に限定されていますが、青色申告では白色申告に加え、たくさんの特典が認められるようになります。

白色申告 **不動産所得 ＝ 不動産投資における総収入金額 － 必要経費**

青色申告 **不動産所得 ＝ 不動産投資における総収入金額 － 必要経費 －（青色申告特別控除 ＋ 青色専従者控除などの特典）**

この結果、合法的な節税が可能になるわけです。また、仮に不動産所得が赤字の場合、給与所得と合算の損益通算で、給与の所得税が戻ってくることも、翌年の住民税が軽減されることもあります。ただし、土地の取得のための「借入金利息」は、損益通算することはできません。

③「青色専従者給与」は自分で決められる（事業的規模のみ）

青色申告の場合、税務署に「**青色専従者給与の届出**」をすることで一緒に生活をする配偶者、家族に対する給料を経費にできます。ただし、「青色専従者給与」は、青色申告でかつ事業的規模の場合にかぎり、適用できます。

白色申告の場合は、家族は年間50万円、配偶者は86万円を儲けから控除できる「**専従者控除**」がありますが、この「**青色専従者給与には、上限がありません**」。ただし、不動産所得の金額よりも専従者給与が超えない範囲で、もっぱらその業務についていること、その業務に見あった給料であることなどの条件があります。

❹ 儲けから55万円を引ける「青色申告特別控除」がある（事業的規模のみ）

青色申告で事業的規模と認められると、55万円を収入から差し引くことができます。これを「**青色申告特別控除**」といい、青色申告の最大のメリットです。そのためには、「**その年の3月15日までに（新しく不動産の貸付をはじめる場合は2カ月以内に）、書類の届け出**」と「**翌年3月15日までに確定申告する**」「**複式簿記で記帳**」「**貸借対照表を添付する**」必要があります。1日でも遅れると10万円の特別控除になってしまいます。

次の2つの条件を満たせば、2020年から65万円の控除を受けることもできます。

> **❶ 電磁的記録の備付けをしていること**
> **❷ e-Taxを行っていること**

ちなみに、白色申告には特別控除はありません。

⑤「貸倒引当金」として未回収の家賃などを経費計上できる

もし家賃が回収できなかった場合でも、利益から充当できる「**貸倒引当金**」にすることができます。

個別評価による貸倒引当金は、白色申告でもできます。青色申告の場合は、具体的な貸倒れの心配がなくても、年度末に残っている未収金に対して、一括で貸倒引当金を計上することができます。

⑥「赤字」を３年間繰り越せる

開業当初、事業拡大期に、どうしても経費がかさんで赤字になることがあります。こういったときに「**純損失の繰り越し控除**」ができます。「**その年の事業の赤字を、翌年以降の３年間に発生した事業黒字と相殺できる制度**」です。ただし、給与所得などほかの所得と損益通算しても、赤字の場合にかぎられます。

もし、前年が赤字２００万円で、翌年が黒字３００万円の場合は、青色申告ならば１００万円（３００万円－２００万円）

● 今期の赤字と来期の黒字を相殺できる

今期赤字 不動産所得だけを通算するわけではなく、その年の給与所得などほかの所得と損益通算しても、なお赤字がある場合にかぎられます。

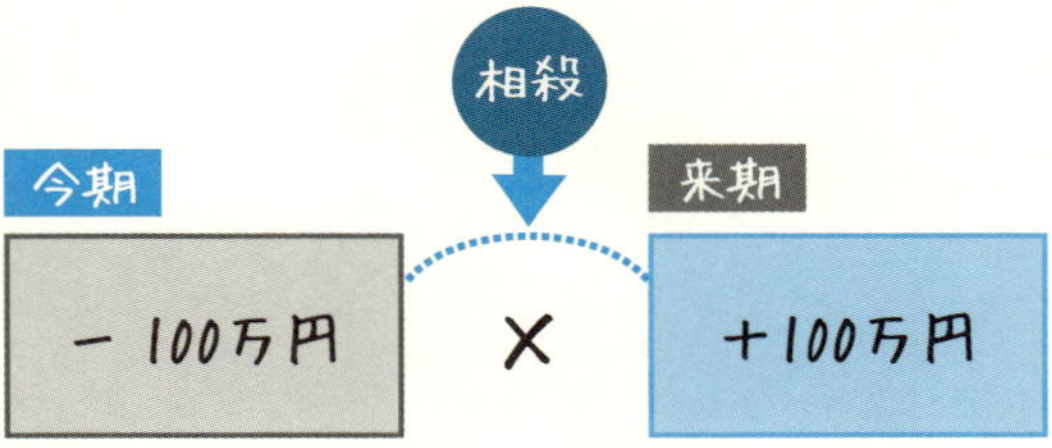

※青色申告をしているのが前提

に対する税金だけを支払えばよくなります。白色申告の場合はこの制度がないので、300万円の黒字に対する税金を支払うことになります。

また、**「前年度も青色申告をしていて黒字の場合、今期の赤字と相殺（繰戻）して、支払った税金の還付を受けることも可能」**です。

⑦「30万円未満の少額資産」の一括償却ができる

青色申告の届け出をしている場合は、**「〝減価償却の特例〟があり、パソコンやカメラなど30万円未満の資産を取得した場合、全額経費にできます」**。ただしこの適用を受けられる資産の合計金額は、年間300万円までと上限があります。

白色申告だったら、1年以上利用する備品で10万円以上のものは、使用できる期間にわたって減価償却する通常の方法で経費にしていくことになります。

⑧「自宅を事務所として使用する」場合、水道光熱費などを経費にできる

自宅の一部を事務所として使用した場合、その家賃や水道光熱費といった家事関連費を、家事按分することで事業の経費にできます。ただし、仕事に係る部分を合理的な方法で按分する必要があります。ほかに、火災保険料、インターネット代、電話料金、車の減価償却費、ガソリン代なども家事按分することができます。

⑨平成28年4月1日以降に取得した建物附属設備および構造物

平成28年4月1日以降に取得した建物附属設備および構造物は、定額法以外の償却方法が選べなくなっています。

そのため、定率法にして前倒しで経費にすることはできませんが、給排水設備や空調設備などの付帯設備を振り分けることで、短い耐用年数で償却することができます。

その結果、より多くの経費を前倒しで計上することができます。

これは白色申告でも青色申告でも同じです。

4 「個人事業者から法人化」へのターニングポイントはいつ？

「不動産所得と給与所得の合算が９００万円を超えると、法人のほうが節税に」なります。個人事業で不動産投資をする場合、不動産所得と給与所得は合算して納税することになります。所得が高ければ高いほど税率も上がり、所得の合計が９００万円を超えると、所得税33％、住民税10％の合計で、税率は43％、これに復興税率を入れると**「実効税率約43・7％」**になります。

一方、法人税は資本金1億円以下・売上８００万円以上の法人で23・４％です。法人事業税と法人住民税をあわせても**「実効税率は33・６％」**程度で、所得が９００万円を超えた個人と比べれば、明らかに法人のほうが税金は安くなります。

CASE③ 個人事業の確定申告 白色申告と青色申告の違い❶

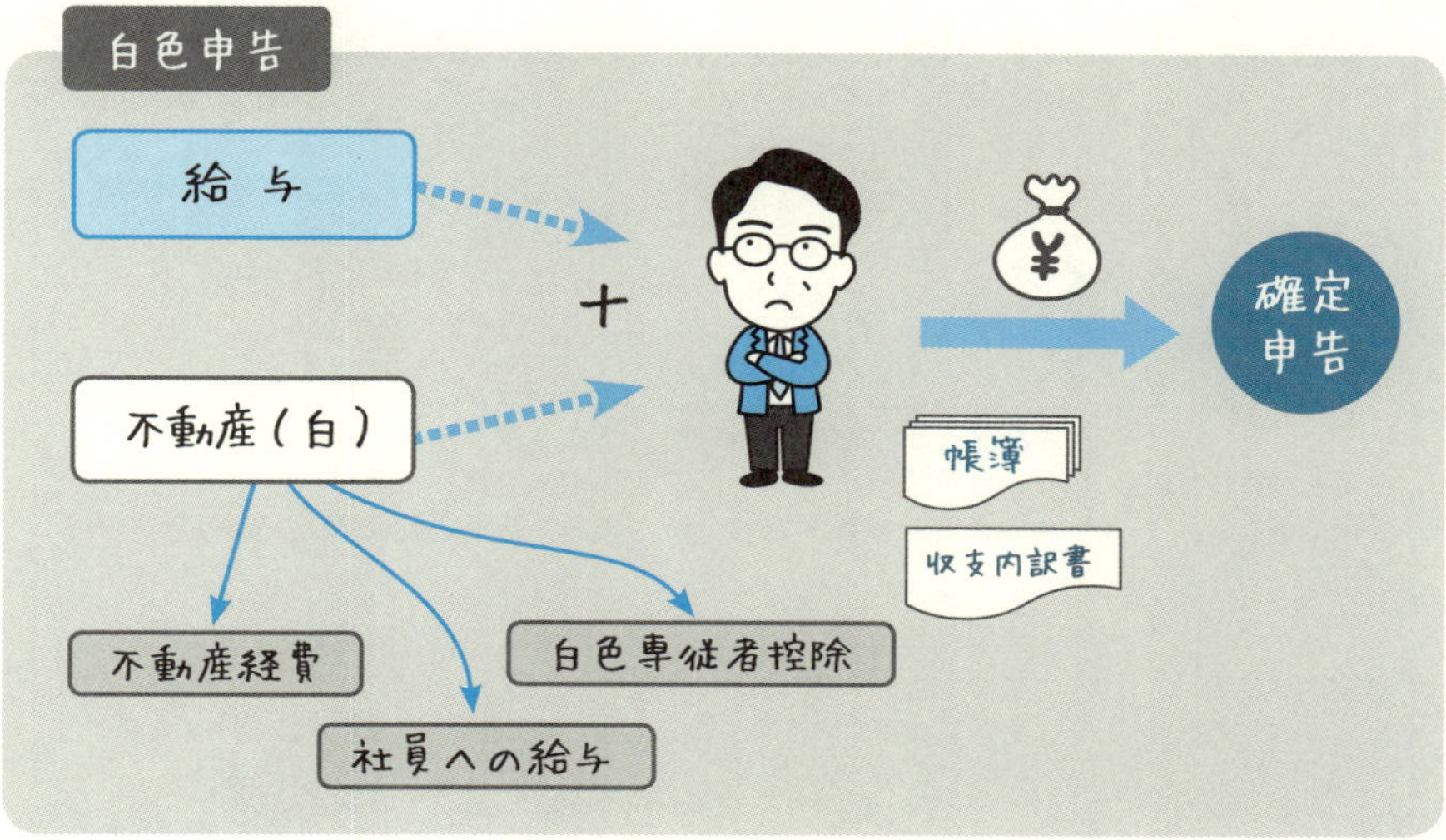

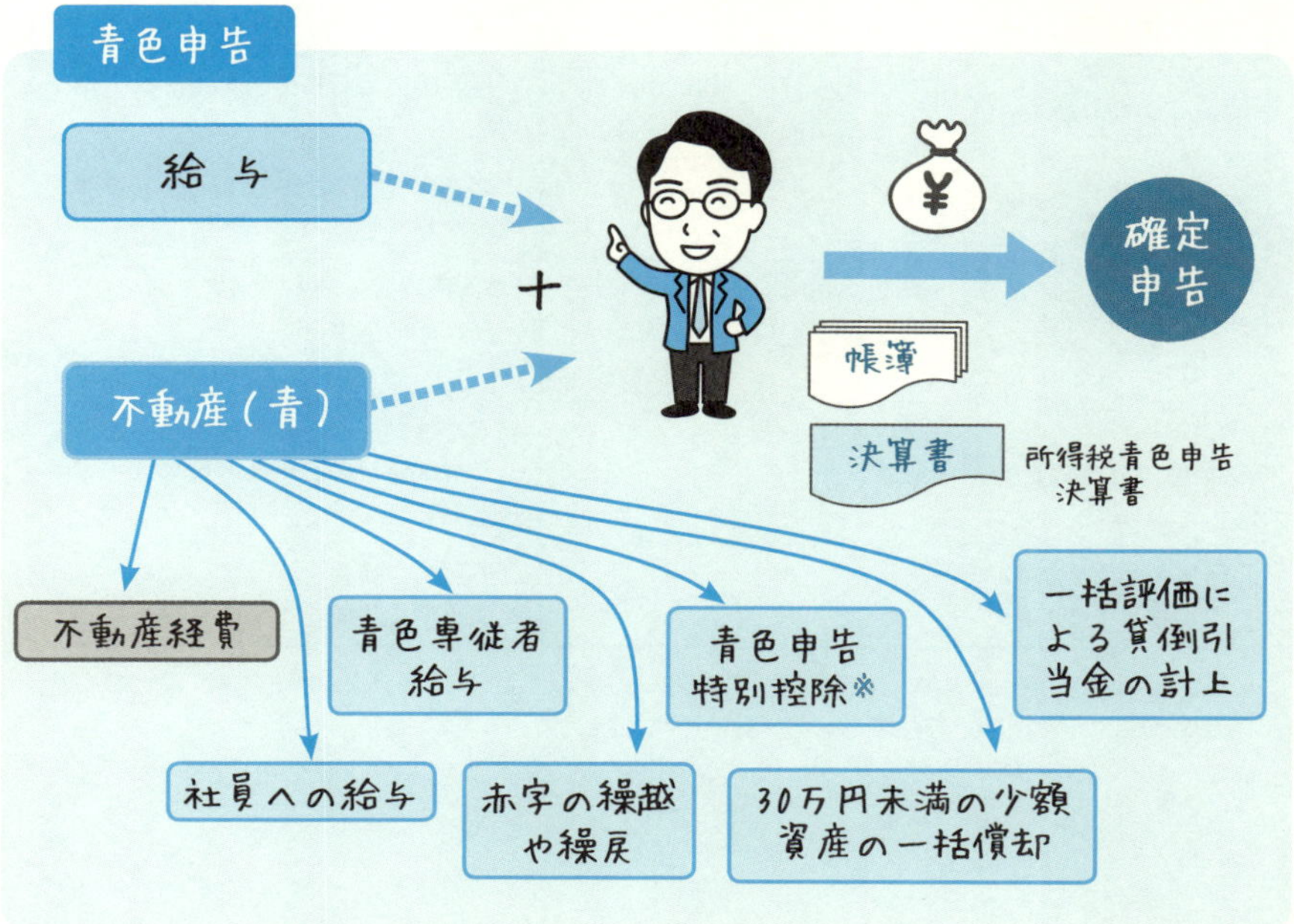

◎青色申告で各種優遇を受けるには、事前に書類の提出・届け出・承認が必要
※事業的規模と認められた場合のみ（55万円）

● CASE❸ 個人事業の確定申告　白色申告と青色申告の違い❷

	白色申告	青色申告（事業的規模）
前提条件	青色申告になるまで	・青色申告を行いたい所得などが発生する年の3月15日までは「青色申告承認申請書」を所轄税務署に提出が必要（新規開業時は業務開始した日から2カ月以内に提出） ・複式簿記で記帳 ・貸借対照表を添付
認められる経費項目と所得金額	不動産に関わる経費項目に限定 収入金額 − 経費 ＝ 所得金額	青色申告特有の特典がある。 収入金額 − 経費 − ［青色申告特別控除、専従者給与などの特典］＝所得金額
❶専従者給与 配偶者、家族への給与	白色専従者控除 ・配偶者は一律86万円 ・配偶者以外の家族は一律50万円	事業を手伝う配偶者・家族の給料が全額経費の「青色専従者給与」が認められる。給与の総額が事業所得を超えない範囲 2020年から55万円　※
❷青色申告特別控除	−	2020年から55万円　※
❸貸し倒れ引当金	家賃未回収分を「貸倒引当金」で計上が可能	一括評価による貸倒引当金の計上が可能
❹赤字の繰越と繰戻	−	赤字を最長3年間繰り越し、前年黒字と繰り戻しが可
❺少額資産の一括償却	1年以上利用する備品で10万円以上のものは、減価償却が必要	30万円未満の資産を一括経費化（300万円までの限度あり）
❻自宅の事務所使用	基本は認められない	自宅をオフィスとして使用すると、電気代や部屋代の一部を経費にできる「家事按分」
❼提出書類		「開業届」「青色申告承認申請書」「青色事業専従者給与に関する届出書」

※ 不動産所得の事業的規模　5棟10室（アパート・マンションでは10室以上、貸家では5棟以上）の基準にあると認められた場合のみ、受けられる特典

したがって、**「不動産所得と給与所得の合計が９００万円を超えるまでは個人事業でもいい」**のですが、**「将来的にさらに不動産を増やしていくのであれば、節税の観点から法人を設立するのが望ましい」**といえます。

● **所得税と法人税の比較**

個人の実効税率（所得税）

課税所得	所得税率	住民税率	実効税率
195 万円以下	5%	10%	15.1%
195 万円超～ 330 万円以下	10%	10%	20.21%
330 万円超～ 695 万円以下	20%	10%	30.42%
695 万円超～ 900 万円以下	23%	10%	33.48%
900 万円超～ 1,800 万円以下	33%	10%	43.69%
1,800 万円超～ 4,000 万円以下	40%	10%	50.84%
4,000 万円超	45%	10%	55.94%

※ 個人の場合、売却時の短期譲渡は税金が高い

法人化のタイミング

法人の実効税率（法人税）

法人の種類	法人税率	実効税率
資本金 1 億円以下の中小法人で 年間所得金額 800 万円以下	15%	約 21.42 ～ 23.20%
資本金 1 億円以下の中小法人で 年間所得金額 800 万円を超えた部分	23.4%	33.59%

自分にあった新築アパート
投資法は見つかりましたか？
6時限目からは具体的方法を
9ステップで学びましょう！
乞うご期待！

6時限目 新築アパート投資法 成功の9ステップ STEP❶～STEP❺

「新築アパート投資法」を9つのステップに分けて、1つひとつ順を追って手順を見ていきます。

01 STEP❶ プロジェクトの概要を決める❶ 3つのどのCASEにするか大枠で決める

1 モデルケースを参考に、「自分にあったモデル・規模感」を決める

新築アパート投資法で建てるアパートの大きさは、資金計画の大小に依存します。つまり、「どの金融機関がいくら融資してくれるか」「自己資金はいくらあるのか」といった資金計画によって、取り組める規模の大小が決まります。

融資は、「**個人属性（世帯収入、手元資金、金融資産背景）**」「**既存物件（有無＋借り入れや収支）**」により変わってきます。

計画の早い段階で、全体の資金計画を把握し

前提条件※3	ローン
世帯年収 550 万円 手元資金 300 万円	住宅ローン
世帯年収 750 万円 手元資金 800 万円	アパートローン プロパーローン
世帯年収 1,300 万円 手元資金 2,200 万円	アパートローン プロパーローン

て方向性を見極めていきます。ここでは、「**当て物件**」（融資をどの程度受けられるか打診するために、銀行に持ち込む当て馬の物件）を使った融資可能金額の把握方法をお話しします。

2 「建物の構造と特徴（建築費、階数など）」の決め方

建築費用は工法によって変わってきます。工法については詳しく知らなくても大丈夫ですが、大きく分けて次の3つの工法があります（次頁下図参照）。

モデルケースでは比較的予算が大きくならない木造3階建てから、少し応用系でRC5階建ての壁式構造をモデルに、土地＋建築費を検証しています。なお鉄骨造は、RCと比べても価格がそれほど安くならないので、今回のモデル選定からは割愛しています。

● 3つのケースの規模感を確認する

モデルケース	室数	表面利回り	事業規模（万円）	年額キャッシュフロー※1	売却利回り※2（万円）	想定売却益※2（万円）
CASE❶ 木造賃貸併用住宅	自宅＋３室	10%	3,900	55	7%	1,670
CASE❷ 木造アパート	６室	10%	4,680	175	7%	2,000
CASE❸ RCマンション	10室	8%	12,500	232	6%	4,500

※1 住宅ローン 融資期間35年・金利1%　それ以外のローン 融資期間30年・金利2.5%
木造 諸経費10%・空室率10%で試算　RC 諸経費15%・空室率10%で試算
※2 木造 表面利回り7%　RC 表面利回り6%で、完成直後に売却できた場合の利益
※3 前提条件の年収は、世帯年収＋手元資金
例 CASE❶の場合　世帯年収　夫300万円＋妻250万円 ＝ 550万円
手元資金　夫200万円＋妻100万円 ＝ 300万円

3 土地探しから建物が「完成までかかる期間」

土地が見つかってから、プランニング、設計、建築までの期間は、おおよそ下図のようになります。「**土地探しから考えると、1年あまりかそれ以上**」かかります。

設計、地盤調査に約2カ月、この内容で「**建築確認申請**」を役所に提出し、必要に応じ協議、修正を経て、「**確認済書**」を取得するまでには0・5〜1カ月かかります。

これで、はじめて建築に着手できます。おおよその建築期間を示していますがRC（鉄筋コンクリート）は3〜5階を想定しています（下図参照）。し

● 建物の構造と特徴

構造	特徴	建築費用
木造	主に軸組工法（在来工法）とツーバイフォー（枠組壁工法）がある。木造3階建てまで	安い
RC壁式構造	RC造（鉄筋コンクリート）であれば5階建てまで	RCの中では安い
RCラーメン構造	RC造などで10階建て、20階建てと超高層まで建てられる	高い

● 建物の構造と建築までのおおよその期間

構造	設計 建築確認申請 地盤調査	建築	外構 仕上げ	合計
木造	3カ月	3〜4カ月	1カ月	7〜8カ月
RC鉄筋コンクリート	3カ月	6〜8カ月	1カ月	10カ月〜1年

たがって階数が高くなればさらに建築期間は長くなります。建物完成後に門扉《もんぴ》、カーポート、庭木、アプローチなどの外構、仕上げに０・５～１カ月かかります。

4 建物の構造と「融資期間の決め方」

「**木造は22年から30年、ＲＣは30年から35年が融資可能期間**」です。これは法定耐用年数である木造22年、ＲＣ47年を基本に、銀行が融資期間を決めているためです。

例外として、「**木造で〝劣化対策等級〟を取っておくことで30年融資を受けることができます**」。「**劣化対策等級とは、住宅性能表示制度による評価指標です。建物の構造躯体の部分に用いられる木材のシロアリ対策、鉄筋の錆び対策など、住宅を長持ちさせるための対策の程度を、３段階の等級で評価します**」。２級は約50～60年間、３級は約75～90年間の大規模な改修工事が不要とされています。

これに基づいて、銀行が融資期間を30年、35年に延ばすところもあります。融資期間が長いと月々の返済額が減り、その分ゆっくり返せるので、手元に残るお金が多くなります。「**融資期間のことだけを考えるなら、コストが安い２級を取っておけば十分**」です。

● 建物の構造と融資期間

構　造	法定耐用年数	融資可能期間
木造	22年	22 ～ 30年※
RC	47年	30 ～ 35年

※ 金融機関によっては、劣化対策等級２級を取得してもしなくても、融資を30年受けられるところもあります。

02 STEP❶ プロジェクトの概要を決める②
土地を探す「エリアの絞り方」

1 「割安な土地」を探すための2ステップ

土地を探すには、次の2つのステップがあります。

Ⓐ 割安な土地を探せそうなエリアを絞る
Ⓑ エリア内で割安な土地を探す（6時限目03参照）

ここでは、Ⓐで大まかにエリアを絞る方法をお話しします。主要駅は人気も高く、賃貸需要も旺盛ですが、その分、土地の値段も高くなり、アパートを建てても高い利回りをねらえません。

ここでは、「**〝賃貸需要があって、家賃相場に比べて割安な土地を探すこと〟を目的にエリアを決めていきます**」。

2 エリアの絞り方❶ 人口増加が見込まれる、あるいは急激に人口が減少しない場所

「土地勘のある場所で、〝人口増加が見込まれる場所〟〝急激に人口減少しない場所〟」を選びます。たとえば、神奈川県や大阪府も人口は減少しますが、コンパクトシティ化に伴い、川崎市、横浜市、大阪市といった中心部には人がますます集まり、新路線でアクセスがよくなったエリアも人口増加の傾向にあります。

3 エリアの絞り方❷ 人気のある駅の「周辺駅」

人気のある駅は地価が高く、家賃も高いので、すべての人が住めるわけではありません。結果、人気駅に住めない多くの人は妥協して、周辺の駅を選ぶことに

● 人口増加が見込まれる、あるいは急激に人口が減少しない場所

市区	人口推移(%)(2020-2045年対比)
横浜市鶴見区	105.4
横浜市西区	101.8
川崎市幸区	106.2
川崎市川崎区	102.2
千葉県流山市	107.6
千葉県緑区	102.8
名古屋市中区	111.7
名古屋市緑区	107.9
大阪市北区	101.6
大阪市天王寺区	101.4
神戸市中央区	101.1

参考 [国立社会保障・人口問題研究所] 男女・年齢(5歳)階級別データ『日本の地域別将来推計人口』(平成30・2018年推計:http://www.ipss.go.jp/pp-shicyoson/j/shicyoson18/3kekka/Municipalities.asp)

なります。だからといって、1万円以上家賃が下がるわけでもなく、数千円レベルの差で、周辺の駅に住むことになります。一方で、アパートを建てるための土地値の差は、家賃の差の数%どころではなく、大きく差があったりします。このように「**人気駅に比べ、土地の価格は割安だが、家賃が中心部とそれほど下がらない周辺の駅をねらいます**」。

人気のある駅の探し方は、次の2つのサイトから調べることができます。

- **不動産・住宅サイトSUUMO（スーモ）の住みたい街ランキング**
  (https://suumo.jp/edit/sumi_machi/)
  関東、関西の住みたい街のランキングが駅別に載っている
- **ライフルホームズの住まいのお役立ち情報、住みたい街ランキング**
  (https://www.homes.co.jp/cont/s_ranking/)
  関東、関西に加え、中部圏や九州圏と分析範囲が広く、借りて住みたい駅なども絞り込みができる

人気のある駅の周辺駅の選び方

東京と地方都市では、周辺駅の選び方が少し違います。「**東京は主要ターミナル駅から30分～40分で直通電車で行ける駅がねらいめ**」です。「**地方都市（たとえば、大阪）なら、主要ターミナル**

駅から2～4駅隣の各駅停車の駅がねらいめ」です。

例 新宿駅からJR中央線快速で25分、10駅の武蔵小金井駅など
例 大阪駅からJR各駅停車で8分、3駅の立花駅、JR環状線で4分、2駅の野田駅など

4 エリアの絞り方③ 「大手企業、工場、役所、大学」が集まっているエリア

大手企業の場合には、借り上げ社宅制度や社員の所得も安定しているので、好条件で貸すことが可能です。日経新聞や**Yahoo!**ニュースなどの見出しなどで、企業が移転を検討している段階からリサーチしておいて、経過を見守ることも大事です。

たとえば、2018年3月に街開きをした横浜市の松下通信産業跡地の綱島サスティナブル・スマートタウン（SST）に、アップルのR&D部門が入りました。アップルの話はこの2年くらいで具体化されてきた話ですが、綱島SSTにかぎらず柏市や藤沢市といった大規模なスマートシティは、政府・自治体・大企業が主導するので、早い段階で構想が出てきます。

スマートシティは、都市の抱える交通、安全、省エネといった課題を**IoT**を活用して、街全体を効率化したり生活しやすくするものです。**IoT**は「**Internet of Things**」の略で、「モノのインター

ネット」と訳されます。これは、従来から通信機能を持っているPCやスマートフォンだけでなく、すべての「モノ」がセンサーやデバイスを通じてインターネットとつながり、そのデータをもとに交通渋滞の解消、バス到着予定、防犯対策、エネルギー利用効率化など、持続可能なコンパクトシティを目指すものです。そこには研究所や大学、企業が集約されてくるので、結果的に人の移動や居住が推進されます。

「羽田空港周辺にある川崎市殿町・キングスカイフロント」が、ライフサイエンス・環境分野を中心とした国家戦略拠点とされています。慶応義塾大学や国内外の医療系・薬品系・環境系の企業が集まり、東京大学といった英知も取り入れた産学協同の研究を進めようとしている拠点です。

現在は、まだ空港へのアクセスがよくないですが、いずれ東海道貨物支線を使って川崎市殿町から多摩川を渡り、羽田空港へつなげようという計画があったりします。そうなると、この沿線の地価、空港関係者、殿町へ勤務する人などの、住居需要が大きく伸びることが期待できます。これらはほんの一例ですが、街やエリアがどのように変わっていくのか、新聞やニュースなどでフォローしておきましょう。次の報告書やサイトも参考になるので、見ておきましょう。

- **スマートシティの政府中間報告書**
  (http://www.mlit.go.jp/common/001249774.pdf)
- **川崎市殿町　キングスカイフロント (http://www.king-skyfront.jp/)**
- **羽田空港・国際戦略総合特区連携拠点への 羽田空港・国際戦略総合特区連携拠点への鉄道**

アクセス向上について（https://www.kantei.go.jp/jp/singi/tiiki/sogotoc/torikumijirei/asia_headquarters/kanji3/siryou2_2.pdf）
● 経済産業省　工場立地動向調査
（http://www.meti.go.jp/statistics/tii/ritti/result-2.html）

右記のサイトを見ると、首都圏の内陸部と東海圏の内陸部が伸びていることがわかります。また群馬県・茨城県・静岡県・愛知県・兵庫県などもあがってきます。

たとえば、群馬県高崎市は食品工場と自動車工場がたくさんあります。兵庫県は神戸市西部・明石市・加古川市を中心に、重鉄業や造船業が盛んです。明石市役所が大久保という駅に移転する構想、東京都の江戸川区の役所が移転先候補を探しているといった広報が出たら要チェックです。役所の移転で、職員や関連施設が移動すると、乗降客や居住者にも変化が出ます。

ほかには、国公立系の大病院なども同じような効果があります。現に、大阪吹田市の国立循環器病研究センター病院と市民病院の大移転で、東海道線の岸辺という駅周辺は大開発されました。ショッピングセンターやレストラン、ホテル、娯楽施設がつくられ、大きく様変わりしました。ニュースにときどき出てくる内容を気に留めて、エリア選定の参考にします。

「大学の移転、進出」は要注意！

大学の移転や新キャパスの話には、実は注意が必要です。生徒を集めるのに苦戦していて、「**キ**

ャンパスは軒並み都会へ移転」しています。東京都八王子市などは複数の大学の都内回帰で、大きく需要を下げているエリアといわれています。

逆に、京都の衣笠にあった立命館大学は大阪の茨木市に、また関西大学が高槻市にキャンパスを新設したりしたことで、これまでのアパート需要に、学生層が急増し、一時的に不足するところも出ています。あたり前すぎることですが、こういった話を鑑みると、「**いち早く変化を察知し、アパート候補の土地を手に入れることが、人より有利にプロジェクトを進められるポイント**」になります。

ただしいずれの場合も、「**特定の施設だけでなく複数に依存していることが大切**」です。

5 エリアの絞り方④ 将来の発展が見込まれるエリア

大型商業施設ができる予定のエリアなど、将来発展するエリアも候補としては有望です。

- **2018～2022年商業施設オープン予定カレンダー**
  (https://realid-inc.com/column/2014/10/17-061828.html)
- **全国ショッピングモール検索サイト (http://shoppingmall-search.com/)**

これらのサイトでは、今年、来年以降にオープンするショッピングモールが掲載されていたり、藤井寺市のように、逆にリニューアルで縮小するエリアも記載されています。

特にイオンモールが大規模出店するエリアは、それなりに人口が維持、集約される場所だと想定できるので、近くでアパートを検討するのは、ショッピングセンターやその周辺施設で働く人の需要を享受できる可能性が高くなります。地元のアパートメーカーもそういうところに建てたりしています。

そのほか、「新線、新駅が計画されているエリア・鉄道計画データベース」（**https://tabiris.com/railproject/chuo-liner.html**）で、今後整備される新線や新駅がある程度わかるので、予想してみるのもいいでしょう。

たとえば、スカイツリー線の始発駅である竹ノ塚駅、リニア新駅となる神奈川県の橋本駅、JR新線で新大阪と直結する南吹田駅や淡路駅などに早い段階から仕込めれば、将来性のある手堅い物件を建てられる可能性があります。

これらのエリアでも注意点があります。先に着目した大手アパートメーカーが乱開発したことで、過剰供給になっている場所は避けなくてはいけません。たとえば、横浜市の京浜急行沿線で、横須賀に近いエリア、湾岸エリアは需給バランスが崩れているところもあります。もともと実需で土地に人気がなかったのですが、割安で手に入るため、乱開発がさらに進むという悪循環になっています。

「**土地価格の目安は、1種坪単価40万円くらいまでで買えそうなエリア**」と覚えておいてください（1種とは、容積率100％あたりの土地単価のこと）。

03 STEP❶ プロジェクトの概要を決める❸ 土地を「アパート経営の観点」で検証

1 検証❶ 「アパート経営が成り立つエリアなのか」考察する方法

まず「**需要があり、期待できる家賃が取れそうか**」調べます。次に、「**その家賃とエリアの土地価格から逆算した場合に、目標とする利回りが実現できそうか大枠でつかみます**」。大枠というのは、希望する価格の土地が検索してすぐに転がっているようなラッキーは滅多にないからです。ただ、「**地域の土地相場的にあり得るのか、まったくあり得ないレベルなのか、今後、対象エリアとするか否かを仮決め**」します。

2 検証❷ 「賃貸需要」「相場家賃」の調べ方

賃貸需要、賃貸相場の調べ方は「**LIFULL HOME'S** 不動産投資 見える！賃貸経営」（**https://**

toushi.homes.co.jp/owner/）で、エリアごとに空室率、賃貸入居者の希望間取り、希望家賃、希望する住居の広さ、希望する駅からの徒歩による時間などを調べることができます。

「アパートを建てても埋まりそうか？」「どんな物件を建てればいくらくらい家賃が取れるか？」「どんな物件が不足していそうか？」など、予測を立ててアパートの計画に活用できます。ここまでの話はネットを使って事前分析をしていますが、実際には現地の業者さんにヒアリングすることが大切です。

最低でも、**「地域の賃貸仲介会社３社以上にヒアリング」**をします。ここで、「需給バランスが崩れていないか」「想定している間取りのニーズ」「賃借人が決まる本当の家賃」など、生の声を確認します。**「インターネットに出ている家賃は決まった家賃ではなく、大家の希望家賃にすぎない」**からです。

「**利回りを追求するなら単身需要がある場所**」にします。相当田舎だと単身者の需要は少ないですが、家賃は１K30㎡で７万５０００円が、２LDK60㎡になったからとはいえ、倍の15万円にはならないので、単身者向けの物件のほうが高収益が見込めるのです。

● 賃貸需要、相場家賃の調べ方

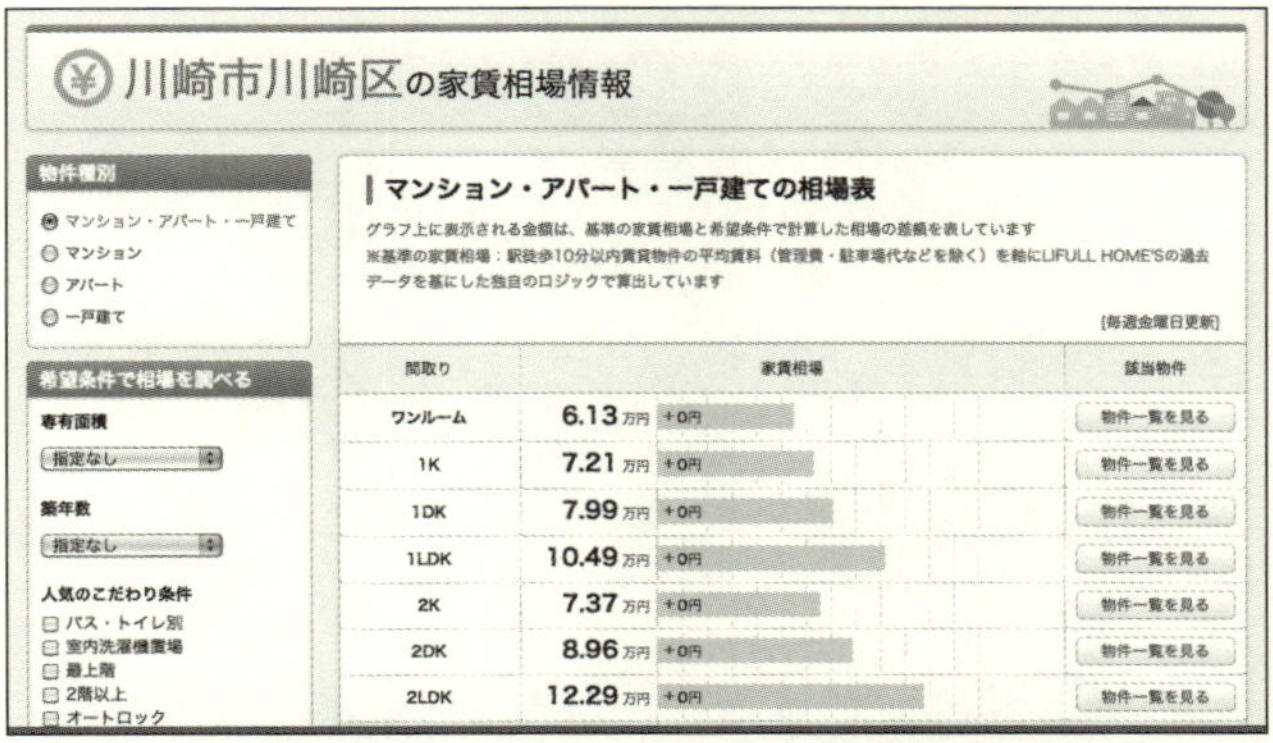

川崎市川崎区の家賃相場情報
物件種別
マンション・アパート・一戸建て
マンション
アパート
一戸建て
希望条件で相場を調べる
専有面積
指定なし
築年数
指定なし
人気のこだわり条件
バス・トイレ別
室内洗濯機置場
最上階
2階以上
オートロック
マンション・アパート・一戸建ての相場表
[毎週金曜日更新]
間取り
家賃相場
該当物件
ワンルーム 6.13万円 +0円 物件一覧を見る
1K 7.21万円 +0円 物件一覧を見る
1DK 7.99万円 +0円 物件一覧を見る
1LDK 10.49万円 +0円 物件一覧を見る
2K 7.37万円 +0円 物件一覧を見る
2DK 8.96万円 +0円 物件一覧を見る
2LDK 12.29万円 +0円 物件一覧を見る

「不動産・住宅情報サイトLIFULL HOME'S>賃貸>神奈川県>川崎市>川崎区>川崎区の家賃相場」(https://www.homes.co.jp/chintai/kanagawa/kawasaki_kawasaki-city/price/)

3

検証③ 「目標利回りの実現可能性」をつかむ

アパート1室あたりの表面利回りは、次の計算式で求めます。

アパート1室あたりの表面利回り＝1室あたりの年間賃料
÷（1室あたりの土地価格＋1室あたりの建築費）

仮に、家賃が1K25㎡で6万5000円の場所で、1室あたりのアパート建築費が600万円で建てられるとします。表面利回り9％をねらうのであれば、次の計算式で求めます。

目標とする表面利回り **9％＝6万5000円×12カ月**
÷（1室あたりの土地価格＋600万円）
1室あたりの土地価格＝（6万5000円×12カ月）
÷9％－600万円＝266万円

※ここで目標とする表面利回りは、「市場に出ている新築アパートの表面利回り＋2％以上」をねらいます。

利回り効率と平米あたりの賃料の目安

利回り効率がいい 単身＞DINKS、ファミリー

首都圏と地方での差はあるが、平米あたりの賃料が2,500円前後、1K25m²で6万5,000～7万5,000円を目安に、アパートを計画するエリアに絞るようにする

ということは、１室あたりの土地価格は２６６万円の場所を選ぶ必要があります。

CASE ❷ であれば６室なので、「２６６万円×６室＝１５９６万円」の土地を探すことが目標となります。このような土地が見つかりそうな場所なのか、ないなら駅から少し離れた場合はどうなのかなど、大枠で実現可能性とエリアを絞っていきます。

4 実証 STEP ❶ を私の実例に基づいて、手順を追ってみる

では、私が実際に手がけた物件を実証していきます。細かい計算方法は前述したとおりなので、あてはめてみてください。

❶ 自分にあったモデル・規模感として、CASE ❷ 木造６戸で５０００万円前後を選定した

❷ 自分に地縁がある関西地区でアパート需要、家賃相場を調査分析した結果、大阪市内であれば25～30㎡のワンルームで６万５０００～７万円の家賃が取れることがわかった

❸ 大阪市内で木造表面利回り９％前後をねらうので、土地は１室あたり２５０万～３００万円とした。CASE ❷ では６部屋の設定なので、２５０万～３００万円×６室 ＝１５００万～１８００万円で探すことになる。あとでお話ししますが、だいたい６部屋の木造アパートなら１００㎡くらいの大きさの土地になるので、１００㎡で１５００万～１８００万円の土地を探すことになる

04 STEP❷ 土地探し＋机上で土地の1次選定❶ 「土地情報」を得る方法と調べ方

1 「お勧めのサイト」を定期的にチェックする

お勧めのサイトの選び方は、ここでは「戸建てを建てる際に使うサイト」を探します。つまり「土地を探せるサイト」です。有名どころの「楽待」「健美家」「不動産連合隊」といった不動産投資サイトは、完成物件、中古物件が中心なので、土地を探すにはあまり向きません。

- SUMMO (https://suumo.jp/)
- アットホーム (https://www.athome.co.jp/)
- Yahoo!不動産 (https://realestate.yahoo.co.jp/)

「アットホーム」のLINEアプリや「Yahoo!不動産」のアラート機能を使うと、条件にあった新着情報がLINEやメールに届くので便利です。「**アラート機能を使うと都度チェックしなくても、毎日来たアラートだけをサッとチェックするだけですむ**」ので、見落としも減って効率的です。

2 「大手不動産会社」VS「地元の不動産会社」どちらがお勧め？

大手不動産会社 ブランド力、知名度から情報が集まりやすい

買い手の顧客も豊富に持っているので、新しい物件情報はたくさん集まります。

本来であれば媒介契約〔土地、物件の所有者が不動産会社に売却を依頼する場合、依頼する業務の仕様（どのような売却活動を行うか）、仲介手数料（成約した際の報酬金額）など「**媒介契約書**」をあらかじめ取り交わす〕を「**専属専任**」もしくは「**専任**」で受けた場合、5～7日後にレインズ（**REINS**《レインズ》：不動産流通の活性化を図るため、不動産情報の交換業務などを請け負っている不動産流通機構）に、情報を載せる義務があります。しかし優良物件情報は、預かってきた営業マンの手元にあるうちか、自社のサイトに掲載するかしないかのうちに決まってしまうことがほとんどなので、一般的にサイトを介して出てくることはありません。「**物件を探しているエリアにある支店に、小まめに顔を出して要望を伝える**」こと、そして「**大手不動産会社のサイトに登録し、新着情報を受け取れるようにしておく**」ことで、少しでも川上で情報を受け取れるようにしておきましょう。

地元の不動産会社

地元密着型で、付きあいの古い地主から情報が入ってくる

地元の業社間や特定の顧客との取引で話が決まることがほとんどです。「**物件を探しているエリアにあるお店は、ひととおり顔を出して声がけしておく**」ようにします。これは「2限目02：不動産仲介手数料」でお話しした、両手取引に密接に関係しています。地元の不動産業会社は、地主から預かった物件を、まず知りあいの顧客に声をかけていき、両手取引をねらいます。相続や引退などの事情で、地主からはあらかじめ相談や情報が入っているものです。したがって、そろそろ売り出すというタイミングではほぼ次の買い手の想定がついていたりします。

また、建売住宅や建売アパートを扱っている不動産会社に紹介して、業社間取引をするケースもあります。この場合も買い手の業社からは正規の仲介手数料をもらい、両手取引となります。

つまり原則、常に両手ねらいなのです。そこで大事なのは、「**あなたもこの地元の業社の顧客リストに入れてもらえるようにすること**」です。直接訪問してどのような物件（土地の広さ、最寄り駅と距離、予算など）を希望しているかと、買える人であることを伝えるのです。「**もし何か紹介してもらったら、必ずお礼とどう判断したかを伝える**」ようにしましょう。そしてできるだけそのリストのトップのほうに入れてもらうように努力するのです。

3 気になる土地情報は、「電話」をして資料を取り寄せる

まず、「**問いあわせは直接電話**」でします。メールだと、アパートメーカーやほかの不動産投資家に遅れをとる可能性があるからです。担当者不在の場合には、「**できれば直接、販売状況などをお聞きしたいので、携帯電話の連絡先を教えてほしい**」と伝えます。携帯番号の開示を断られた場合は、「お急ぎでしたら本人に連絡を取ってから、折り返し電話させましょうか？」と言われるのが普通なので、お願いするようにします。

電話に出た事務員、営業マンには、「**もしも物件資料があるのなら一式送ってもらう**」ようにお願いしましょう（下図参照）。特に引きあいの多い物件は、担当営業もどこに送ったのかわからなくなることと、ほぼこのお客様で決まりという段階になると、新規引きあいのお客様との対応を放置してしまうこともあります。

ストレスを溜めることなく先に進めるためにも、ここはサクッと「**ほしい資料を送ってほしい旨を確実に最初の段階で伝える**」ようにします。なお資料一式の中には、このあと建築士に設計をお願いする際に必要になる資料も含んでいます。

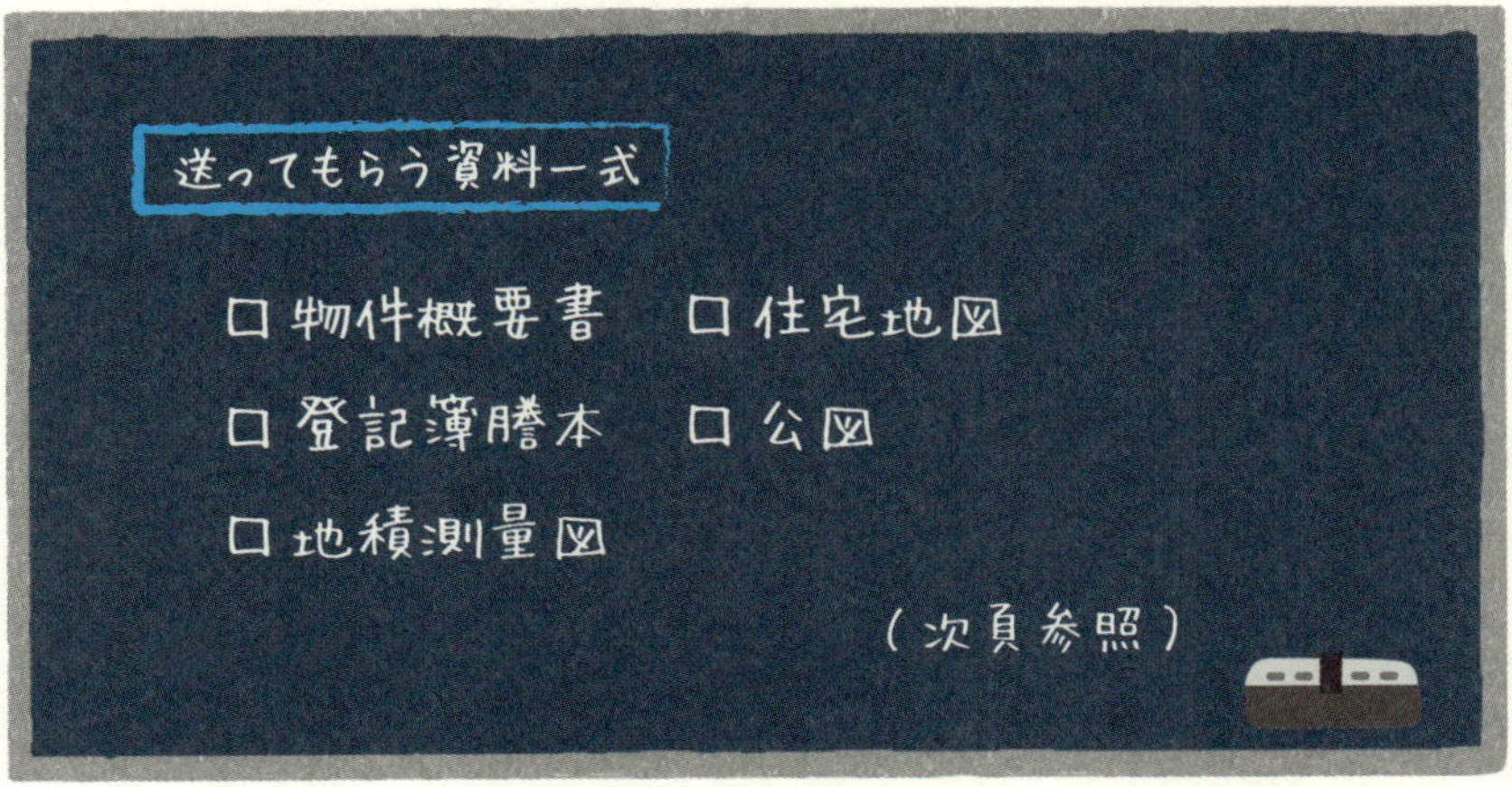

登記簿謄本

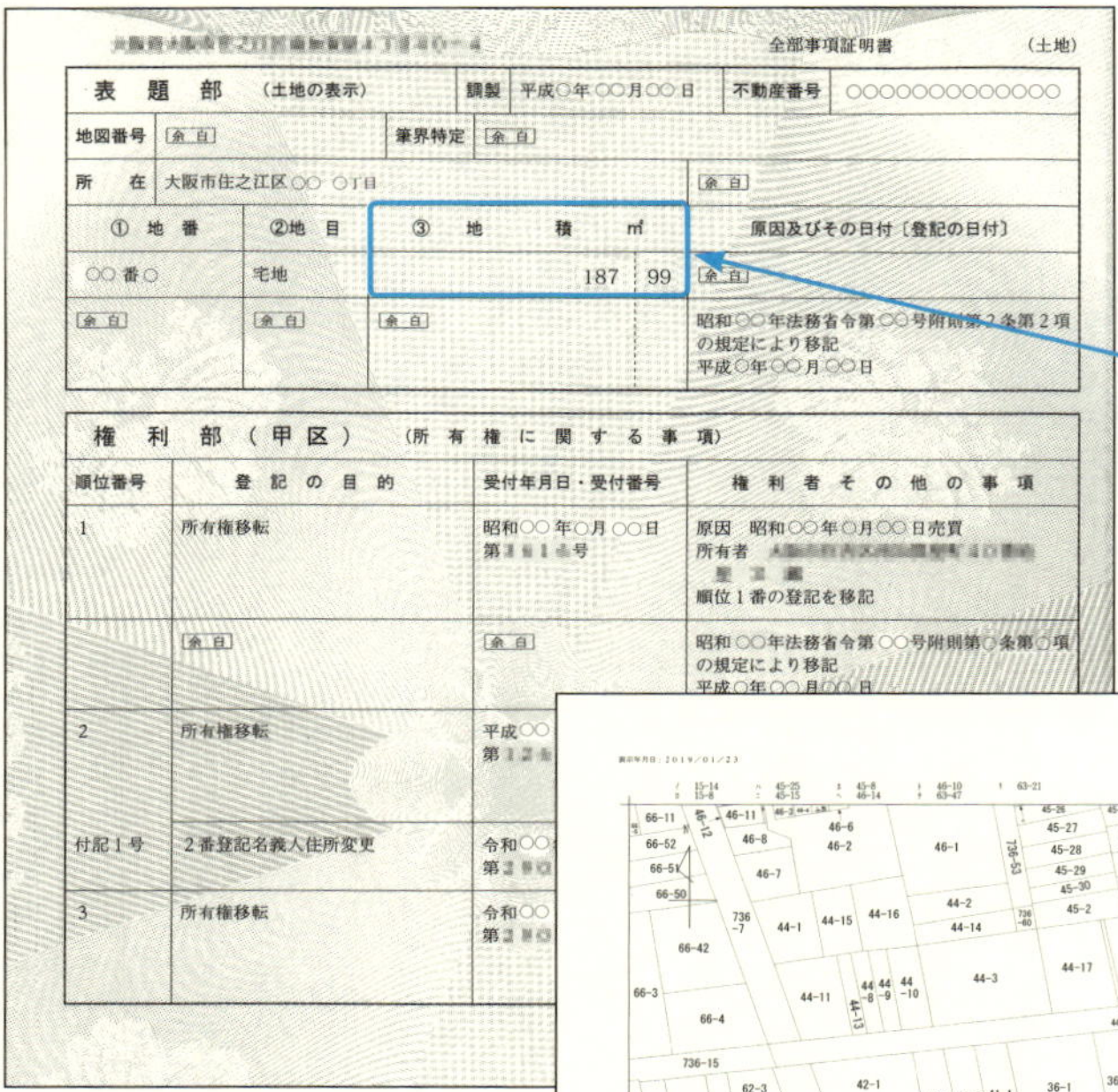

全部事項証明書 （土地）

表　題　部 （土地の表示）	調製	平成○年○○月○○日	不動産番号	○○○○○○○○○○○○○
地図番号 余白	筆界特定	余白		
所　在　大阪市住之江区○○　○丁目			余白	
①　地　番	②地　目	③　地　積　㎡	原因及びその日付〔登記の日付〕	
○○番○	宅地	187 99	余白	
余白	余白	余白	昭和○○年法務省令第○○号附則第２条第２項の規定により移記 平成○年○○月○○日	

権　利　部　（甲　区）　（所　有　権　に　関　す　る　事　項）			
順位番号	登　記　の　目　的	受付年月日・受付番号	権　利　者　そ　の　他　の　事　項
1	所有権移転	昭和○○年○月○○日 第[redacted]号	原因　昭和○○年○月○○日売買 所有者　[redacted] 順位１番の登記を移記
	余白	余白	昭和○○年法務省令第○○号附則第○条第○項の規定により移記 平成○年○○月○○日
2	所有権移転	平成○○ 第[redacted]	
付記１号	２番登記名義人住所変更	令和○○ 第[redacted]	
3	所有権移転	令和○○ 第[redacted]	

公図

地積測量図

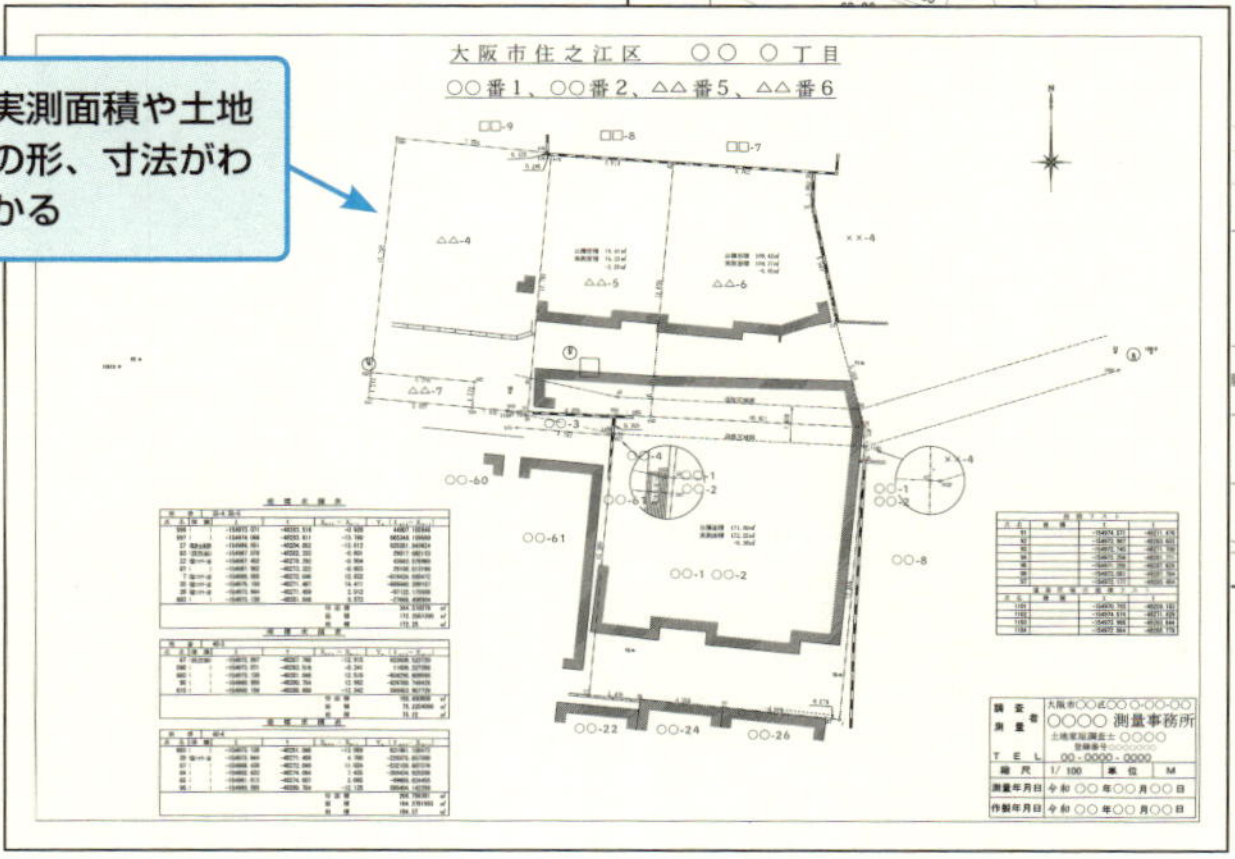

● 物件概要書と住宅地図

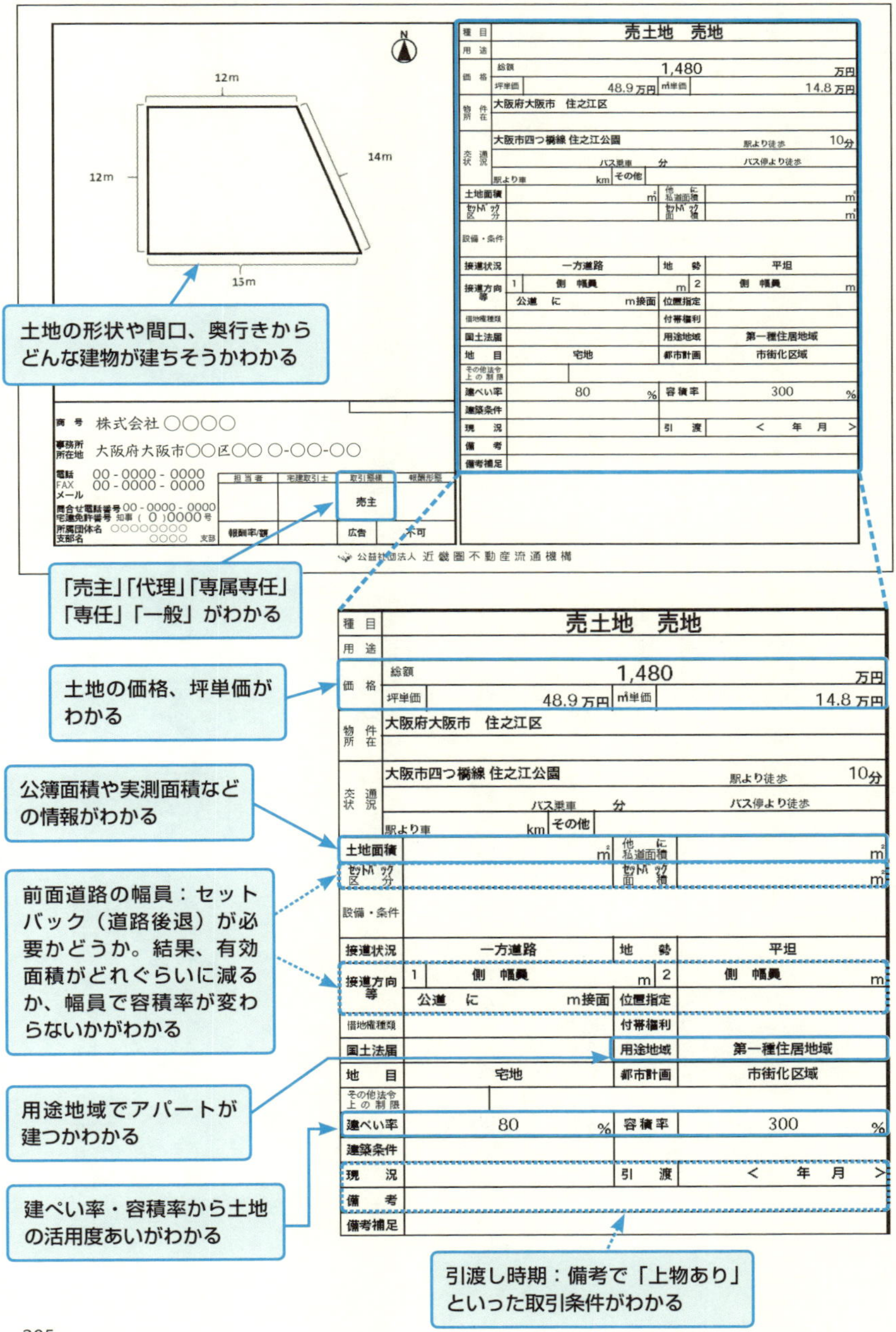
N
12m
12m
14m
15m
土地の形状や間口、奥行きからどんな建物が建ちそうかわかる
商号 株式会社○○○○
事務所所在地 大阪府大阪市○○区○○ ○-○○-○○
電話 00-0000-0000
FAX 00-0000-0000
メール
問合せ電話番号 00-0000-0000
宅建免許番号 知事（ 0 ）0000号
所属団体名 ○○○○○○○○
支部名 ○○○○ 支部
担当者
宅建取引士
取引態様
売主
報酬形態
報酬率/額
広告
不可
公益社団法人 近畿圏不動産流通機構
「売主」「代理」「専属専任」「専任」「一般」がわかる
土地の価格、坪単価がわかる
公簿面積や実測面積などの情報がわかる
前面道路の幅員：セットバック（道路後退）が必要かどうか。結果、有効面積がどれぐらいに減るか、幅員で容積率が変わらないかがわかる
用途地域でアパートが建つかわかる
建ぺい率・容積率から土地の活用度あいがわかる
引渡し時期：備考で「上物あり」といった取引条件がわかる

種目	売土地 売地		
用途			
価格	総額 1,480 万円 / 坪単価 48.9 万円 / ㎡単価 14.8 万円		
物件所在	大阪府大阪市 住之江区		
交通状況	大阪市四つ橋線 住之江公園 駅より徒歩 10分 / バス乗車 分 バス停より徒歩 / 駅より車 km その他		
土地面積	㎡	他に私道面積	㎡
セットバック区分		セットバック面積	㎡
設備・条件			
接道状況	一方道路	地勢	平坦
接道方向等	1 側 幅員 m / 公道 に m接面	2 側 幅員 m / 位置指定	
借地権種類		付帯権利	
国土法届		用途地域	第一種住居地域
地目	宅地	都市計画	市街化区域
その他法令上の制限			
建ぺい率	80 %	容積率	300 %
建築条件			
現況		引渡	＜ 年 月 ＞
備考			
備考補足			

05

STEP❷ 土地探し＋机上で土地の1次選定②
「買っていい土地」と「ダメな土地」

1 原則「建築条件つき土地」は、検討対象から外す

建築条件つき土地というのは、「〝**一定期間内に、指定した建設業者で家を建てる**〟という条件**がついた土地**」のことです。

建築条件つき土地は、通常だと戸建てを建てるプランとセットになっているので、「**建築会社を一から探してローコストアパートを建てるには向かない土地**」です。

また、なかには「**アパートプランつきの土地**」もあります。土地は割安で魅力的に見えますが、建物で儲けようとしているため、これぞまさしく業者の利益がしっかりと乗ったアパートになり、元も子もないことになってしまいます。

2 アパートが建てられる地域

レベル❶ 「都市計画地域」「準都市計画区域」を選ぶ

土地には レベル❶ から レベル❺ まで、5つのレベルの規制があります。

レベル❶ レベル❷ は、都道府県知事、複数の都府県にまたがる場合は国土交通大臣が都市計画区域を決めています。

レベル❶ として、計画的に街づくりを行う区域を「**都市計画区域**」といいます。「都市計画区域」の外にも、無秩序な開発を防止するために、都市計画区域とほぼ同様の規制をかけることを目的とした「**準都市計画区域**」があります。

レベル❷ 「都市計画区域」を細かくチェックする

レベル❷ として、都市計画区域をさらに、次の3つに分けます。

- **10年内に市街化させていく「市街化区域」**
- **市街化を抑制する「市街化調整区域」**
- **どちらにも入らない「非線《ひせん》引《び》き区域」**

道路・公園・下水道などの基盤整備についての公共投資を効率的に行いつつ、良質な市街地の形成を図る目的で区分するものです。

結論としては「**都市計画区域の中にある〝市街化区域〟か〝非線引き区域〟**」ならびに、「**都市計画区域外の中にある〝準都市計画区域〟**」の土地を選ばないと、原則、住宅を建てること（開発行為）はできません。

レベル③「用途地域」の確認をする

レベル③からレベル⑤は、市区町村が都市計画を定めます。レベル③では、都市計画区域に用途地域を定め、住居・商業・工業など、市街地の土地利用を定めていきます。ここで「**アパート（共同住宅）が建てられない用途地域は工業専用地域だけ**」で、あとの12の用途地域には建てることができます。

また、都市計画区域、準都市計画区域で用途地域が指定されていない地域を「**白紙地域**」と呼び、地方公共団体で規制されることになるため、別途、条例などの確認

● 住宅を建てられる（開発行為ができる）地域

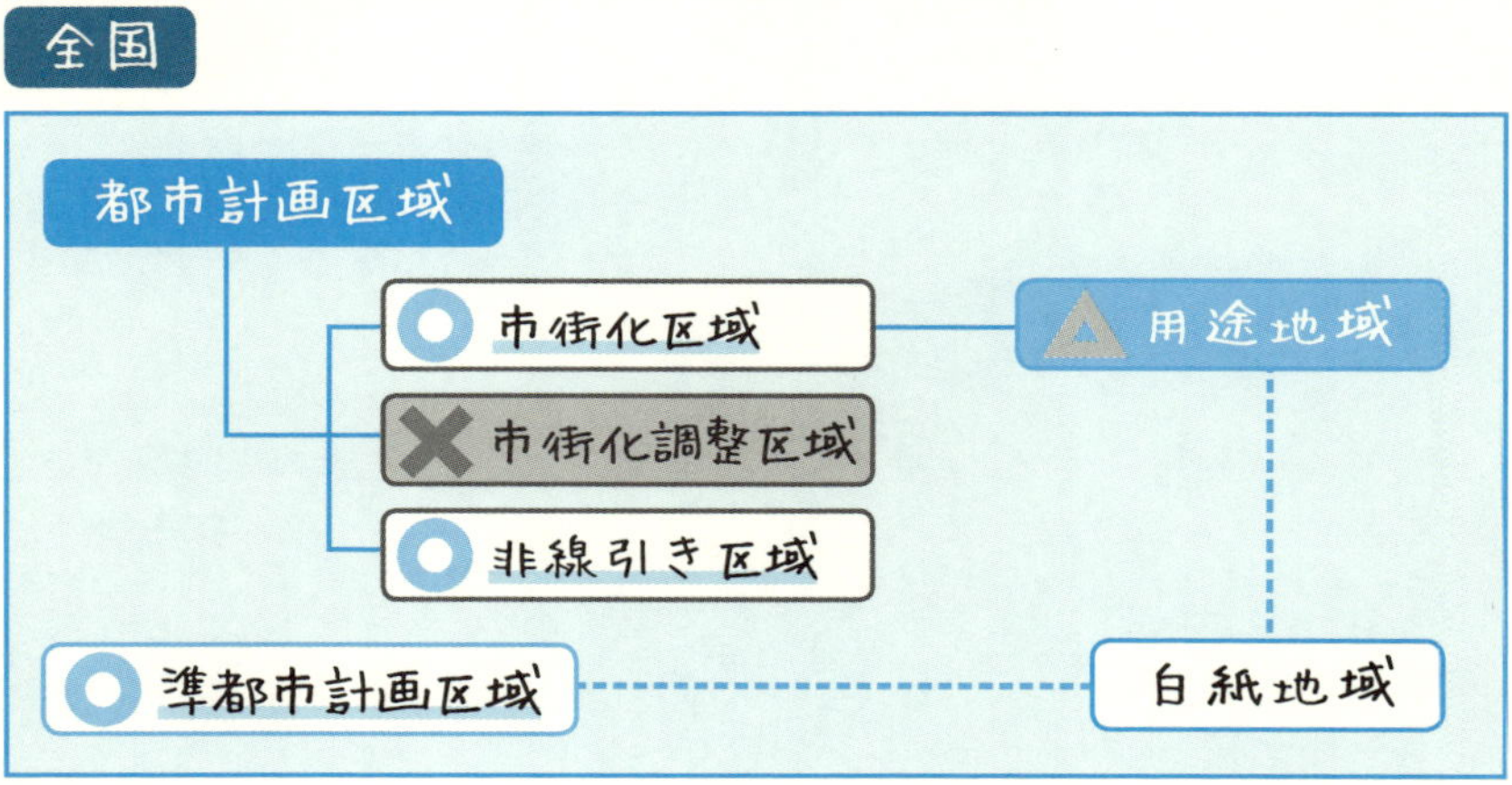

と協議が必要になります。

「これからアパートを建てるエリアを絞っていく際には、ほとんどは市街化区域の12の用途地域が対象」になってきます（下図参照）。

レベル④ 「地域地区」を確認する

地域地区とは、市区町村が都市計画区域内の土地を、どのような用途に利用するべきか、どの程度利用するべきかなどを定めて21種類に分類したものです（次頁下表参照）。21種類のひとつがレベル③の「用途地域」です。

目的から、「土地の利用に関するもの」「高さに関するもの」「都市に必要な施設を確保整備するもの」「防火や防災に関するもの」「都市環境を守るためのもの」に分けることができます。アパートを建築する際に関係した主だった地区を見ていきます。

● 都市計画区域を用途地域13に分類

用途地域建築物の用途制限	第一種低層住居専用地域	第二種低層住居専用地域	第一種中高層住居専用地域	第二種中高層住居専用地域	第一種住居地域	第二種住居地域	準住居地域	田園住居地域	近隣商業地域	商業地域	準工業地域	工業地域	工業専用地域
住宅、共同住宅、寄宿舎、下宿、兼用住宅で、非住宅部分の床面積が、50m²以下かつ建築物の延べ面積の2分の1未満のもの	○	○	○	○	○	○	○	○	○	○	○	○	×

工業専用地域のみアパート建築不可。用途地域が指定されていない白紙地域は別途、地方公共団体に確認必要

高度地区・高度利用地区

「**高度地区とは、用途地域内において建築物の高さの最高限度、または最低限度を定める地区**」です。

最低限度を決めるのは、駅前や街の中心など高い建物が必要なエリアに、低い建物を建てることを禁止するためです。「**アパートを建てるときは、最高限度を気にする**」必要があります、第1種高度地区は高さの制限が10m、第2種15m、第3種30m、第4種31mと、第8種まであります。

「**高度利用地区とは、住宅密集市街地などにおいて、細分化された敷地を統合し、一体的な再開発を行うことで高層ビル群を建てられるように（土地の高度利用ができるように）した地区**」で、「容積率の最低限度または最高限度」「建ぺい率の最高限度」「建築面積の最低限度」「建物壁面の位置」などが指定されます。

地域地区21種類

土地の利用に関するもの	
1	用途地域
2	特定用途制限地域
3	特別用途地区
4	居住調整地域・特定用途誘導地区・都市再生特別地区
高さに関するもの	
5	高度地区・高度利用地区（上記参照）
6	高層住居誘導地区
7	特例容積率適用地区
8	特定街区
都市に必要な施設を施設を確保整備するもの	
9	流通業務地区
10	駐車場整備地区
11	臨港地区
防火や防災に関するもの	
12	防火地域・準防火地域（次頁上記参照）
13	特定防災街区整備地区
都市環境を守るためのもの	
14	景観地区
15	風致地区
16	緑地保全地域、特別緑地保全地域、緑化地域
17	生産緑地地区
18	伝統的建造物群保存地区
19	歴史的風土特別保存地区
20	第１種・第２種 歴史的風土保存地区
21	航空機騒音障害防止地区、航空機騒音障害防止特別地区

防火地域・準防火地域

「火災の危険を防除するために指定されていて、〝防火地域＞準防火地域＞法22条区域〟の順で、建物への防火対策の規制が厳しくなります」。

防火地域は、「火災の被害が起きやすい地域」「救急車・消防車など緊急車両が通る幹線道路沿い」が指定されます。準防火地域は「その周りの住宅などの建物が密集している地域」に指定されます。

法22条区域内の建物は、制限が緩いので建築費用は安くすみます。準防火地域で木造3階建てアパートの場合、準耐火建築物にしないといけないといった

防火地域・準防火地域における必要な防火措置

- 「防火地域」は、火災の被害が起きやすい地域、救急車・消防車など緊急車両が通る幹線道路沿いが指定されている
- 「準防火地域」は、その周りの住宅などの建物が密集している地域が指定されている
- 「法22条区域」は、防火地域・準防火地域その周辺が指定され、建物の制限が緩いため、建築費用は安くなる

● 防火地域内の建物、規模に応じて防火措置を施した建築が必要

延べ床面積	1階・2階（地階※を含む）	3階以上（地階を含む）
100m² 超	耐火建築物	耐火建築物
100m² 以下	耐火建築物または準耐火建築物	

● 準防火地域内の建物、規模に応じて防火措置を施した建築が必要

延べ床面積	1・2階（地階を除く）	3階以上（地階を除く）	4階以上
1,500m² 超	耐火建築物		耐火建築物
500m² 超 1,500m² 以下	耐火または準耐火建築物	耐火または準耐火建築物	
500m² 以下	木造建築は、外壁や軒裏開口部などに一定の防火措置が必要	3階建て建築物の技術的基準に適合する必要あり	

耐火建築物：鉄筋コンクリートや耐火被膜した鉄骨造の建物、および木造でも主要構造部を基準に適合することで「耐火建築物」となる

準耐火建築物：主要構造部（壁・柱・床・梁・屋根または階段）を「耐火建築物」の構造に準じた耐火性能にした建物、木造でも主要構造部を基準に適合することで「準耐火建築物」になる

法22条区域：区域内では、屋根は不燃材料にしなければならない。また、木造建築物などでは、延焼のおそれのある外壁部分を防火性能のものにしなければならない（建築基準法23条）

問題も出てきます。詳細は建築士に確認しましょう。

レベル⑤ 「地区計画」の確認をする

「地区計画とは、より小さな範囲の地区レベルで、その地区の特性に応じた詳細な都市計画が必要となるときに定められるもの」です。

目的に即した「地域地区」「防災街区整備地区計画」「沿道地区計画」「集落地区計画」「歴史的風致維持向上地区計画」があり、5つをまとめて「**地区計画等**」といいます。たとえば、芦屋の高級住宅街である六麓荘町《ろくろくそうちょう》は、地区計画で敷地面積の最低限度・建ぺい率・壁面後退・高さの制限・色彩や緑化などに調和を持たせ、地区レベルで統一性のあるまちづくりを目指しています。

アパートを建てるエリアは、市街化地域の12用途地域が主な対象となります。
高度地区は、建物の高さ、防火・準防火、法22条地域は、防火措置に関わります。
詳しくは建築士に確認しましょう。

06 STEP❷ 土地探し＋机上で土地の1次選定③「土地のチェック方法」

1 「建ぺい率」「容積率」をチェックする

「**建ぺい率とは、敷地面積（建物を建てる土地の面積）に対する建築面積（建物を真上から見たときの面積）の割合**」のことです。「ぺい（蔽）」とは覆うという意味で、土地を建物で覆う割合の上限を示しています。

「**容積率とは、その土地に建設できる建物の〝延べ床面積〟**」のことで、「**延べ床面積とは、それぞれの階の〝床面積〟を合計した面積**」を指します。建ぺい率や容積率は、各用途地域によって上限と下限が決まっており、それに基づいて市町村が決めています。

事例
建ぺい率60％、指定容積率200％の100㎡の土地で建築できる建物の大きさを試算する

部屋の有効面積を計算する際は、外階段、廊下、エントランスを建ぺい率に入れるので、この分を2割程度見て、「**敷地面積×建ぺい率÷1・2)**」で、ひとつの階の部屋に使える有効面積の合計値として計算します。

1室あたり25㎡であれば、ひとつの階に2室、3階建てで25㎡が6部屋取れると試算できます。

● 建ぺい率60%、指定容積率200%の土地に建築できる建物

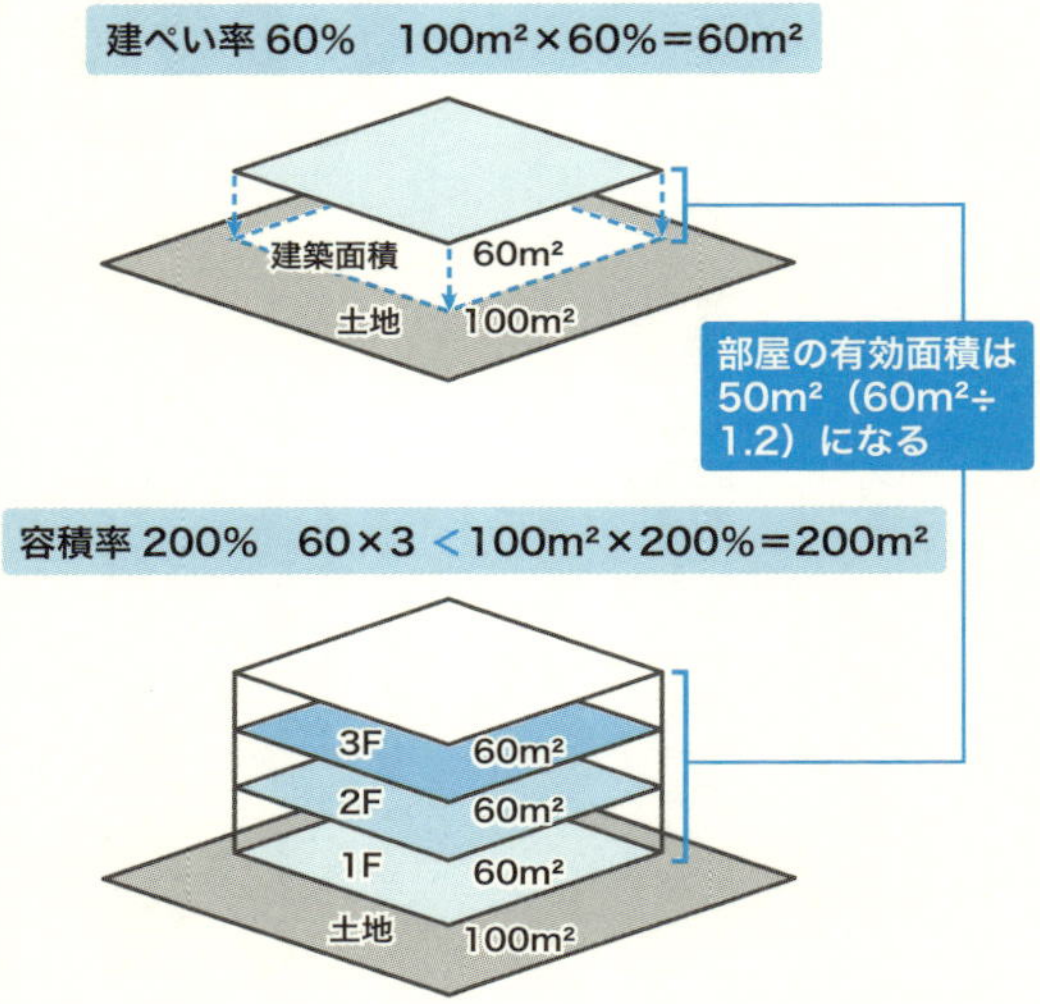

● 建ぺい率、容積率は各用途地域に上限、下限が決まっている

用途地域	第一種低層住居専用地域	第二種低層住居専用地域	第一種中高層住居専用地域	第二種中高層住居専用地域	第一種住居地域	第二種住居地域	準住居地域	田園住居地域	近隣商業地域	商業地域	準工業地域	工業地域	工業専用地域
容積率（%）	50 60 80 100 150 200		100 150 200 300 400 500					50 60 80 100 150 200	100 150 200 300 400 500	200 300 400 500 600 700 800 900 1,000 1,100 1,200 1,300	100 150 200 300 400 500	100 150 200 300 400	
建ぺい率（%）	30 40 50 60				50 60 80			30 40 50 60	60 80	80	50 60 80	50 60	30 40 50 60

2 「幅員」「間口」をチェックする

「道路の幅を〝幅員《ふくいん》〟、道路に接している敷地の幅を〝間口《まぐち》(接道)〟」といいます。「建物を建てるには、敷地が幅員4m以上の「建築基準法上の道路」に、間口2m以上接する必要があります」。

3 「間口の広さ」で建物に制約が出る

間口の広さで、建てられる建物に制約が出ます。「**間口が4m以上ないと共同住宅(アパート)は建てられません**」。間口2m以上で戸建てが建てられます。さらに、間口2mの旗竿《はたざお》地《ち》でも、長屋(次頁下図参照)のように共用部分がない集合住宅なら建てることができるので、集合住宅を建てる人もいます。

ただし、地域により間口と建築できる建築物が条例で緩和されているところもあります(次頁参照)。あくまでも一例で

● 建築可能な「幅員」と「間口」

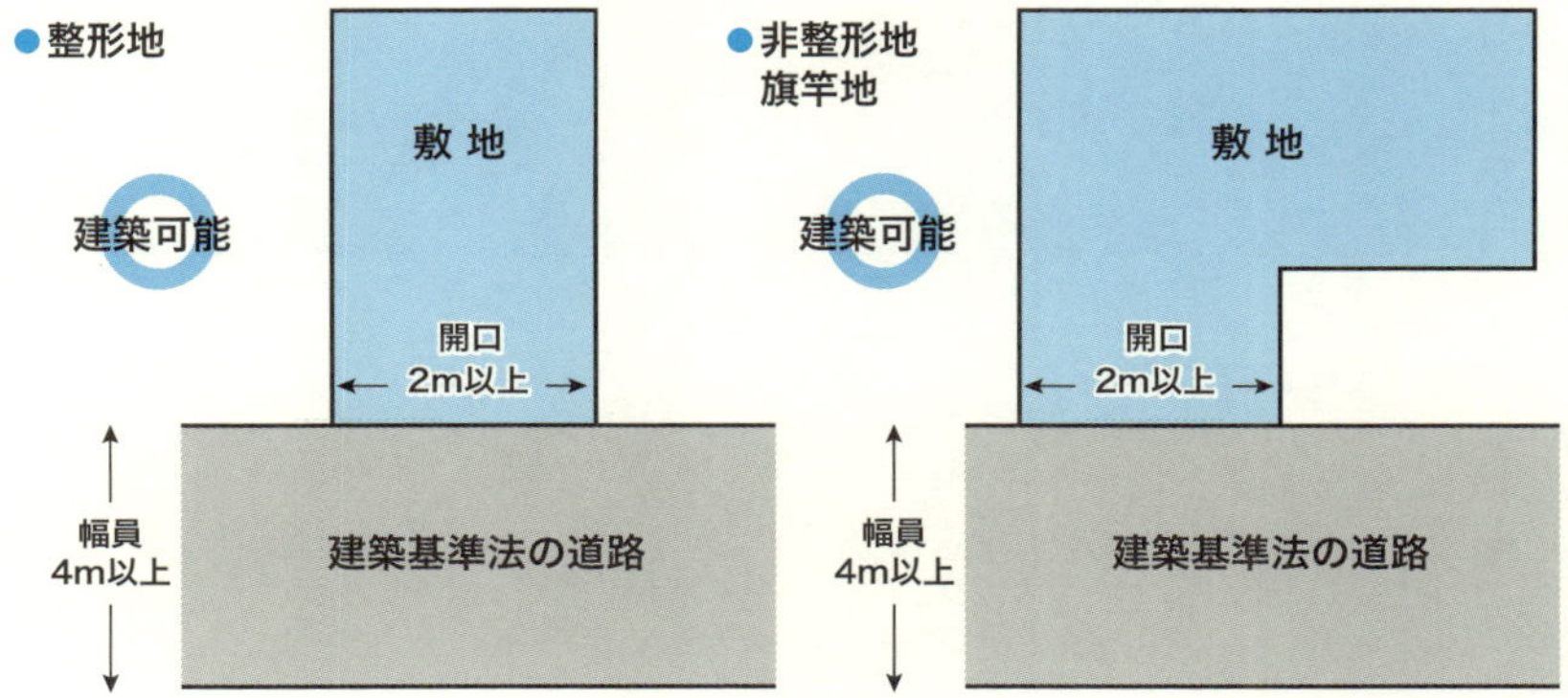

すが、横浜市や川崎市に木造アパートがどんどん開発されているのには、このような背景もあります。これをねらい目と見るか、レッドオーシャンと見るかは難しいです。成否はその中のさらなるエリア選定など、目利きにかかってきます。

● 間口が狭くてもアパートが建てられる地域条例

神奈川県横浜市
2m以上の間口で100㎡までは建築可

神奈川県川崎市
2m以上の間口で200㎡までは建築可
3mの場合は300㎡までは建築可

千葉県
3m以上の間口で200㎡までは建築可

同様に、地域条例で規定されているもの

● 一般的なアパート建築には、間口が4m必要

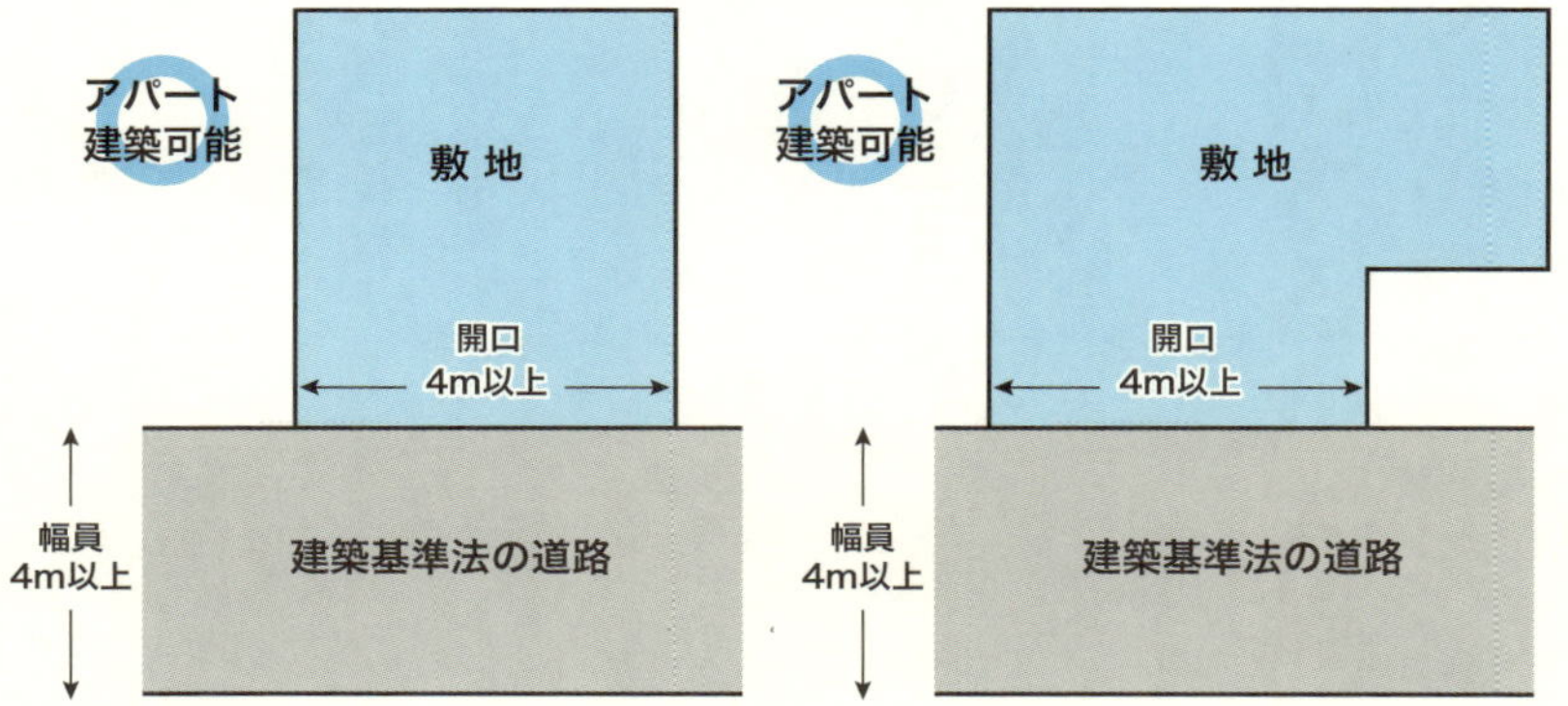

● 集合住宅に必要な間口

集合住宅	共同住宅	共用部（玄関、ホール、廊下、階段など）がある。特殊建築物のひとつ	開口 4m 以上
	長屋	共用部がなく、1階に各戸が独立した玄関を持つ。特殊建築物ではない	開口 2m 以上

がある（下図参照）ので、その有無や詳細は建築士に確認してもらう必要があります。たとえば「愛知県名古屋市や大阪府堺市では駐車場の設置義務が厳しかったり」します。

4 「前面道路」のチェック方法

❶ 前面道路の幅員4m未満は道路後退で有効敷地が減る

昔ながらの道は、4m未満の道路が多数存在していたため、建築基準法が適用された際に、「**その道にすでに建築物が立っていたり**」「**特定行政庁（知事や市長）の指定を受けた**」などの条件を満たせば、その道を「建築基準法上の道路とみなす」という救済措置が設けられています。

この道のことを「**2項道路**」「**みなし道路**」と呼びます。

「**道路の幅が4m未満のみなし道路に接道している敷地に、新たに建物を建設する場合は、道路の中心線から2mの位置まで敷地を後退させる**」必要があります。

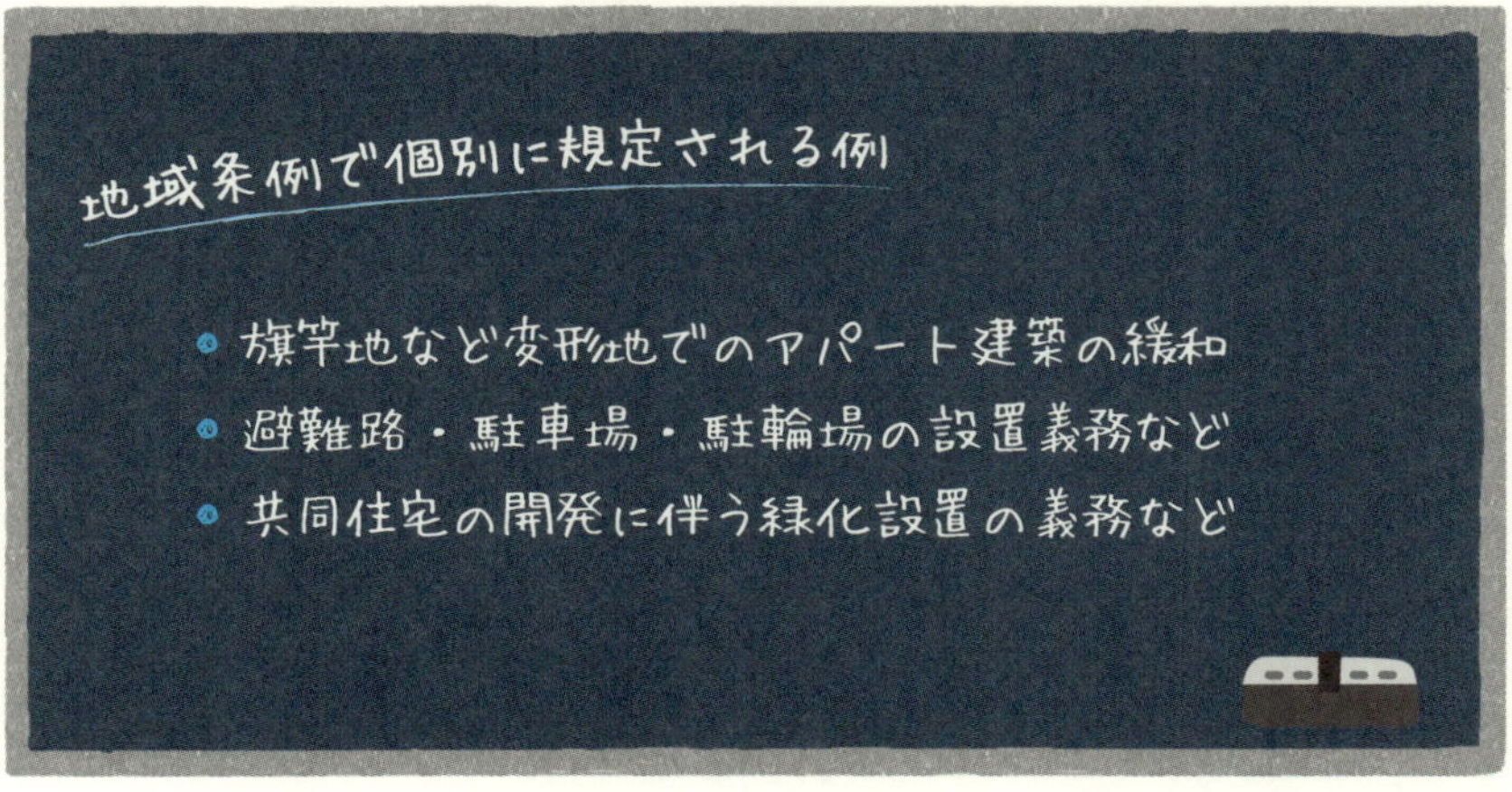
地域条例で個別に規定される例
旗竿地など変形地でのアパート建築の緩和
避難路・駐車場・駐輪場の設置義務など
共同住宅の開発に伴う緑化設置の義務など

これを「**セットバック（敷地後退）**」（下図参照）と呼び、後退した部分には建物、塀などが建てられないうえに、容積率、建ぺい率を計算する際に敷地に含むことができません。結果、土地面積より有効敷地が減り、小さな建物しか建てられなくなるのです

❷「前面道路の幅員」で容積率が変わる

敷地が接する前面道路の幅員が12m未満の場合は、幅員で適用できる容積率が変わります。「指定容積率」と「道路幅員による容積率」の値の小さいほうが、その敷地の容積率となります。

住居系の用途地域
道路幅員による容積率＝前面道路幅員×40％
それ以外の用途地域
道路幅員による容積率＝前面道路幅員×60％

5 プランを入れてシミュレーションしてみる

何㎡、何戸入るか「計算シート」で、次の6つを押

● **2項道路（みなし道路）のセットバック**

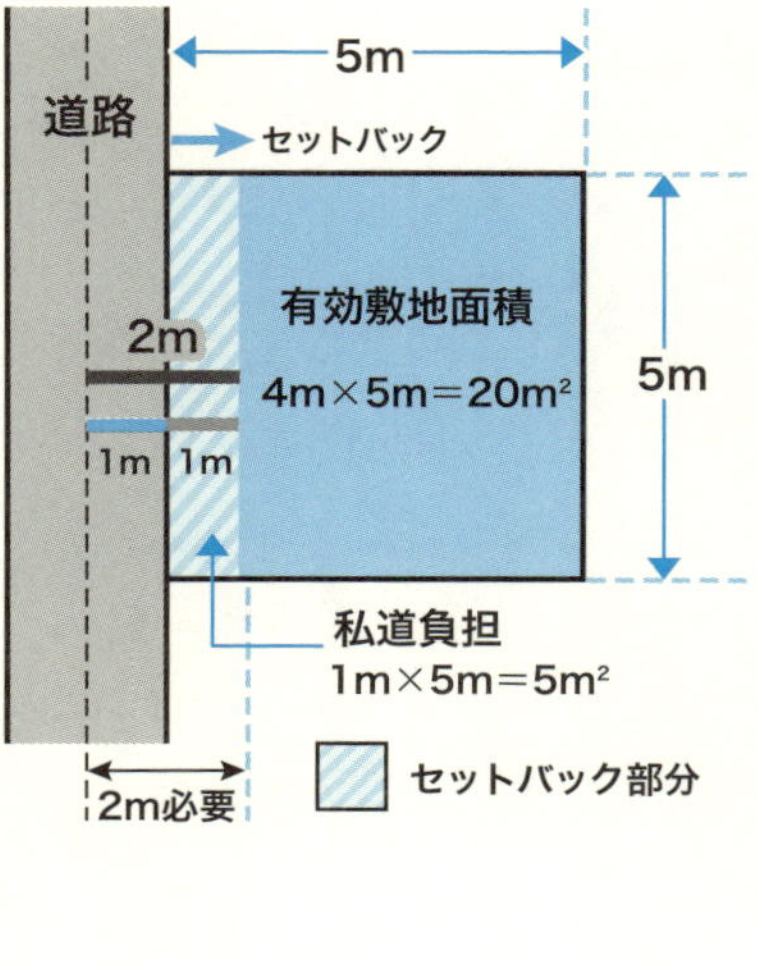

● 幅員と容積率

例Ⓐ

第１種住居地域で4m幅員の場合、指定容積率300%だとしても、道路幅員による容積率が「４m×40%＝160%」となってしまうので、小さいほうの160%がこの土地に適用できる容積率になる

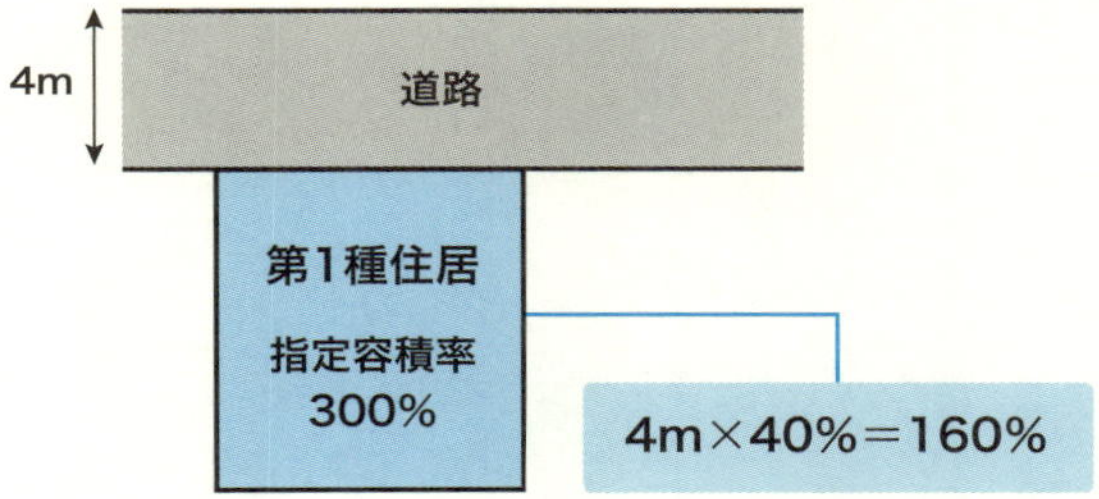

例Ⓑ

第1種住居地域と近隣商業地域の２つの地域にまたがり、２方道路に面している場合、広いほうの道路幅員による容積率を適用できる。

結果、第1種住居地域は「６m×40%＝240%」、近隣商業地域は「６m×60%＝360%」となり、敷地全体での容積率は、「(200m²×240%＋200m²×360%)÷(200m²＋200m²)＝300%」となる

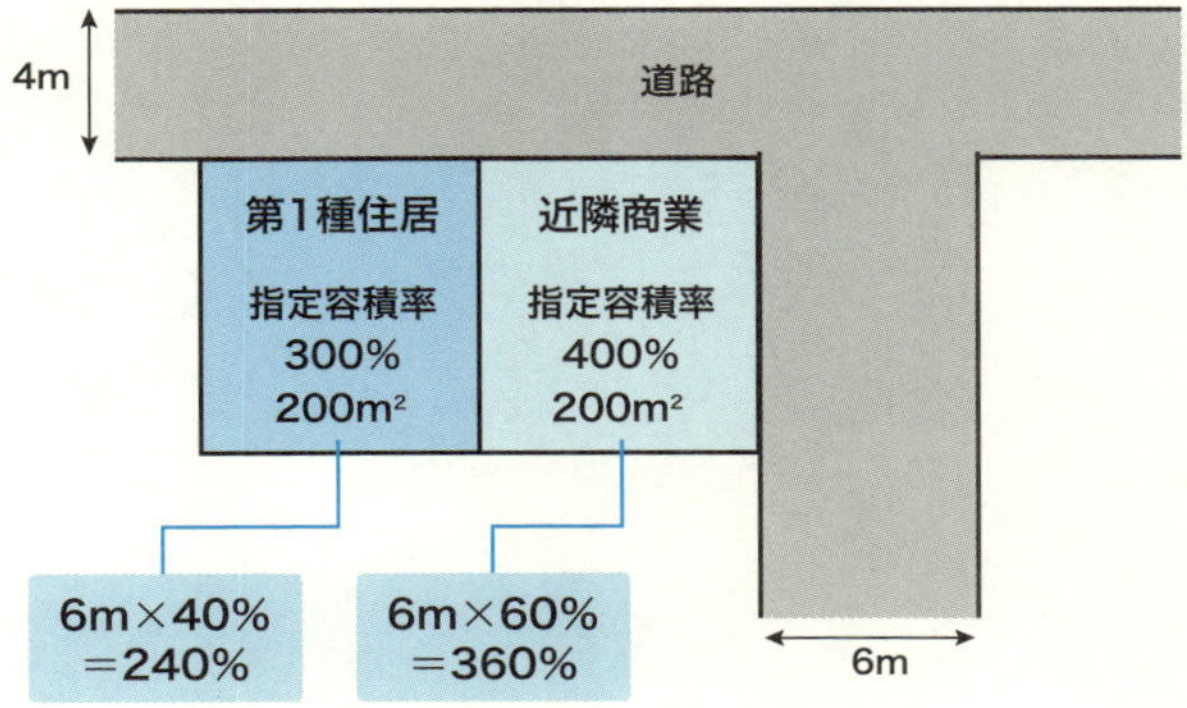

さえながら机上計算し、利回り計算から合否判定をします。

ここで、「延べ床」と「施工床」の違いを理解しておきましょう。「**〝延べ床〟とは、建物の各階の面積の合計からポーチやバルコニーなどを除いた面積**」で容積率の計算に使用します。

「**〝施工床〟とは、延べ床で除外した部分も含んだ面積**」です。ともに建築単価の提示に使用します。

❶「利回り＝（想定家賃×戸数×12カ月）÷（土地代金＋建築費＋諸経費7％）」を調べる
❷健美家、楽待などのポータルサイトで、自分が建てるエリアにおける新築アパートの表面利回りを調べる
❸計算シートでの表面利回りは、「市場に出ている新築アパートの表面利回り＋2％以上」はねらう
❹想定家賃はインターネットで事前調査
❺建築費は延べ床面積、施行床面積で試算
❻建築費の地域相場を徐々に把握して精度を上げる

チェックリスト

□計算シートで机上計算が終わっているか？

□計算結果から目標利回りをクリアしていた場合、土地を1次選定できたか？

6 実証 STEP❷を私の実例に基づいて、手順を追ってみる

細かい計算方法は前述したとおりなので、あてはめてみてください。
ここでは、私が実際に手がけた物件を実証していきます。

❶「土地情報を調べる」準備をする

STEP❶で絞り込んだ事例だと、次のような検索条件で、「**at home**」といった不動産ポータルサイトで土地を検索します。さらに条件登録しておいて、お知らせがくるようにします。

エリア	大阪市内、地下鉄駅・JR駅徒歩10分以内
面積	100㎡以上(約30坪)
価格	1500万～1800万円
その他	建築条件なし土地

では、「**at home**」のサイトで、検索する手順を見ていきます。

❶「at home」のサイトで「買う」から「売土地」を選ぶ。

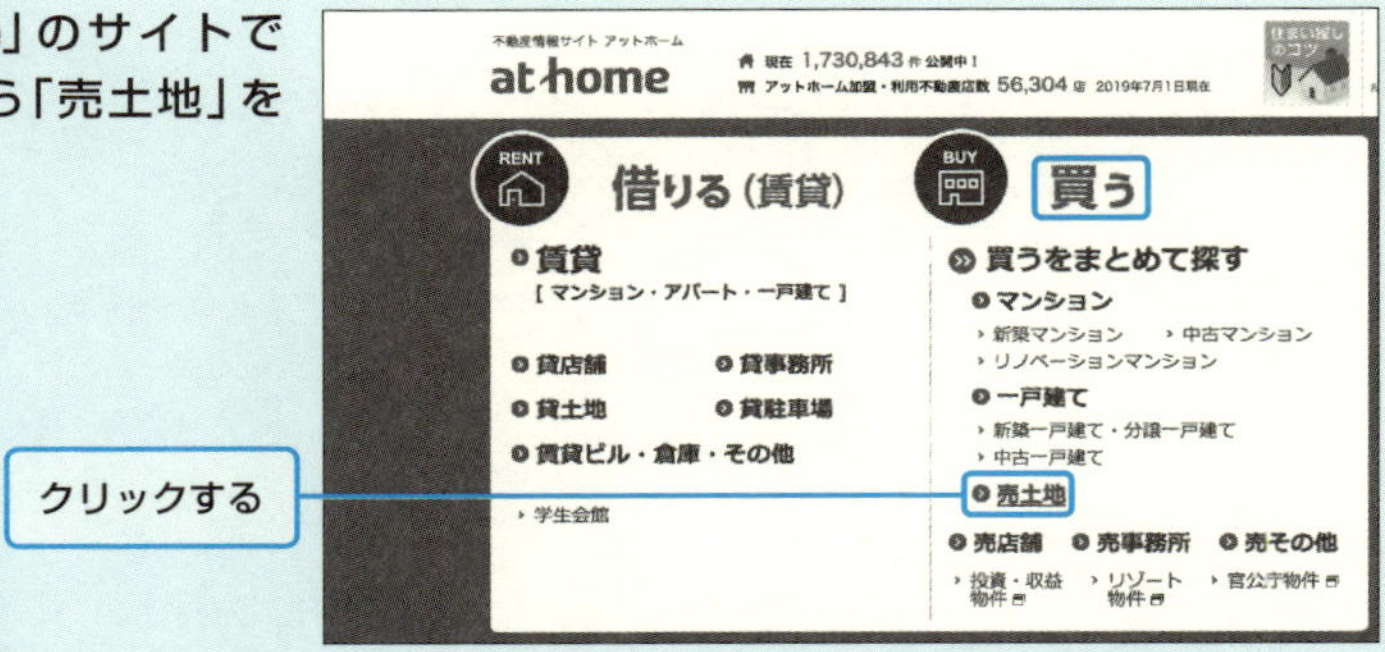

❷「お探しの都道府県を選んでください」で「大阪」をクリックする。

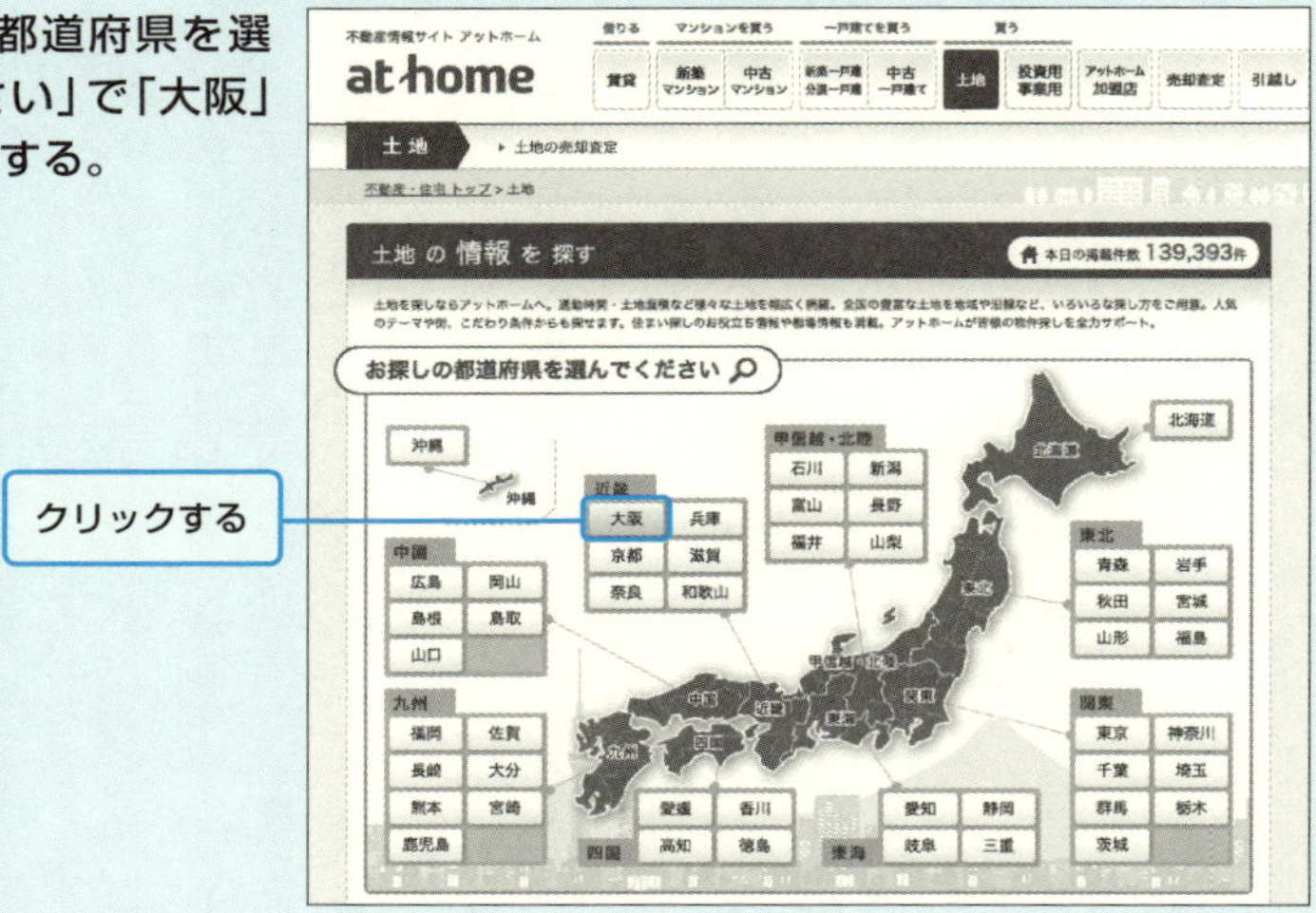

❸「探し方を選んでください」で「地域から探す」をクリックする。

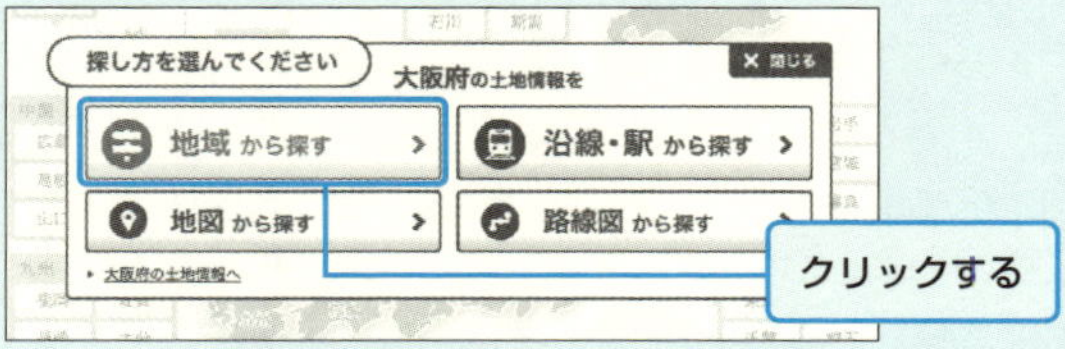

❹ STEP ❶ で「大阪市」を選択する。

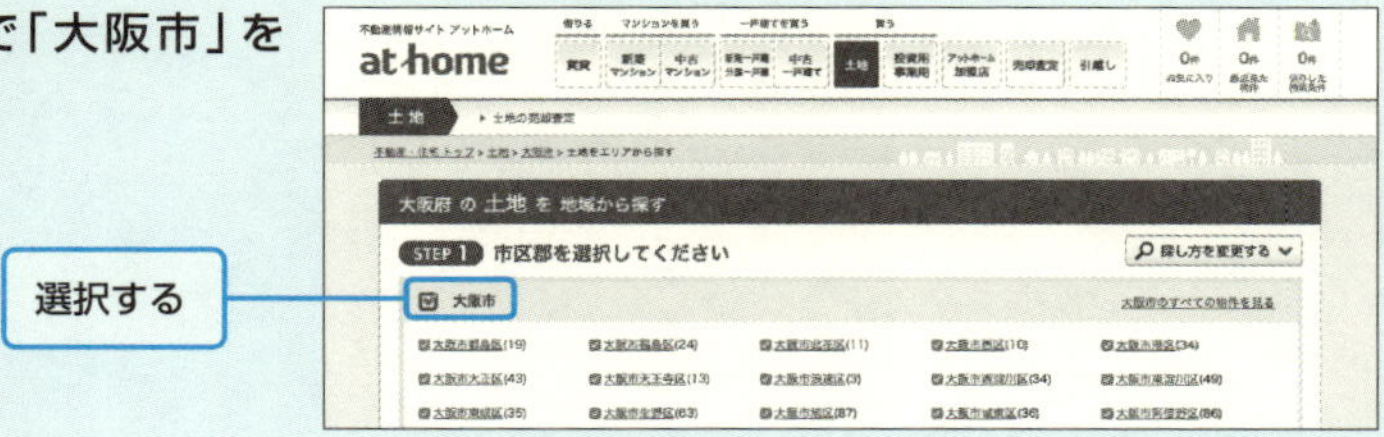

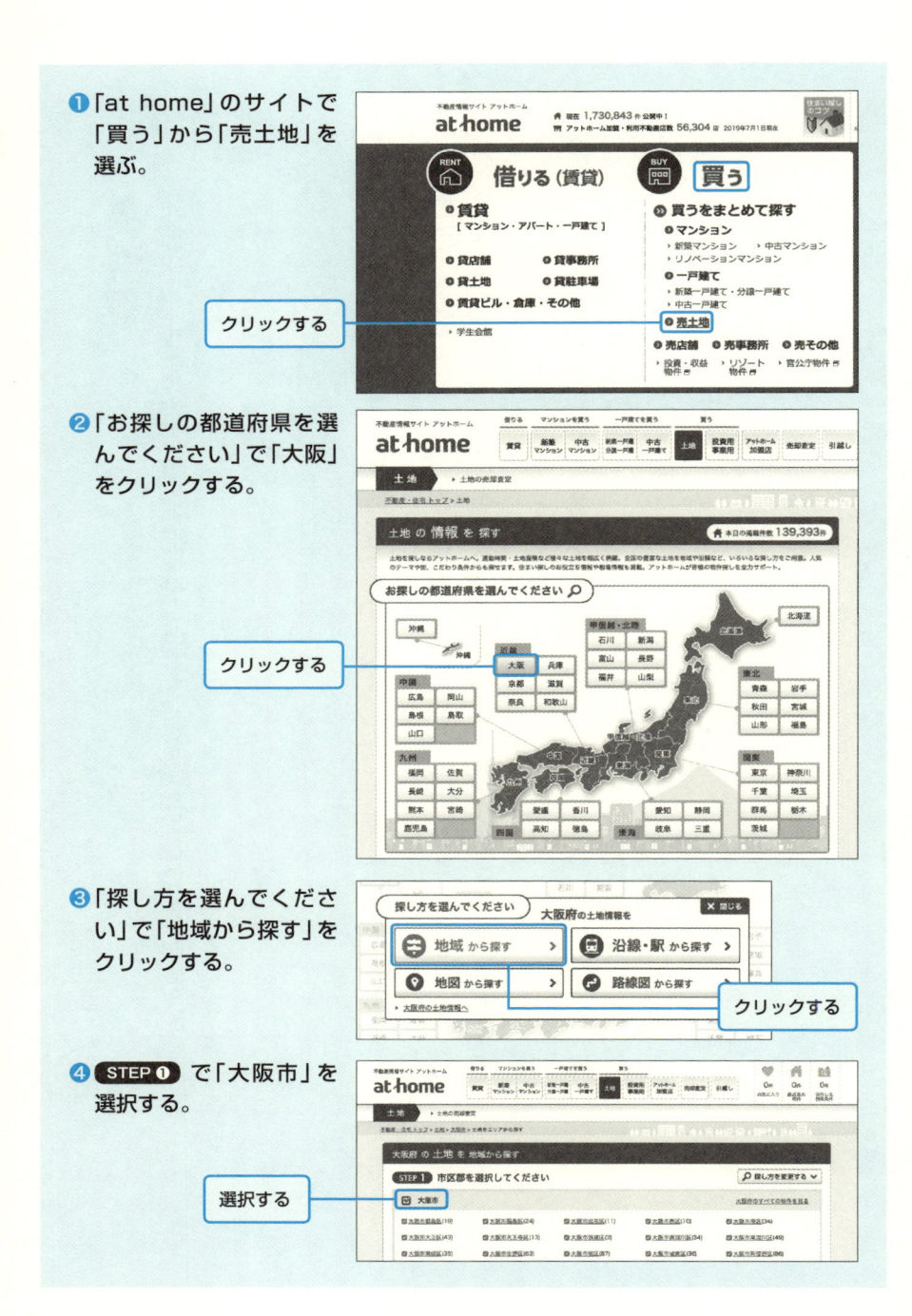

❺画面を下にスクロールして、STEP❷で「価格帯」を1,000万円～2,000万円、「土地の大きさ」を100㎡以上、「駅からの距離」を10分以内とし、「検索結果を見る」をクリックする。

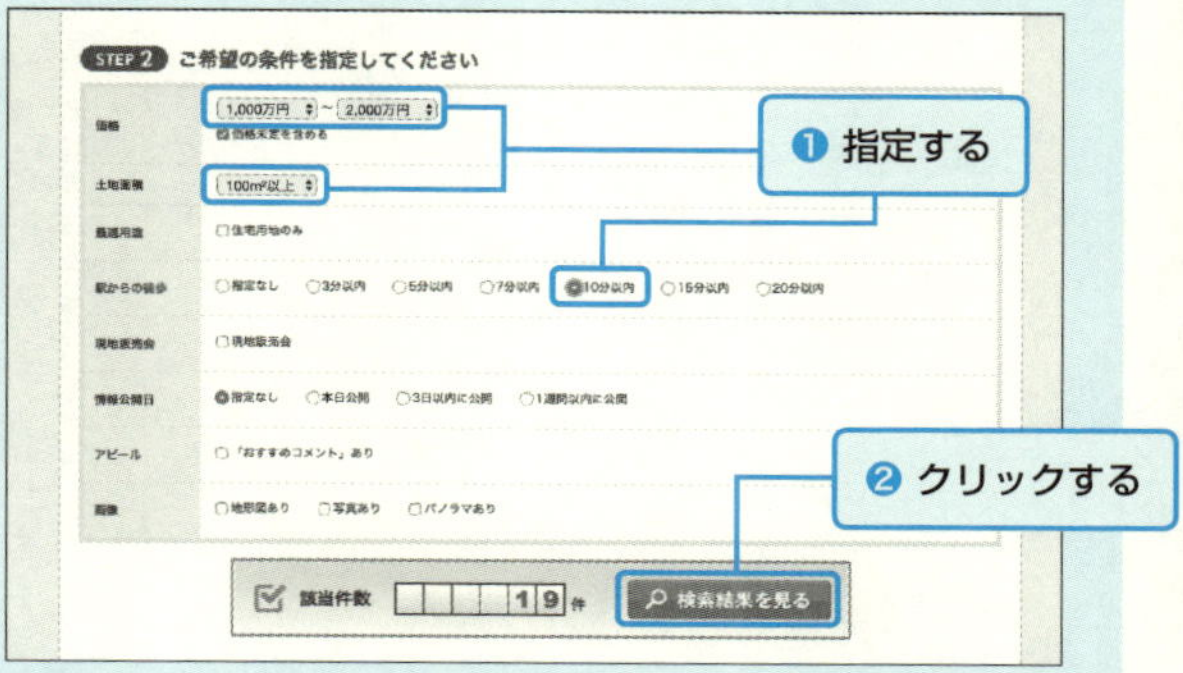

❻画面を下にスクロールして、「さらに細かくこだわり条件を指定する」で、「建築条件なし」にチェックを入れて「検索結果を見る」をクリックする。

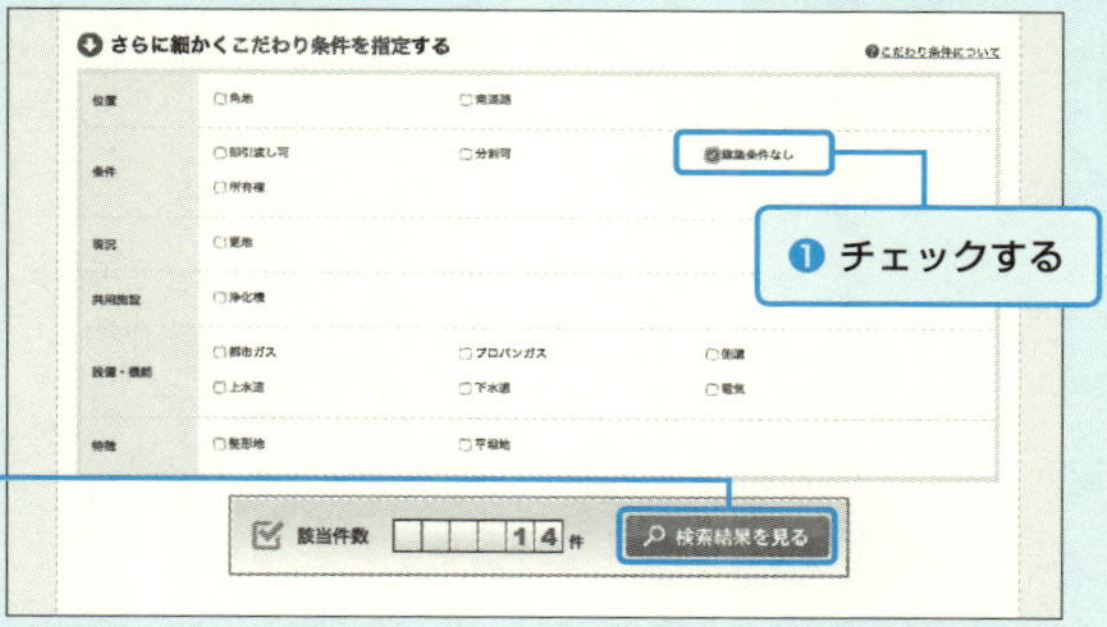

❼条件に合致した土地物件が出てくる。

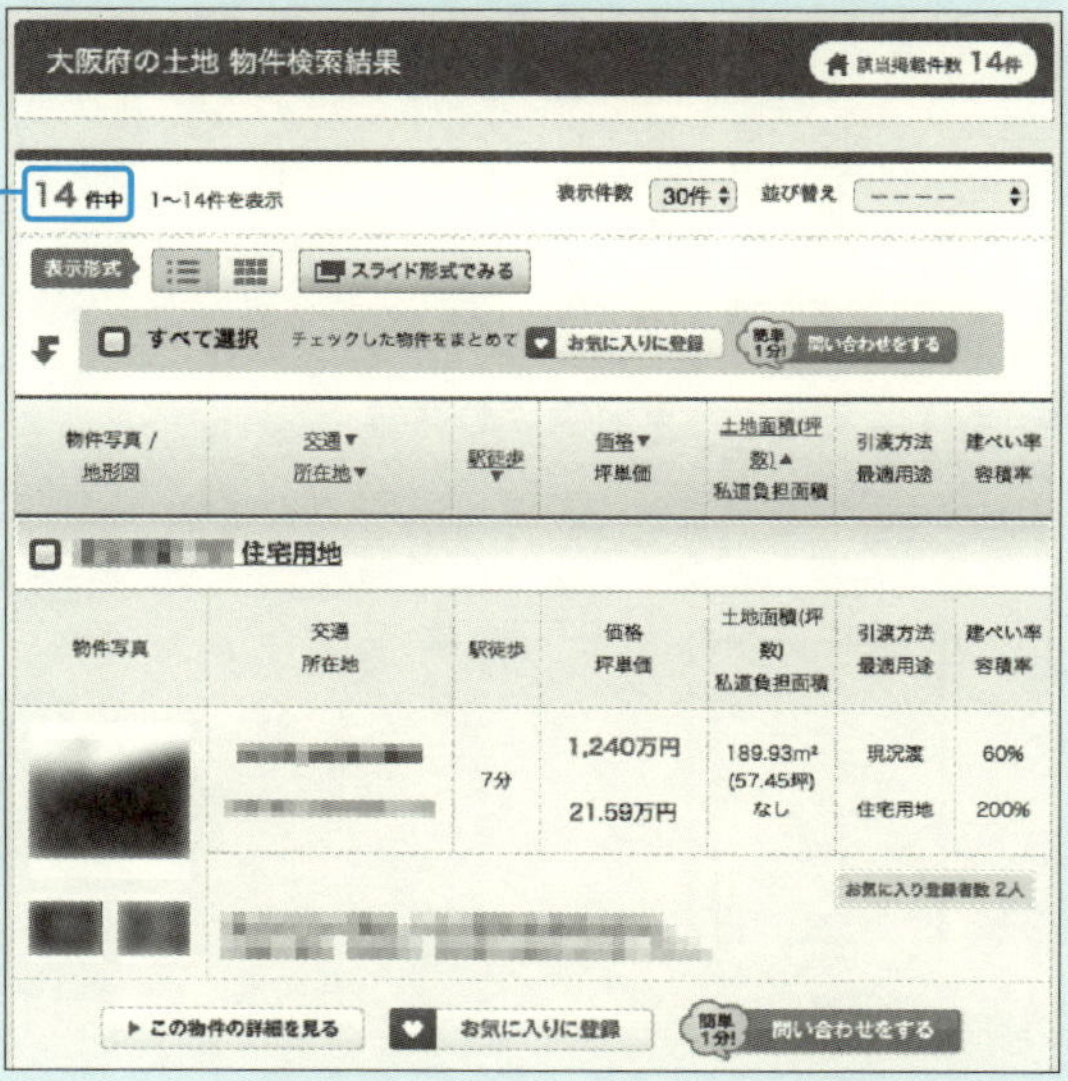

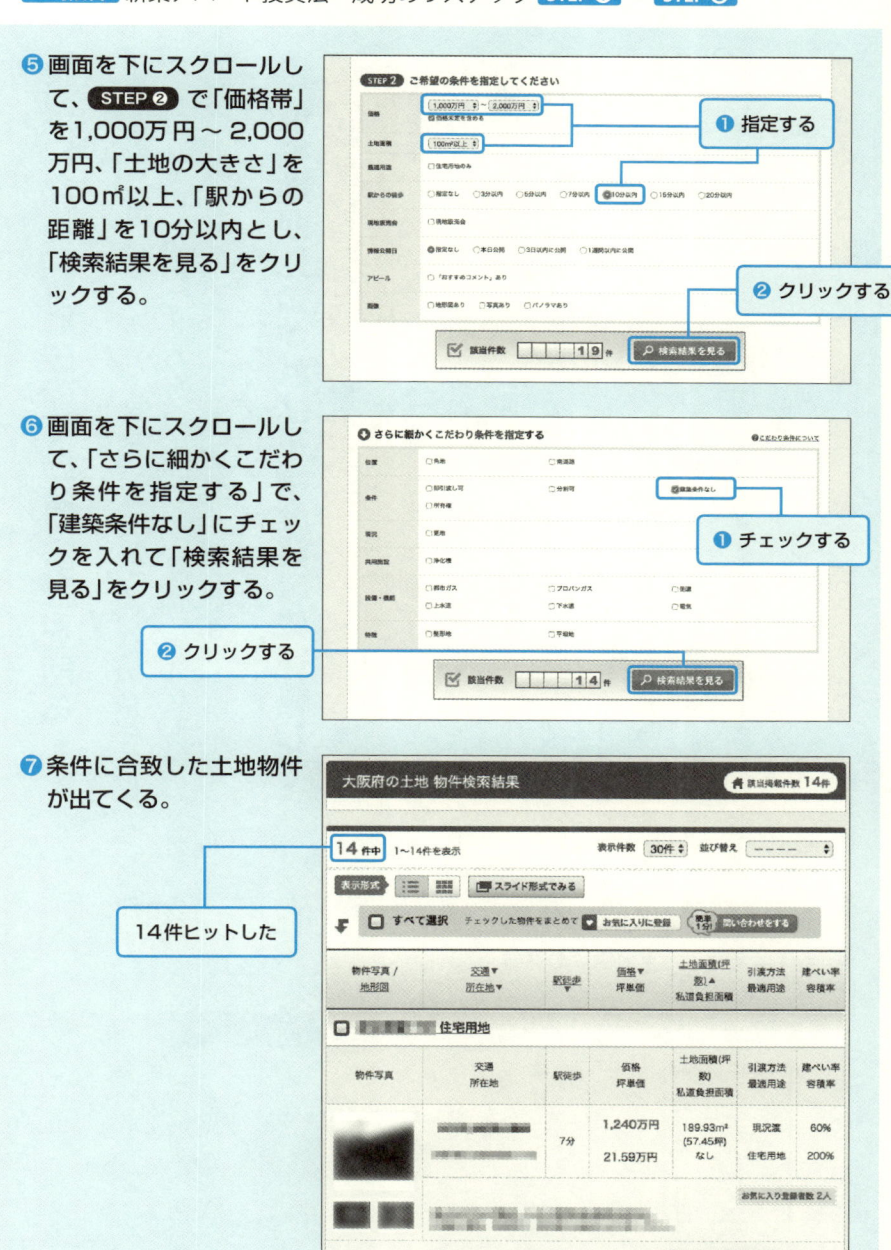

❷ 気になる「駅周辺の不動産業者」を回る

不動産のポータルサイトで検索したのと同様の条件を伝え、条件にあった土地が出てきたら、紹介してもらうようにお願いしておきます。

❸ 候補地が見つかれば不動産業者に連絡して、「物件資料を取り寄せる」

サイト検索でも、気になる駅周辺の不動産業者でも、候補地が見つかったら、すぐに物件資料一式（物件概要書、住宅地図、土地登記簿謄本・地積測量図・公図など）を取り寄せます。

検索で見つけた「住之江公園徒歩10分の土地」（土地１００㎡、建ぺい率80%、容積率２００%、価格１４８０万円：下図参照）の資料をすぐに取り寄せました。というのも、２０２５年万国博覧会やIR候補地（統合リゾートのこと。カジノのほかホテルや劇場、国際会議場、展示会場、ショッピングモールなどが集まった複合的施設）にも近い場所です。将来、賃貸需要の拡大、値上がりの両方が期待されるからです。

● 条件に合致した土地物件の詳細

売土地　住之江公園駅　10分

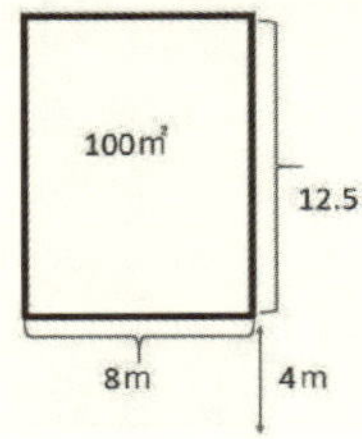

価格	1480万円		
交通	大阪メトロ四つ橋線 / 住之江公園駅 徒歩10分		
所在地	大阪市住之江区		
土地面積(坪数)	100㎡（約30坪）	坪単価	49.3万円
私道負担面積		最適用途	住宅用地
建ぺい率	80%	容積率	200%

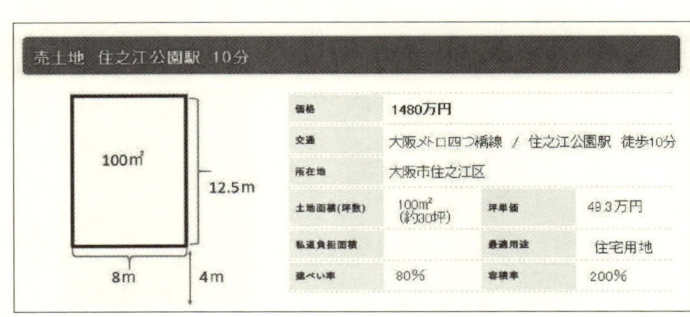

❹ 机上で「土地の1次選定」をする

では、「住之江公園徒歩10分の土地」を1次選定する手順を見ていきます。

❶ 机上で何m^2の部屋が何室入るか計算する。

部屋の有効面積

100m^2×0.8（建ぺい率）÷1.2（212頁参照）＝66.6m^2

ワンフロアに入る部屋

66.6m^2÷30（ワンルームの部屋の広さは30m^2が目安）
＝2.22＝2部屋、66.6m^2÷2＝33.3m^2

⇒約33m^2の部屋が2室

何階建てか

100m^2×200%（容積率）＝200m^2÷66.6m^2＝3.0＝3階建て

⇒3階建ての木造アパートで、ワンフロアに2室（1室あたり33m^2）の計6室

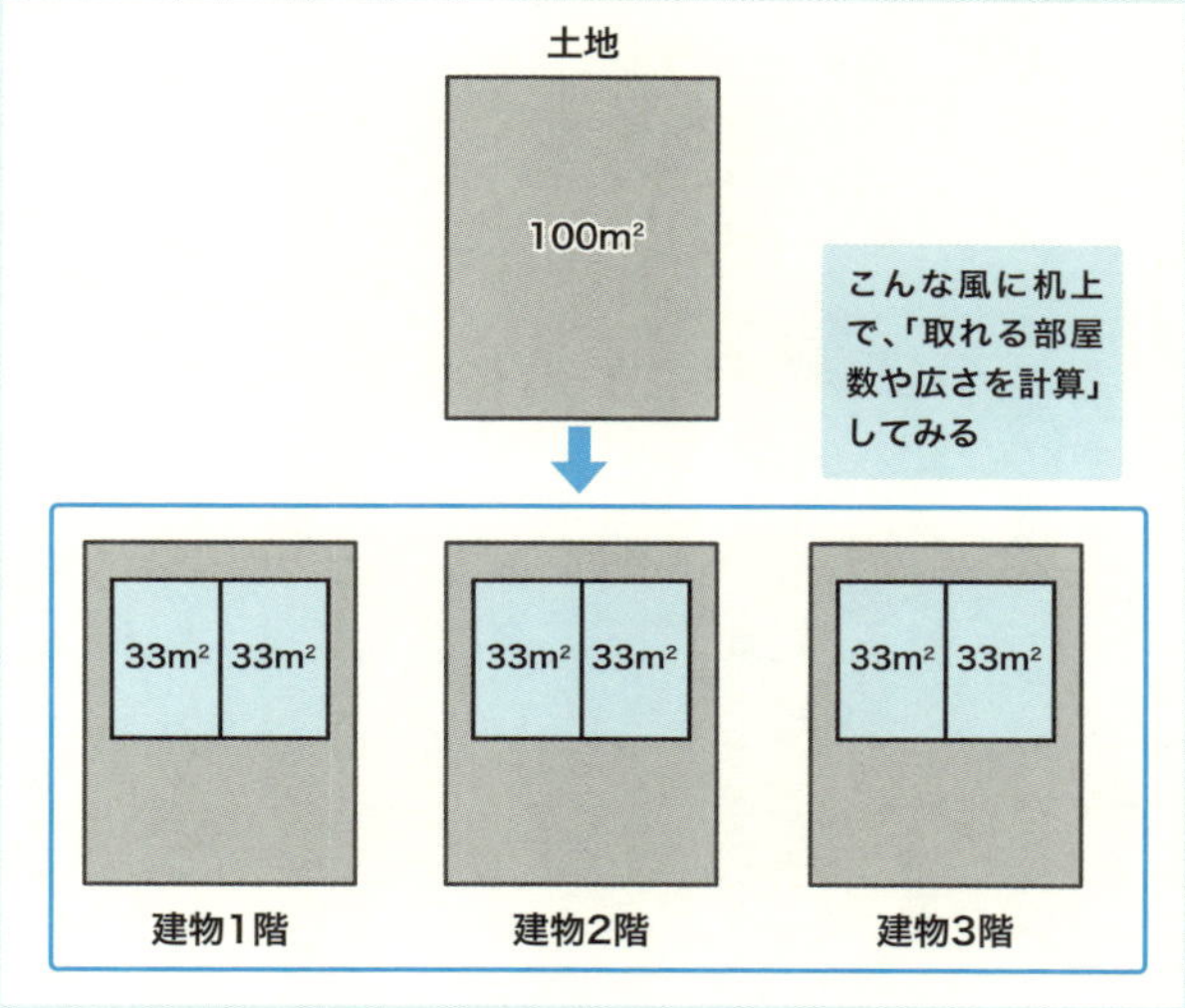

❷ 1室あたりの金額を出す。

1室あたりの金額

1,480万円（土地代金）÷6室
　＝247万円＋600万円（アパート1室 ※）＝847万円

※ 経験に基づく木造1室あたり（外構など諸経費も含む）の概算

❸ 家賃相場をヒアリングする。

33m^2の部屋の賃貸相場を、周辺賃貸業者3～4社に電話でヒアリング調査し、家賃の平均値を割り出す。同時にインターネットで調査する（次頁参照）

⇒ **平均家賃** 約7.1万円

❺ 部屋の「賃貸相場をインターネットで調査」する

ここで、「住之江公園で33㎡の部屋の賃貸相場」をインターネットで調べて、家賃の按分計算をします。

❶「at home」のサイトで「借りる（賃貸）」から「賃貸（マンション・アパート・一戸建て）」を選ぶ。

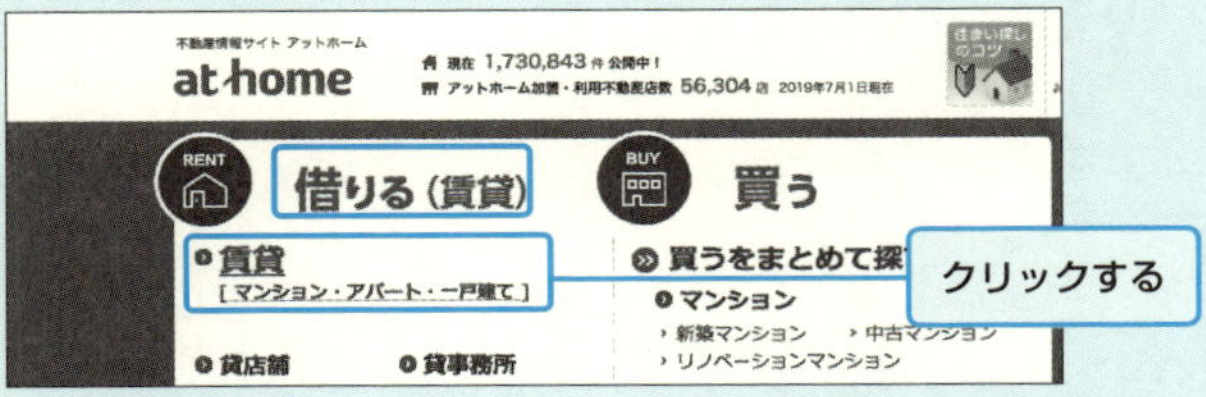

❷「お探しの都道府県を選んでください」で「大阪」をクリックする。

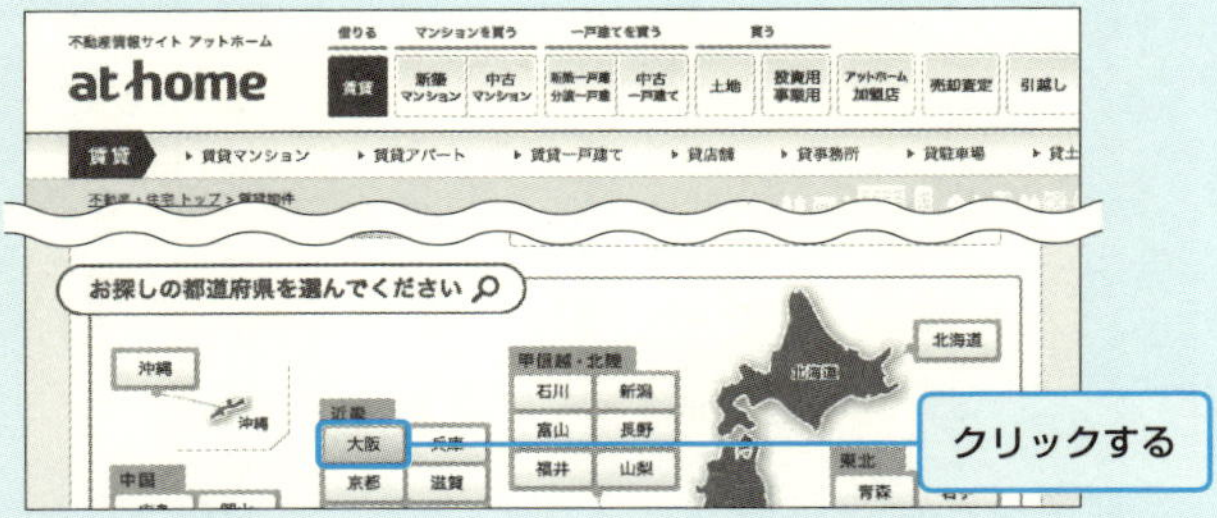

❸「探し方を選んでください」で「地域から探す」をクリックする。

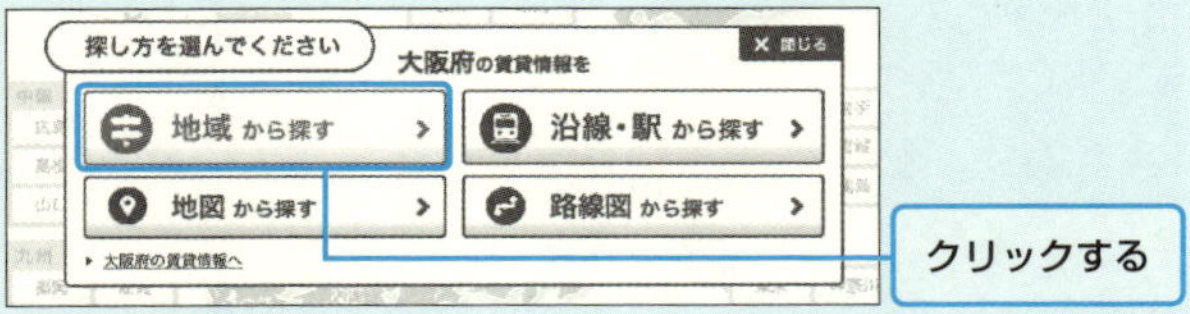

❹ STEP ❶ で「大阪市住之江区」を選択する。

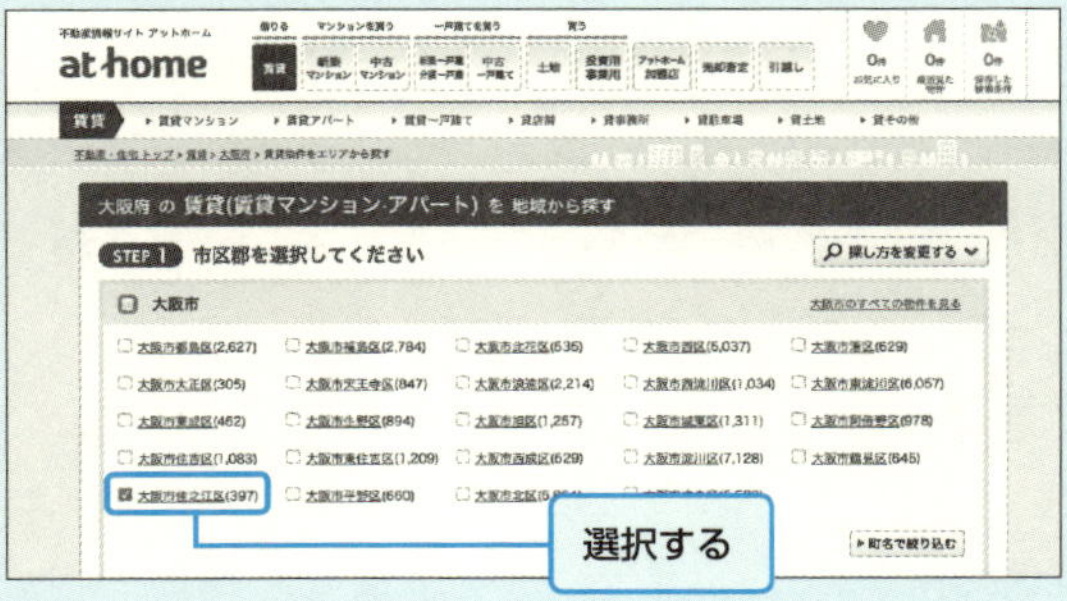

⑤画面を下にスクロールして、STEP② で「面積」を30m²以上、「駅からの距離」を10分以内、「築年数」を新築とし、「検索結果を見る」をクリックする。

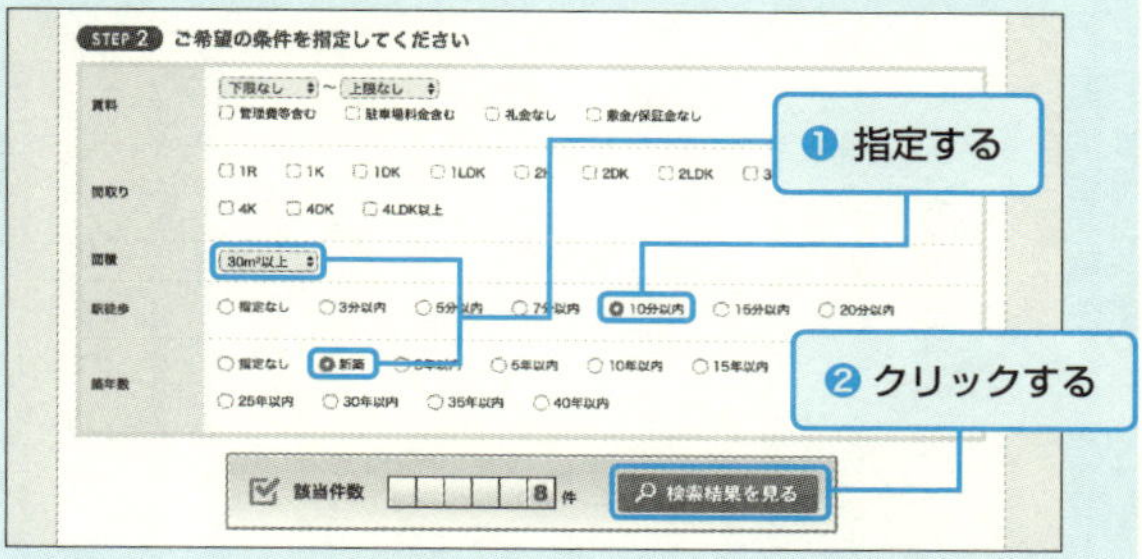

⑥条件に合致した賃貸物件が出てくる。35m²で賃料7万円、共益費5,000円の物件が見つかった。賃料は部屋の広さに比例して変動するので、単純に賃料を平米数で按分して33m²の部屋の賃料を計算する。共益費は部屋の大きさの大小に関わらず、一定額かかる費用なのでそのままとする。

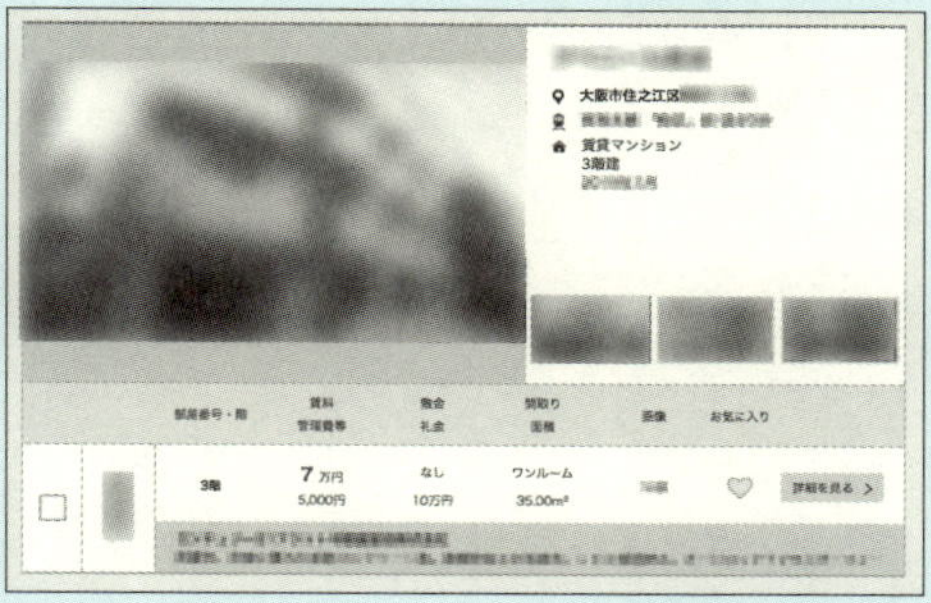

1m²あたりの賃料	7万円（賃料）÷35m²（部屋の広さ）=2,000円
33m²の部屋の賃料	2,000円×33m²（部屋の広さ）＝6万6,000円

結果、33m²で賃料6万6,000円、共益費5,000円の合計7万1,000円と想定できる。

⑦利回り計算をする。

年間家賃	7.1万円×12カ月＝85.2万円（Ⓐ）
1室あたりの事業費用	847万円（Ⓑ）
表面利回り	Ⓐ÷Ⓑ＝10.06%
想定される総事業費用	847万円×6室＝約5,100万円

1次選定として、希望していた9%前後の表面利回りと CASE② を選んだ際の予算感5,000万円前後をクリアした。

ここからは具体的に建築士を入れて土地の2次選定と進む形になります。

折角なので、このケースでどれくらい手残りが出るのか、5時限目126頁で紹介した利回り計算機を使って計算してみましょう。5000万円の投資で年額192万円入ってくるのは悪くないですね。

アパート6部屋からの家賃年収

7・1万円（1室あたり）×6部屋×12カ月＝511万円（年額）

アパート6部屋の表面利回り

511万円÷5082万円＝10・06％

このモデルケースで、総額5082万円をアパートローン（融資期間30年、金利2・5％）でまかない、空室率10％、諸経費率10％で年間収支を計算すると、次のようになります。

511万円（アパート6部屋からの家賃年収）－217万円（年間返済額）
－102万円（511万円×20％（空室率＋諸経費率））
＝192万円（年間手残り）

● 1次選定の結果の年間手残り

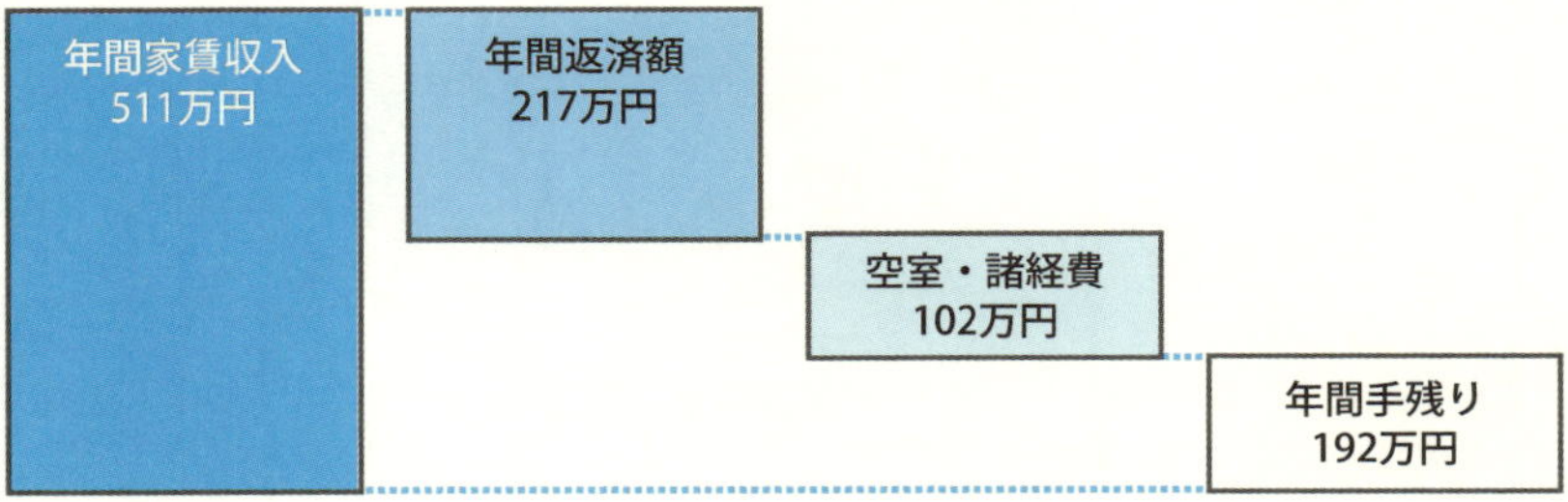

07

STEP❸ 建築士に設計依頼＋土地の2次選定
「建築士を探す」

1 建築士の「探し方」

❶ 建築士には「1級建築士」と「2級建築士」がいる

「**1級建築士であれば、RC・鉄骨・木造、何でも設計できますが、2級建築士は木造まで**」だと理解してください。２級建築士は厳密には高さ13m以下、軒高９m以下、延床１００㎡以下の鉄骨もしくはRCの3階建てまでは建てることができます。

「**建築士の設計費用の目安は、建築費の5~10%程度**」で、勤務している建築士もいれば、設計だけを専門にやっている設計事務所もあります。

②「継続的」に土地選定を手伝ってくれる建築士を探す

継続的に土地選定を手伝ってくれる建築士がいると、安心して不動産投資を進めていくことができます。まず手頃なところだと、次のようなサイトで探すことができます。

- SuMika (https://sumika.me/)
- クラウドワークス (https://crowdworks.co.jp/)
- ランサーズ (https://www.lancers.jp/)

2 「見つけた土地に思い描いた物件が建つのか」建築士に確認する

自分で机上計算をして1次選定を通過した土地に、本当に思い描いた物件が建つのか確認する必要があります。それにはプロの建築士に設計の第一段階である「**ボリューム出し**」

上手な建築士の選び方

1. 最初は、同じことを複数の建築士に依頼して、その建築士の適性を見極める
2. リサーチのために行政と会話する必要があるので、なるべく対象エリアに近い建築士を選ぶ

（下図参照）をしてもらい、**「取れる部屋数や部屋の広さを把握」**します。そのうえで、**「計算シートで再計算して、表面利回りから最終合否判定する」**必要があります。

まず、建築士が行う設計や管理にはどのようなものがあり、ボリューム出しとはどのような位置付けなのかを見ていきます。

建築士が行う「ボリューム出し」「基本設計」「実施設計」

建築士による**「建築基準法の北側斜線制限、隣地斜線制限など へ準拠した設計」**が必要で、**「地域条例など行政で決められたルールが制定されているケースもあるので役所に確認」**してもらいます。

「ボリューム出しで、平面図や間取り図にて、部屋の広さ、部屋数を把握」します。また、**「ボリューム出しの結果から収支計画をつくり、利**

● 建築士の仕事の流れとあなたがやること

建築士の仕事			あなたがやること
ボリューム出し（企画設計）	道路斜線・北側斜線・高さ制限など、各種法令や条例などをチェックして、どれくらいの大きさの部屋が何室入るのか計算する	➡	収支計画を立てて利益が得られると判断できたら、土地を購入する
基本設計	あなたと協議し、敷地・予算・あなたの要望などを考量した建築物を具体化した設計・デザインを実施する基本設計図（平面・立面など）を作成し、あなたに説明する	➡	このプロジェクトが実現可能かこの段階では正確な見積もりは出ないが、建築工事費を見積もる（詳細は次節参照）
実施設計	意匠設計・構造計画・設備図面・工事仕様書・工事費積算書を作成し、建築確認申請を出せるようにする	➡	建築会社を選定する際、必要十分な資料はこの段階でそろう。建築工事費を正確に見積もる（詳細は次節参照）
工事監理	請負工事完了後、建築会社の現場監督が工事を設計どおりやっているか、あなたに代わって監理する	➡	工事の進捗や問題・課題の報告を受け、適宜、施主として判断が必要なことは指示を出す

益が得られるか否かの判断」をします。

3 実証 STEP❸を私の実例に基づいて、手順を追ってみる

土地の1次選定で合格した物件の2次選定を実証します。

❶建築士を見つける

今回は、建築士を「クラウドワークス」で探しました。

❷建築士に確認する（2次選定）

建築士にボリューム出しをしてもらうことで、正確に何㎡のアパートが何室入るか、自分が1次選定で想定したものが建つのかわかります。結果は、1次選定では「33㎡が6室」だったのが、2次選定では「30㎡が6室」となりました。

再度、2次選定の結果、このケースでどれくらい手残りが出るのか5時限目（126頁参照）で紹介した利回り計算機を使って計算してみましょう。5000万円の投資で年額1

チェックリスト

- □ 建築士を選定してボリューム出しができたか？
- □ ボリューム出しの結果は、想定していた物件が建つか？
- □ ボリューム出しの結果を受け、計算シートで目標利回りをクリアしたか？
- □ 土地を2次選定の判断ができたか？

57万円入ってくるのは悪くないですね。

アパート6部屋からの家賃年収

6・5万円（1部屋あたり）×6部屋×12カ月
＝468万円（年額）

アパート6部屋の利回り

468万円÷5082万円＝9・2%

このモデルケースで、総額5082万円をアパートローン（融資期間30年　金利2・5%）でまかない、空室率10%、諸経費率10%で年間収支を計算すると、次のようになります。

468万円（アパート6部屋からの家賃年収）
−217万円（年間返済額）−94万円〔468万円×20%（空室率＋諸経費率）〕
＝157万円（年間手残り）

● 自分の図面と建築士の図面を比較する

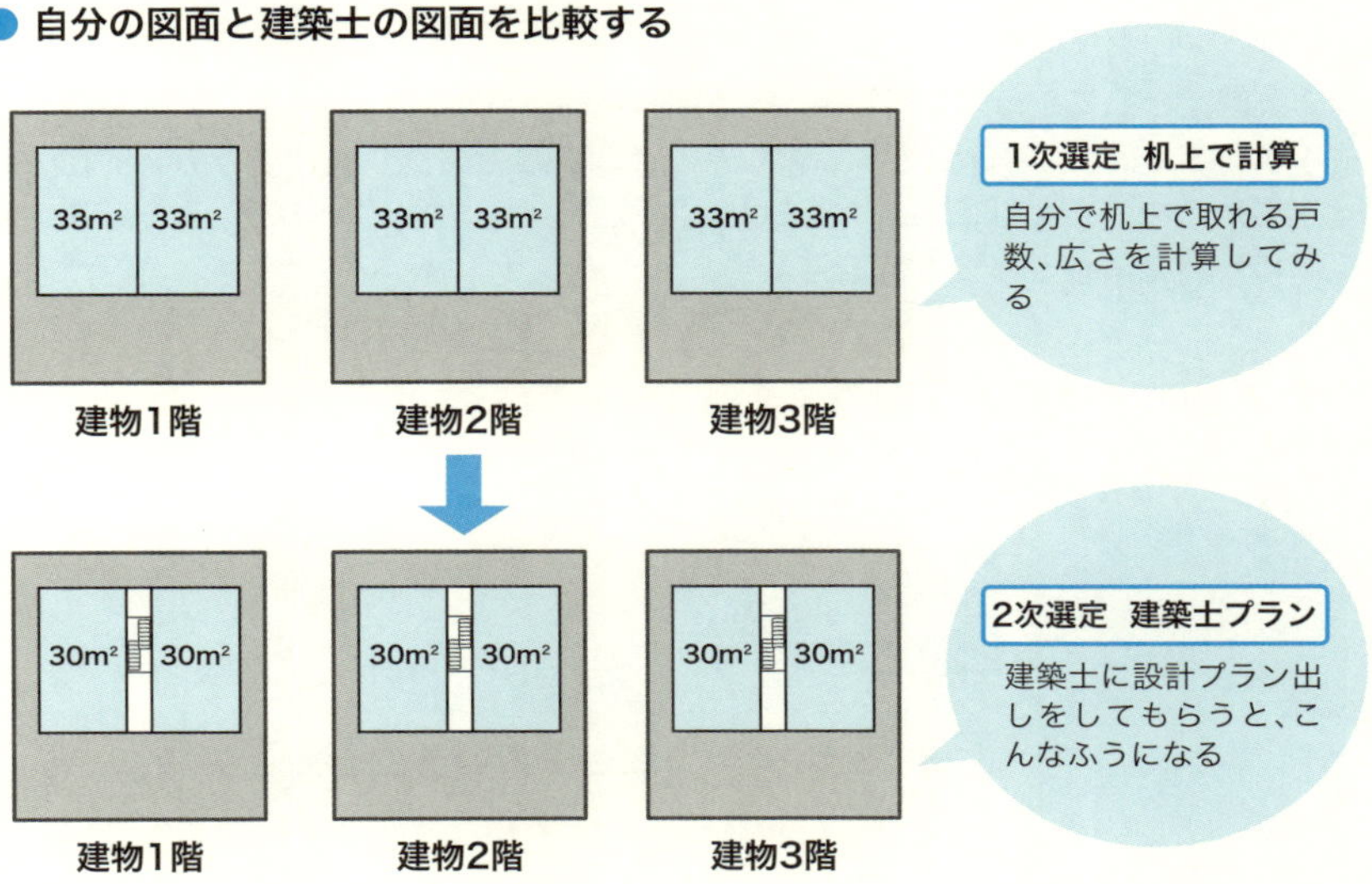

❶ 1室あたりにかかる費用を出す。

今回は、1次選定と部屋数は変わらず、面積もあまり変わらなかったので建築費は見直さない。

1室あたりの金額 1,480万円（土地代金）÷6室
＝247万円＋600万円（アパート1室）＝847万円

❷ ボリューム出しで、出てきた部屋の大きさで再度、家賃調査をする。

1次選定の家賃相場の調査では、平米あたりの賃料が2,000円、共益費は5,000円だった。面積按分で30m²の賃料は6万円（30m²×2,000円）、共益費5,000円。⇒ 平均家賃 6万5,000円

❸ 利回り計算をする。

利回り計算をし直し、目標利回りが出るか、利回り合否判定をする。

年間家賃	6万5,000円×12カ月＝78万円（Ⓐ）
1室あたりの事業費用	847万円（Ⓑ）
表面利回り	Ⓐ÷Ⓑ＝9.2%
想定される総事業費用	847万円×6室＝約5,100万円

1次選定として、希望していた9%前後の表面利回りと CASE❷ を選んだ際の予算感5,000万円前後をクリアした。少し表面利回りが変わったが、土地の2次選定でも合格点が取れた。この土地は買ってもよさそうなので、すぐに次の購入に向けたアクションを起こす。

● 2次選定の結果の年間手残り

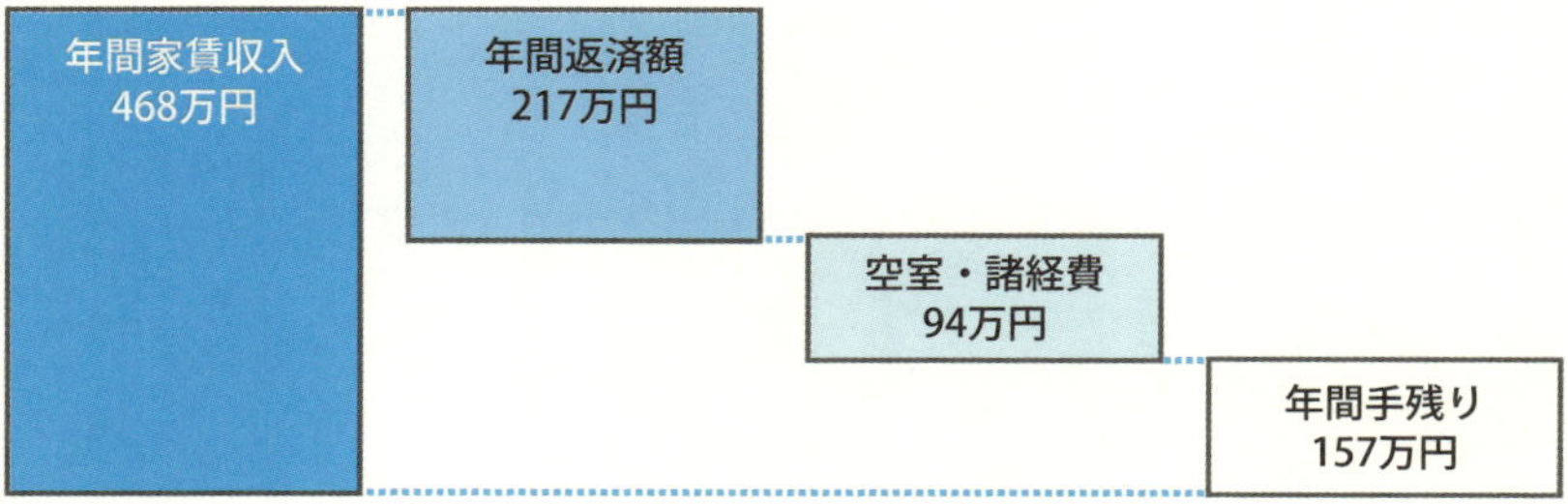

08 STEP❹ 概算見積を依頼＋総額費用を出す❶「建築会社を探す」

1 建築会社の「探し方」

❶「先輩大家さん」からの紹介

新築アパートをやっている先輩大家さんに、見学会などのタイミングがあえば、物件を見せてもらい、もし紹介してもらえるようなら相談してみましょう。建築会社からしてみれば、お客様からのご紹介はありがたいので、よくしてもらえる可能性が高くなります。

❷「設計事務所や建築士」からの紹介

独立系でやっている設計事務所は、特殊なデザインや意匠に凝った尖がった会社でないかぎり、どこかの建築会社の外注で受けていたりすることが多いです。設計をその建築士に依頼する前提で、安くて信頼できる知りあいの建築会社を紹介してもらう方法もあります。

「施主がいい建築会社に巡りあう＝施主が建築士へ仕事を依頼」というしくみなので、マージンなども取らずにがんばって探してもらえる可能性があります。

③不動産会社からの紹介

不動産会社は、自社で建売のアパートや住宅を建てて販売しているところも多く、紹介でローコストの建築会社を紹介してもらえることもあります。

④自分でインターネットから探す

インターネットで、「地域」「アパート」「建築」といったキーワードで検索します。検索上位でヒットする建築会社は、SEO対策などの広告費がかかっているので、建築費も割高な可能性があります。**「iタウンページで調べる」**と**「サイトもなく営業マンもいないような下請け会社を見つけることができます」**。こちらのほうが安くなる可能性があります。

電話で**「1室25㎡、1部屋あたり500万〜600万円くらいのローコストアパートを継続的に建てたいと思っているのですが、御社にアパートの実績はありますか？ 建ててもらえる可能性はありますか？」**と問いあわせをします（とりあえず1回と考えていても継続的に建てていく可能性があることをアピールしたほうが効果的です）。そして可能性があれば面談し、具体的にどんな建物で、どのくらいの頻度で建てるのか、建築費用などを聞き取りします。

2 「お勧めしない」建築会社の探し方

「**一括見積もりサイトで建築会社を探すのはお勧めできません**」。

土地情報を提示すると複数の建築会社に取り継ぎして、アパート見積もりを一括で返してくれるサイトがあります。すべて提携会社であり、一括見積もりサイトに何らかのリターンがあるようになっているので、決して安くないことを覚えておきましょう。

なお、「**大手アパートメーカーへの相談は相続対策の地主への提案が中心**」で、土地から購入してローコスト、高利回りのアパートを建てようとしている人には向きません。

● いい建築会社の探し方

	コスト	難易度
大手アパートメーカー、見積もりサイト	高い	低い
紹介（先輩大家、設計士、不動産会社など）	↑	↓
自分で探す	安い	高い

09 STEP❹ 概算見積を依頼＋総額費用を出す❷ 「建築会社に見積もりを依頼する」

1 建築会社「数社に見積もり依頼」を出す

見積もりの目的は、プロジェクト費用として「土地＋建物＋諸経費」のうち、「**大部分を占める建物について仕様を固め、抜け漏れなく費用を把握すること**」です。これが STEP❻ に出てくる銀行への融資打診にも、大事な要素になります。しかし、1度に正確な情報までたどり着くのは難しく、設計段階と見積もり段階では精度の問題もあり、いくつかの段階を経て、正確な数字に近づいていきます。

企画設計（ボリューム出し）で、そのまま見積もり依頼すると、外壁やクロスの仕様、キッチン、風呂のサイズなどバラバラに出てくるので、横並びで比較するのが難しいです。本来なら実施設計までいくと設備設計ができるので、この段階で業者が寸法や設備仕様を拾えば、かなり正確な見積もりを出せるので、業者の比較をすることができます。

しかし、実際にプロジェクトとして進めるかは不確かな段階ですから、ここまでは設計費用をかけられません。

そこで、**「基本設計の段階の図面で必要な設備や外構などの仕様を決めます。これを建築士に仕様書に仕上げてもらい、複数の建築会社に出すのが最も理想的であり、バラつきが少なくなります」**。

「基本設計図（２４０頁参照）から仕様書をつくるには、どこか1社 建築会社の力を借ります。その建築会社と、必要な設備、項目に抜けや漏れがないように、何度も打ちあわせをして仕様を固めていきます」。

この仕様書をつくっていく1社はどの会社でもいいわけではなく、アパート建築の実績があり、信頼できる建築会社を1社選びます。基本は、契約しても問題ないような会社1社を選び、膝を詰めて仕様を固め

● **基本設計図面から仕様書をつくる**

基本設計図面

- **配置図**
- **平面図**
- **立面図**
- **断面図**

仕様書

- 木材（土台、柱の材料など仕様）
- 外部仕上げ表（屋根はガルバリウム鋼板など）
- 内部仕上げ表（玄関はタイル張り、階段は鉄骨、LDK は L45 フローリングなど）
- 断熱材（グラスウール 10K 同等品）
- 住宅設備仕様（キッチン、洗面台、洗浄便座、浴室乾燥機のメーカー名指定か同等品）
- 付随設備（コンセント、インターホンなど）
- 建具・建材仕様（玄関ドア、住戸ドアなど）
- 外構（部屋数分の自転車置き場）
- 上下水道引き込み（掘削、引き込み、水道負担金など含めること）
- 地盤調査費用、地盤改良費用、擁壁関連の分担

ていくイメージです。

できあがった仕様書をもってほかの建築会社に見積もりを依頼することで、各社横並びに比較することが可能になります。こうして各社からの見積もりを取り、「**建物価格に含まれるもの、含まれないものを明確にして比較**」してみましょう。

2 「仕様書」をつくるときの注意点

仕様書をつくるにあたって、必要な設備や外構、水道関連などの項目を入れるのが一般的ですが、建築会社によっては入っていない会社もあります。それらを追加で依頼するのか、それとも別途こちらで手配するのかなど、調整しながら、価格を同じ条件で比較できるようにもっていきます。

地盤関連で地盤調査費用、外構工事でフェンス、外部周り工事、設備関係でエアコン、カーテンレール、オートロック、インターフォン、浴室乾燥機、宅配ボックス、ゴミ箱など、どこまでついているのか？　設計費は込みか？　それとも別途かかるのか？　こちらの建築士でお願いするのかも確認が必要です。

価格の比較は、建築価格を「**坪単価**」「**1室あたりの単価**」で比較する方法があります。

❶ 坪単価を「延べ床」か「施工床」で比較する方法

「延べ床とは、建物の各階の面積の合計からポーチやバルコニーなどを除いた面積」で容積率の計算に使用します。**「施工床とは、延べ床で除外した部分も含んだ面積」**です。ともに建築単価の提示に使用します。

施工床は会社によって見積もりに盛り込む範囲が異なるので、比較の基準が不明確になります。こちらとしては延べ床で比較したいところですが、**「建築会社は〝施工床＞延べ床〟となることから、延べ床よりも建築単価を安く見せられる」**ので、施工床で出してきます。延べ床に入らないバルコニーや外階段なども施工するので、そこも含めて見てほしいというのが建築会社の本音なのです。そこは施工床・延べ床のそれぞれで提示するようにしっかり依頼しましょう。

❷「1室あたりの単価」で比較する方法

こちらの比較方法は単純で、平均的な25～30㎡の1室あたりで、木造であればいくらでできるのか？　エレベーターなしのRCアパートならいくらくらいでできるのかなど、こちらの目線でもわかりやすく、ザッと利回り予測するときにも使い勝手

● 延べ床、施工床での坪単価の比較例

	延べ床（部屋の床面積）	施工床（延べ床＋共用部分）
坪単価	50万円	42万円
総額	3,000万円	3,000万円
坪数	60坪	72坪

※総額は同じでも、坪単価は「施工床」のほうが安く見える

がいいです。

3 実証 STEP 4 を私の実例に基づいて、手順を追ってみる

❶ 建築士に基本設計図をつくってもらう

下図の「基本設計図面」（平面図、配置図、断面図、立面図）の4種類をつくってもらいました。

● 基本設計図面の事例

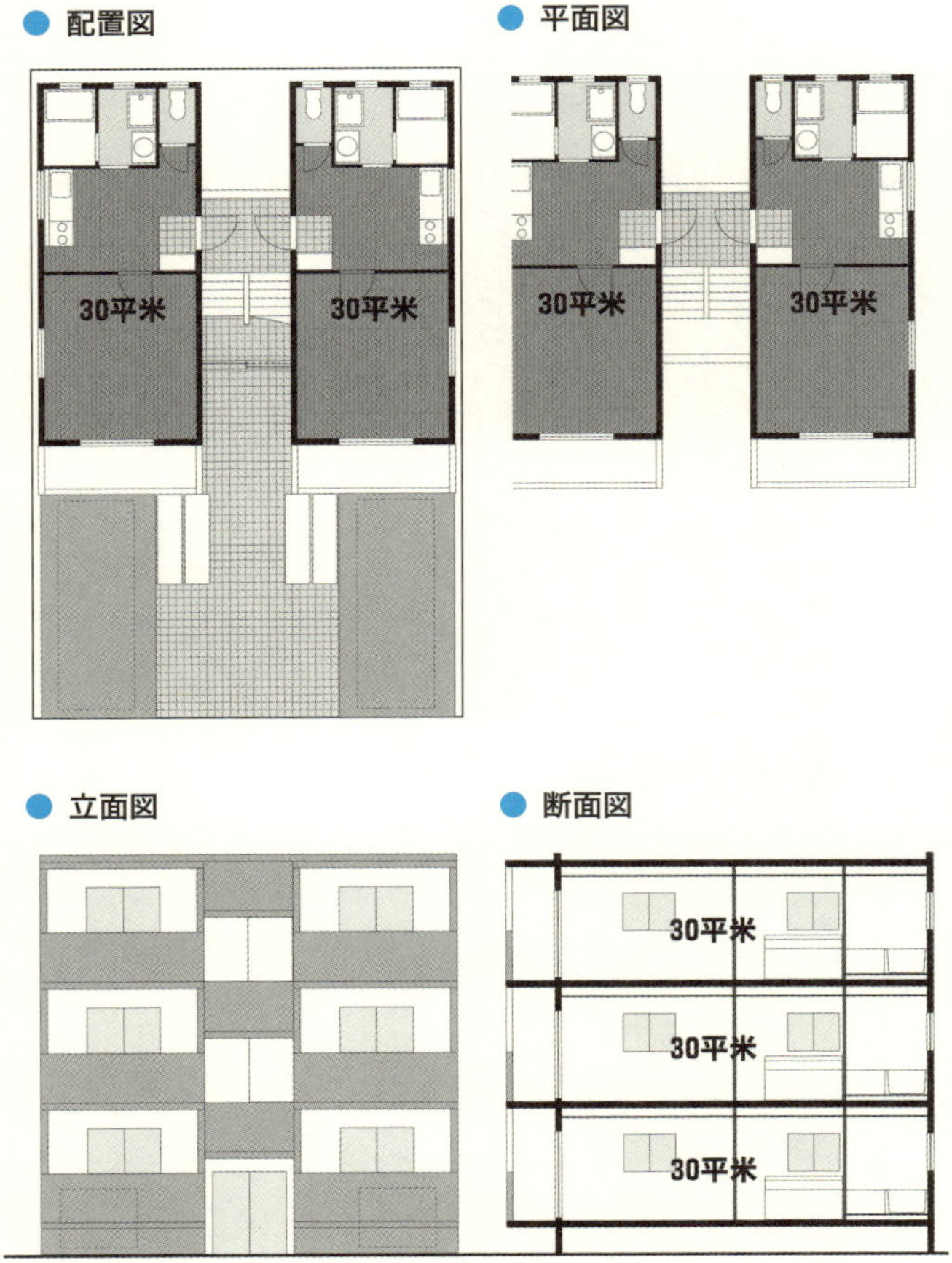

● 配置図

● 平面図

● 立面図
● 断面図

❷ 基本設計図に基づき、「建築会社1社と仕様の確認、検討をしながら仕様書に」していく

仕様書の項目は前述したとおりですが、実際には下図のような写真つきで、住宅設備（トイレ、水周り）、建具（玄関ドア、クローゼット）、外壁など、メーカー名、型番などを記載します。

❸ 次に仕様書をもとに、「ほかの建築会社にも声をかけて見積もり」を依頼する

これで、各社を同じ軸で価格の比較ができるようになりました。

● 仕様書の事例

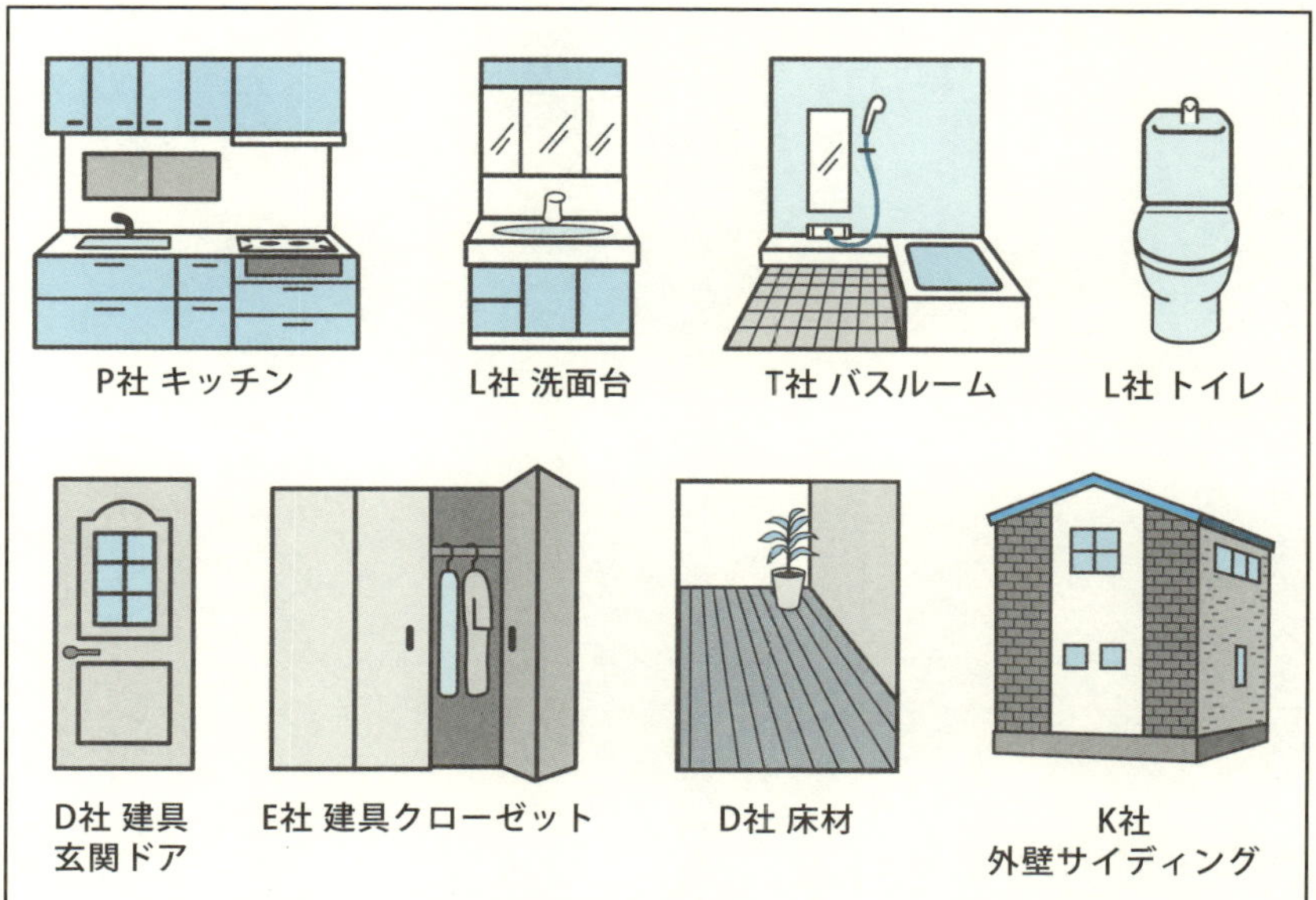

10

STEP❹ 概算見積を依頼＋総額費用を出す❸

「建築会社を評価、最終選定する」

1 「❶価格」「❷品質」「❸納期」「❹信用情報」の4軸を比較する

「❶**価格**」が安くても、安かろう悪かろうにならないように、「❷**品質**」「❸**納期**」「❹**信用情報**」の4軸で比較していくことが、建築会社の最終選定には必要です。

2 「品質の確認」方法

まず品質は、「**アパートの実績**」「**施工現場**」「**施工事例**」について次の項目を見ていきます。

Ⓐ **アパート建築の実績、年間着工戸数を聞き、しっかりとした経験があるかを確認する**
Ⓑ **実際の施工現場を見せてもらい、職人が整然と仕事をしているか、ゴミの後始末をしている**

かを確認して、職人の仕事の質を確認する

Ⓒ 過去の施工事例として、その会社が実際に建てたアパートを見せてもらうことで、実際に建ててもらった場合、どのような仕上がりになるのかを確認する

3 「納期の確認」を行う

ここでいう納期というのは、まだ建築を依頼していないので、建築の納期ではなく、**「商談過程における対応を見ることで、会社の体質を感じたり、問題が起きたときの対応スピードを評価する」**ことができます。

納期の確認は、次の項目を見ていきます。

Ⓐ 見積もりを依頼したり連絡を入れた際に、たとえ留守でもコールバックが速いか？

Ⓑ 商談中にしっかりとメモを取っているか、宿題を確認して打ちあわせを終了しているか？

Ⓒ 商談で次回への宿題や各種依頼事項が、期日までに正確に返答がきているか？

Ⓓ 社長や上席の役員が、商談の重要な局面には同席してくるか？

4 「信用情報の確認」をする

信用情報は、**「インターネットや帝国データバンク、銀行での評価を活用して、悪い評判がないかを見聞きして評価」**していきます。

信用情報の確認は、次の項目を見ていきます。

Ⓐ「〇〇〇　評判」「〇〇〇　口コミ」「〇〇〇評価」といったキーワードで、インターネットで検索してみる

Ⓑ融資を受ける銀行に、建築会社の情報を帝国データバンクなどで調べてもらう

「**銀行としても融資をしてアパート完成まで潰れることなく、しっかりした建物が建築できないと貸し倒れになるため、前向きに対応してくれる**」ところが多いです。

● 建築会社の比較選定表例

	価格（40%）	品質（20%）	納期（20%）	信用情報（20%）	総合評価
	1室あたり延べ床で比較	アパート実績 施工現場 施工事例	見積や依頼への対応迅速さ	ネット調査銀行に依頼	重み付けをして最終評価する
X社	7,000万円 最安値 （5点）	年間10棟 煩雑 汎用品 （3点）	遅い 部長と面談 （3点）	風評1件 銀行与信OK （3点）	総合2位 △ （3.8点）
Y社	7,500万円 中間価格 （4点）	年間5棟 整然 メーカー品 （5点）	早い 社長と面談 （5点）	風評なし 銀行与信OK （5点）	総合1位 ○ （4.6点）
Z社	8,500万円 最高値 （1点）	年間1～2棟 進行現場なし ハイグレード （3点）	早い 役員と面談 （5点）	風評なし 銀行与信OK （5点）	最下位 × （3.0点）

「**重み付け**」とは、製品やサービス選定をする際に、外資系コンサルティングファームなどが使う方法です。複数の評価軸がある場合に、それぞれ単体で点数をつけたうえで、各評価軸に重要度に応じてパーセンテージを割りあて、加重平均を取る方法です。

右頁事例（前頁下図参照）では、価格40％、品質20％、納期20％、信用情報20％で割りあてています。計算式をX社の例で見てみましょう（下図参照）。

これはあくまでも考え方なので最後は数字的なものと直感で決めていくことも実は大事だったりします。

● 重み付けの計算方法（X社例）

価格	5点 × 40%	=	2.0点
品質	3点 × 20%	=	0.6点
納期	3点 × 20%	=	0.6点
信用情報	3点 × 20%	=	0.6点
総合評価			3.8点

チェックリスト

- □ 建築会社を複数選定できているか？
- □ 建築会社から建築費の見積り、仕様書を入手できたか？
- □ 複数の建築会社から、1社を選定できているか？

11 STEP❺ 「事業計画書」を作成する

1 土地を机上選定して、「融資の事前打診のための予算計画書」をつくる

ここでの目的は、次の2つになります。

❶ **当初想定していた表面利回りや予算が実現するかを試算し、事業の合否を判定する**
❷ **融資の事前打診のために、銀行に提出できる新築アパートの事業計画を作成する**

これは「**予算計画書**」になります。予算計画書は、「**家賃、総事業費、表面利回りから自分自身で投資対象に値するか評価する**」とともに、「**銀行に提示して銀行がこの事業に融資できるか評価してもらう**」ために使います。企業でいうと、予算取りで事前に経営者や経理にお伺いするイメージです。

計画初期段階での概算で、銀行に相談、融資打診に使う（融資の事前打診のための計画書：250頁参照）のは「**予算計画書**」であり、計画が具体化して費用が固まって実行可能になった段階の「**事業計画書**」（正式な融資依頼をするための計画書：251頁参照）とは使い分けます。

また「**借入期間が、10年目、20年目、30年目と経過した中での収支予測**」をつくります。家賃は最終的に25％くらいまで落ちるなど、同じ地域の新築と10年目、20年目、30年目の周辺相場を見ながら、将来の家賃設定をして、想定金利を含めて収支予測をします。この部分まで計算しておくことで、ピンポイントで融資を受けるのが目的ではなく、事業として長期レンジで考えていることを銀行にも示すことができます。

まず作成するのは「融資の事前打診のための予算計画書」

「〝融資の事前打診のための計画書〟とは、建築士にボリューム出ししてもらい、どれくらいの大きさの部屋が何室くらい入るのかわかった段階で、事前に銀行へ打診できる概算レベルのもの」です。

数字は次のように計算しています。

利回り　年間家賃÷総事業費＝年間家賃÷（建物価格＋土地価格＋その他費用）

その他費用　概算で「建物価格＋土地価格」の7％で試算

2 「正式な融資依頼をするための計画書」をつくる

ここでの目的は、次の2つになります。

❶ 事業遂行のために必要な経費を、できるかぎり抜け漏れなく抽出する
❷ 銀行に正式な融資依頼ができる、現時点でわかる詳細な計画を提出する

次頁の表が「**事業計画書**」になります。「**銀行へ正式に融資依頼をするために、建築費など必要な費用を積みあげた結果をまとめたもの**」。資金が必要なおおよその時期、費用面もわかる範囲で記入して、それ以外はその他費用や各項目に、ある程度の余裕をもたせて計上します。

ただし、この「事業計画書」がベースになって「銀行の融資稟議～承認～実行」に至るので、融資が足りなかった場合、オ

● 融資の事前打診のための予算計画書例

住　所	京都市東山区
土地面積 m²	233
建ぺい率	80%
容積率	200%
Plan	1LDK
28～29.5m²	12戸想定

（単位：万円）

	土地代	建物	その他	総額	時期	家賃	室数	年間家賃	利回り
初期概算	3,100	9,000	847	12,947	新築 ～10年	7.1	12	1,022	7.9%
					11年 ～20年	6.4	12	920	7.1%
戸あたり	750				20年 ～	6.0	12	869	6.7%

● 正式な融資依頼をするための事業計画書

住　所	京都市東山区
土地面積 m²	233
建ぺい率	80%
容積率	200%

2019年　　（単位：万円）

費用内訳	備考	時期	金額	1月	2月	3月	4月	5月	6月	7月	8月	9月	10月	11月	12月	合計
			マイルストン	●土地契約		●請負契約		●建築確認 ●着工		●中間		●確認検査 ●登記	●引き渡し			
土地代		1月	3,100	3,100												3,100
仲介手数料	（土地代金×３%＋６万円）＋税	1月	109	109												109
司法書士代	土地所有権移転、根抵当権設定等	1月	85	85												85
固定資産精算分		1月	3	3												3
売買契約印紙代		1月	1	1												1
解体費用		1月	0	0												0
確定測量費	測量渡しの場合、土地代に設計前必要	1月	0	0												0
地盤調査費	設計前	1月	11	11												11
不動産取得税	土地購入後３カ月後頃	4月														
設計費用	確認申請前	2～10月	16				16									16
設計費用	確認申請後		827					827								827
確認申請費・検査	建築開始前・完成後検査費用	2～10月	24										24			24
請負契約印紙代		3月	6			6										6
地鎮祭（任意）			11					11								11
建築費		3～10月	8,473			847.3		1,695		3,389		2,542				8,473
水道加入金		3～10月	83									83				83
外構費		9月	建築費に含む													0
表示登記		10月	15										15			15
保存登記		10月	22										22			22
融資関係費用	印紙代、融資事務手数料、担保手数料	1～10月	16	16												16
火災保険		10月	39										39			39
抵当権設定登記		10月														0
不動産取得税	建物完成後６カ月後頃	翌年4月														0
金利負担	10カ月分	1～10月	80	80												80
その他			100										100			100
合計			13,021	3,405	0	853.3	16.2	2,533	0	3,389	0	2,625	199.8	0	0	13,021

室数	12
平米数	29m²
月額家賃	７万円
年間収入	1,008 万円
想定利回り	7.7%
融資期間	30 年、1.0%
年間返済想定	
返済比率	

ーバーした分は自己資金でまかなう必要が出てきます。サンプルの事業計画書は、あくまでも完成フォーマットです。この段階では、実際にやってみるとすべてが埋まらないこともあります。ただ想定費用が抜けたりしないように、あらかじめ予算計上できるよう参考に活用してください。

3 「必要書類」の準備

❶ 土地情報の資料を集める

- 物件概要書
- 登記簿謄本
- 固定資産税評価証明書
- 地積測量図
- 公図
- 住宅地図

これは「**土地を扱っている不動産会社から入手可能**」です。どのような土地に建てる予定なのかを提示します。

❷ 建物情報の資料を集める

- 平面図
- 間取り図
- 建築会社の見積もり

これは、「**設計士がボリューム出しで作成してくれた書類**」になります。

❸ 各種見積もりの資料を集める

- **建築費用**
- **設計費用**
- **解体費用**　**など**

事業計画に記載した主要な項目は、銀行が見積もりを求めてくるので用意します。

❹ 市場調査結果をプレゼンする資料

メインテーマは「**なぜその場所に建てるのか、現在の需要や将来の見通し**」です。

そのエリアがなぜいいのか？　その需要や見通しも、あなた自身の言葉で話せるはずです。ここは、熱い思いを論理的に調査した結果も踏まえ、いかに伝えることができるかに勝負がかかっています。

チェックリスト

- □ 銀行に提出する「事業計画書」はできているか？
- □ 「事業計画書」には「計算シート」（予算・利回り・想定キャッシュフロー）を含んでいるか？
- □ 「事業計画書」には土地物件情報・賃貸需要・アパートを建てる理由などを含んでいるか？
- □ 「事業計画書」にはプロジェクト期間などの資料を含んでいるか？

銀行としても熱意のあるプレゼンがなければ、あえてリスクを負ってまであなたに融資をする理由もありません。ここは事業家として、銀行から品定めされていることになります。

4 実証 STEP⑤を私の実例に基づいて、手順を追ってみる

ここでは、私が京都市内の物件に取り組んだ際に、銀行に提示した事業計画書を記載しました。この事業計画書を読者特典でダウンロードできるようにしているので、よろしければご活用ください。

読者特典⑥ 事業計画書サンプル
（読者向け公式サイト：kimunii.com で入手可能）

7時限目

新築アパート投資法 成功の9ステップ

STEP⑥～STEP⑨

買付からはタイミングがとても大切になります。どのタイミングで何をするのかしっかり流れを把握しましょう。

01 STEP⑥ 融資申し込み＋土地の売買契約①
「土地の買付」

1 「買付申し込み」をする

事業計画で自分なりの合格点が出たら、土地の**「買付証明書」**を提出します。「**買付証明書とは、〝この価格で、この条件なら購入します〟という売主への意思表示**」です。

買付証明書で忘れてはいけないのが、「**ローン特約付きの条件は（融資特約：銀行名・融資希望額が通らない場合・白紙解除できる条件）、融資を受けて購**

● 買付証明書例

令和〇〇年〇〇月〇〇日

株式会社ソーテック不動産　様

不動産買付証明書

住所：大阪市北区梅田〇-〇
氏名：木村　隆之

私は、下記表示の不動産を購入したく、下記条件にて申し込み致します。

＜希望条件＞
1. 買付希望金額　金　14,800,000－ 円
2. 支払方法
　手付金　金　1,480,000－ 円
　残代金　金　13,320,000－ 円
3. ローン特約　㊒・無（融資利用のため）
4. その他の条件については、売主・買主別途協議のうえ取り決めるものとする。
5. 有効期限：本書の有効期限は、令和元年〇〇月〇〇日までとする。

以上

＜不動産の表示＞
●所在：大阪市住之江区〇〇町〇-〇
●土地面積：100m²

入しようとするわけですから必ずつけてください」。

「そのほかの付帯条件」

そのほかの条件として、たとえば「**確定測量後引き渡し**」「**境界確定合意を取得後に引き渡し**」、上物がある場合には「**解体後更地渡し**」など、売主に応じて要求したい条件をつけることになります。

2 土地の「商談が成立」する

買付申し込みを受けて、売主から価格面や諸条件面の返答が返ってきます。場合によっては、何度か価格、諸条件の交渉をして、合意に至れば商談成立となります。

3 土地の「売買契約」をする

「**ローン特約付きで土地の売買契約をします**」。もしも銀行融資が通らなかった場合、収入印紙が無駄になるので、不動産業者にもその旨を伝えて、収入印紙は融資が通るまで貼らないようにする人もいます。

「手付金」のしくみ

「物件価格の5～10％の手付金を預け入れる」必要があります。買主の理由で契約を解除する場合（ローン以外）、**「手付け放棄で契約を解除」**することができます。

売主から解除する場合、手付金の2倍が買主に返金されて契約解除となります。

問題なく契約に至った場合は、代金の一部に充当されます。

● 土地売買契約書（1枚目）例

土地売買契約書

収入印紙

(A) 売買の目的物の表示（登記簿の記録による）（第1条）

	所在	地番	地目	地積	持分
土地	大阪市住之江区○○町○-○	○○	宅地	100 m²	全部
				m²	
				m²	
				m²	
				m²	
			土地面積合計	100 m²	
	備考	確定測量後渡し ※ 確定測量とは、全ての隣地所有者の立会いを得て境界確定されたものをいいます。			

(B) 売買代金、手付金の額及び支払日

（B1）売買代金（第1条）		金 14,800,000 円
（B2）手付金（第3条）	契約締結時支払い	金 1,480,000 円
（B3）中間金（第5条）	第1回 令和　年　月　日までに	円
	第2回 令和　年　月　日までに	円
（B4）残代金（第5条）	令和○○年○○月○○日までに	金 13,320,000 円

(C～H) その他約定事項

（C）所有権移転・引渡し・登記手続きの日（第6条）（第7条）（第8条）（第15条）	令和○○年○○月○○日
（D）令和　年度公租・公課分担の起算日（第12条）	令和○○年○○月○○日
（E）手付解除の期限（第14条）	契約の日から1月後 令和○○年○○月○○日
（F）違約金の額（売買代金の10％相当額）（第16条）	金 1,480,000 円
（G）反社会的勢力排除に係る違約金の額（売買代金の20％相当額）（第17条）	金 2,960,000 円
（H）反社会的勢力の事務所等活動の拠点に係る制裁金の額（売買代金の80％相当額）（第17条）	金 11,840,000 円

4 「時間軸を確認」する

今の段階が時間軸でどこの段階に入るのか、確認しておきましょう。

２次選定をしてみて、この土地に期待の利回りの収益物件が建つとわかった段階です。ここで「**銀行に正式に融資を申し込み**」ます。同時に、「**不動産業者に〝土地の買付証明書〟を入れ条件の合意に向けて進みます**」。その後、「**買主、売主双方が合意すれば、〝土地売買契約書〟を交わす**」ことになります。

● 土地の選定から、契約、融資までの流れ

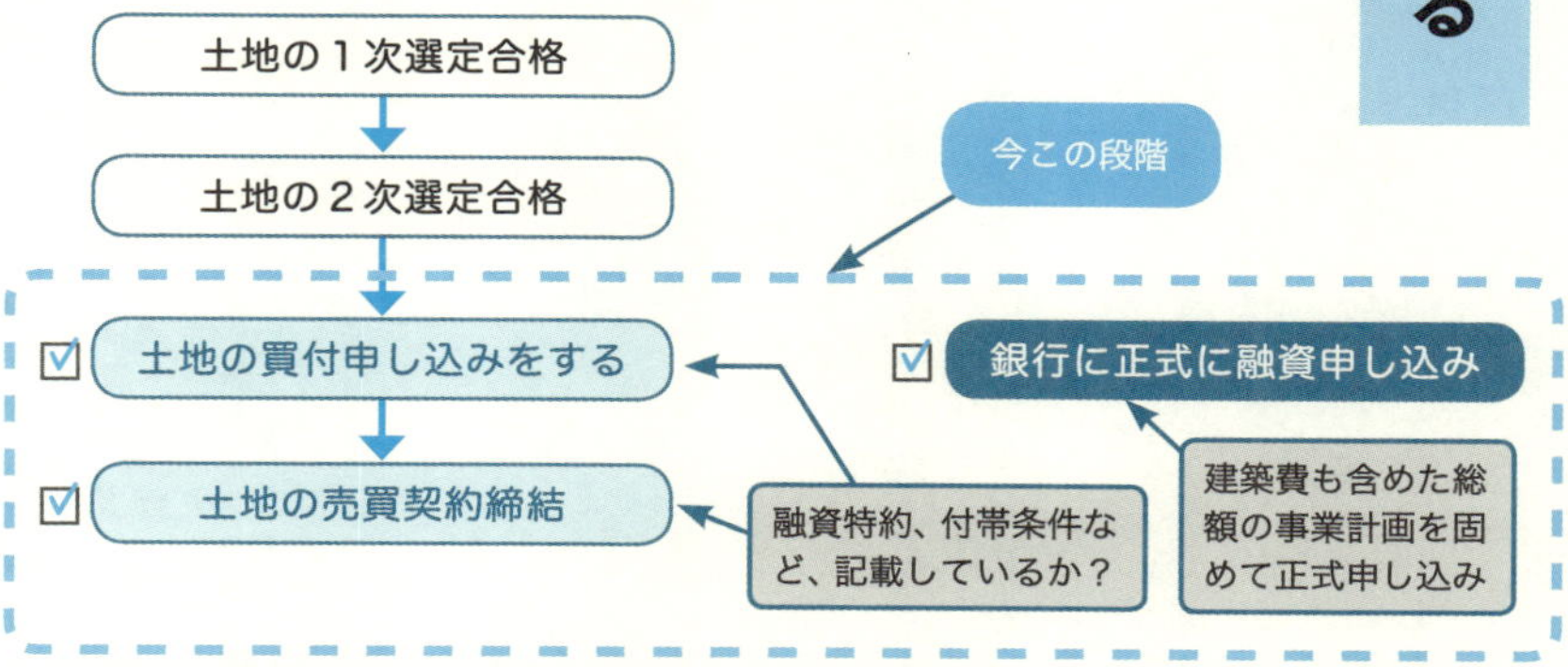

チェックリスト

- □ 土地の買付証明書（ローン特約付き）が終わっているか？
- □ 土地の売買契約書（ローン特約付き）が終わっているか？

02

STEP6 融資申し込み+土地の売買契約②
銀行を制する者は、不動産投資を制する

1 銀行は「事前に」探しておく

ようやくいい土地が見つかっても、融資申し込み最中に現金や融資がついた人に持っていかれてしまうことがあります。そのため、「**事業規模を決めるか、土地を探し出す前に、あらかじめどこの銀行でどれくらいの融資を受けられる可能性があるのかを事前に打診しておく**」のがベストです。

通常は「**当て物件**」（185頁参照）という方法で、仮の物件情報〈**土地+建物の当て物件（建築条件つき売り地）**〉を銀行に持ち込んで「**事前打診**」します。

実はこれは、STEP1で取り組むプロジェクト規模を決める段階から打診をはじめるのが望ましいです。5000万円しか融資が受けられない人が1億円の物件を探すことは、はっきり言って時間の無駄です。

「銀行の後ろ盾があるものに取り組む」ことで、いい物件、いい土地が出てきたときに、優位に動くことができるからです。これは新築にかぎらず不動産投資の鉄則です。

どの銀行で、どの程度の融資をしてもらえるのか当て物件を使って事前に相談しておくことがポイントです。

「事前打診をすることで、自分ならどれくらいの物件が建てられるのかを知ることができます」し、事前にあたった銀行へ声をかけることで、土地を押さえるスピードが上がります。

時間軸で補足すると下図のようになります。

2 「金融機関」と「ローン」の基本を知っておく

❶ 銀行の種類

都銀４行（りそな・三井住友・三菱ＵＦＪ・みずほ）のほかに、地銀１１１行、信用金庫・組合が３９０行ほどあります。そのほか、信託銀行、政府系、ノンバンク、保険会社の

● 土地の選定前に、「当て物件」を使って銀行にあたりをつけるタイミング

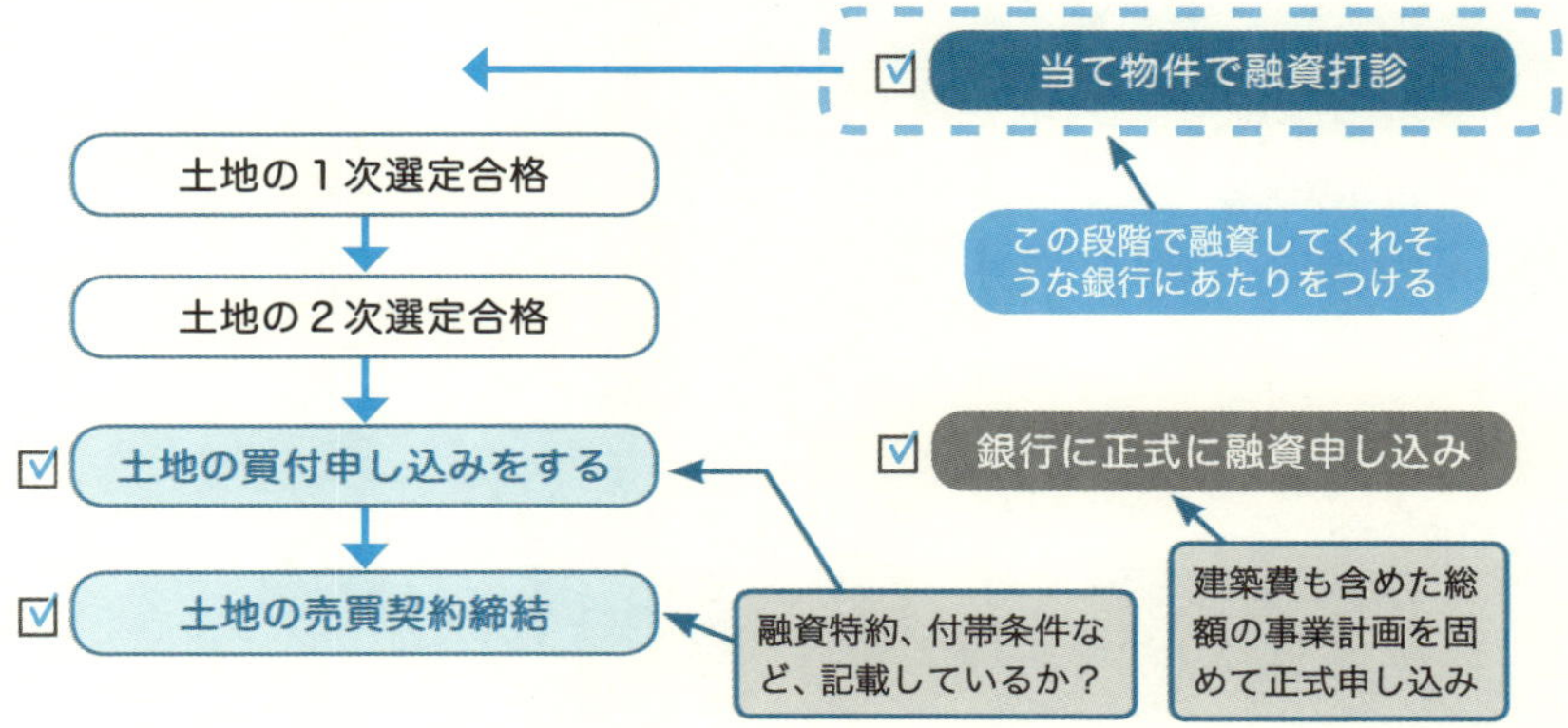

金融機関があります。

② ローンの種類

アパートや賃貸併用住宅に使えるローンは3種類あります。

「**賃貸併用住宅に使える住宅ローン**」は比較的どこの銀行でも対応が可能で、「**年収の8倍くらいまで融資が可能**」です。

「**アパートローン**」は、はじめてアパートを購入・建築するサラリーマンも対象にしたパッケージローンです。金利・融資条件がある程度決まっているので、融資承認のスピードも速いです。

「**プロパーローン**」は、個別案件ごとに事業として評価するので、はじめての場合は審査まで時間がかかりますが、条件さえあえばアパートローンより優遇金利が得られ、融資上限枠も広くなります。

できることならプロパーローンをねらいたいところですが、土地や現預金などの既存資産がある場合や、すでに事業収入がある場合を除き、アパートローンから入ることになります。

読者特典⑦ 使える銀行一覧と融資状況
（読者向け公式サイト：kimunii.com で入手可能）▶▶

3 銀行の「見つけ方」

❶ 人の紹介

「知りあい」「土地を紹介してくれた不動産会社」「建築会社」「大家の会」 といったところから紹介してもらう方法があります。

紹介は基本ともいえますが、紹介者と物件、資産背景などが同じ条件ではないので、必ずしも融資が通るとはかぎりません。もし紹介してくれるという話になったら、そのご縁に感謝して、結果報告やお礼など、礼儀を尽くした対応をしておきましょう。

不動産会社・建築会社など、**「業者からの紹介は取引関係の深い提携先銀行があり、うまくいく可能性もあります」**。ただし注意点としては、自分が借りられる銀行より条件の悪い銀行であった場合、先に条件の悪い銀行から借りてしまうと、本来借りられるはずの銀行では借りられなくなる恐れもあります。**「属性のいい人は、〝融資を借りる銀行の順番〟に注意する」** 必要があります。

大家の会など、営業活動の一環で銀行マンが同席していることがあ

● 銀行の見つけ方のポイント

	難易度	優位性	備考
業者が手配	低	×	借りる順序のミスにつながるリスク
人の紹介	中	○	いったん聞いてくれるが、あなたの実力どおりの結果になる
自分で探す	高	◎	広く学びがある、成長できる

ります。ご挨拶しておいて、自分の目線にあう銀行であれば後ほど案件を持ち込んでみるのもひとつの方法です。「**少なくとも、積極的な銀行なのか、諸条件がどのようなものなのかが把握できるので有効活用したい**」ものです。

❷ 自分で探す

銀行にローラー作戦で融資の打診を持ちかける方法です。いきなり飛び込みで電話をかけて、概要説明（個人属性・物件情報）をし、融資の可能性を確認し、それで可能性があればアポイントを取って面談に行きます。

「**不動産投資で成功するには、誰もがこの方法で融資拡大をする必要があります**」。できるだけ早い段階から慣れておくことをお勧めします。ぜひともローラー作戦にチャレンジしてください！　ローラー作戦は次の手順で進めていきます。

> **❶ 銀行向け資料一式（新築アパートの事業計画書、個人属性情報など）を準備する**
> **❷ 自宅（法人）、物件の住所に近い銀行の支店を抽出し、銀行一覧を作成する**
> **❸ 候補の銀行に電話をし、融資担当につないでもらう**

電話の段階では、簡単に、「**職業・年収・自己資金・不動産投資経験・投資の動機**」といった自己紹介と、「**土地からアパートを建てたい**」ことや「**融資の可能性**」「**自己資金はいくら必要なの**

か」を聞かれます。

融資条件があえばアポイントを取り、事前に送付すべき資料があれば確認して送付しておくことで手間も省けます（すぐに出せるように事前資料を準備しておくことが大事）。

融資をしてくれる銀行の全体観を知ることは、不動産投資の全体戦略、借りる順番など、物件ごとにどの銀行を使うかを検討するうえで非常に有効です。

ここで大切なのは、「**自分が借りられる銀行を把握しておく**」ということです。そうすることで、先ほどの「人から紹介してもらう場合」も銀行のレベルや金利も含めて、優位に展開できるようになります。

4 銀行員との「面談のしかた」

お願い事をする面談ですから、初対面の第一印象が大切です。銀行員はスーツが基本ですから、「**ビジネススーツか硬い感じの服装で行く**」ようにします。

個人・法人での融資、金利条件や自己資金、フルローンやオーバーローンの可能性の有無などを聞き取りします。具体的な物件を持って相談することが大事なので、まだ新築プランがない場合には、当て物件と称される業者が出しているような、建築条件つきの新築アパートの資料を持って相談に行くようにします。

大事なことは、「**事前打診である程度の融資の可能性、おおよその融資額などの返答があれば、**

当て物件の場合は早めに断る」ようにします。「**銀行員は忙しいので、無駄な時間を使わせると次回以降は話を聞いてくれなくなる**」リスクがあります。

5 「融資の活用」方法

❶ 融資は個人、法人のどちらがいいか

将来、「脱サラして大家業を本業にしたい」「規模をどんどん拡大していきたい」と考えているなら、「**早い段階で法人による購入**」をお勧めします。

個人でアパートを購入する場合は、アパートローンの融資が活用できます。「**アパートローンのメリットは、企画型のローンで上限が年収の10～20倍と決まっているので、融資承認までのスピードが早い**」ことです。

逆にデメリットは、すぐに融資上限の2～3億円まで達してしまい、それ以上は伸びにくいことです。

また個人の場合、家賃年収が増えてくると、所得税の累進課税で法人税率と比べて高い税率になっていきますが、法人に比べて節税する策が少ないです。取得後、5年以内の短期譲渡の場合は利益に40％の税金がかかるなど、制約事項が多いのもデメリットになります。

これに比べて、法人を活用した融資では、法人を設立するにあたり「登記」「事務所設置」とい

った経費がかかるデメリットもありますが、それを上回るメリットが多々あります。

具体的なメリットとして、事業単位で融資審査するプロパーローンなら、金利など個別条件が引き出しやすくなります。上限金額もアパートローンのように画一的ではなく、事業面から判断されるので、もっと伸びる可能性があります。短期譲渡の制約もなく、節税策も広く考えられます。

「サラリーマンであれば最初は個人で融資を受け、そして法人を設立するのが一般的な順序」です。最初はみなし法人（個人と変わらないとみられる）として審査されるので、アパートローンなどの企画ローンでの融資判断になりますが、徐々に法人の規模が拡大していい決算書になってくるにつれ、プロパーローンで融資判断をしてくれる銀行が増えていきます。

「個人⇓みなし法人⇓法人」のイメージで進むと覚えておいてください。こうやってみると、自分が現在どこにいるのか認識し、成長を実感しながら進めることができます。

融資における個人と法人のメリット・デメリット

	メリット	デメリット
個人	アパートローンなど企画型ローンを使えば、融資審査が通りやすい。 短期で不動産投資の基盤をつくりやすい。 ５年以上の長期譲渡は税負担が軽い（売却益の 20%）	２～３億円が融資上限。拡大すると累進課税で税率が法人より高く節税策も限定される。 ５年以内の短期譲渡は税負担が重い（売却益の 40%）
法人	長期で継続して拡大するには向いている。役員給与、共済など各種節税策を使いやすい。売却などタイミングを気にしなくていい	法人登記、事務所経費など負担増

03

STEP❻ 融融資申し込み＋土地の売買契約③

「銀行融資～決済」

1 融資の「申し込み」

土地の商談が成立するまでに、融資セット一式（下記参照）を準備して、融資申し込みをする金融機関の目処を立てておきます。金融機関によって準備する資料は違うので、銀行に相談のうえ進めましょう。

融資が承認されるまでには「4週間」かかる

融資の申し込みから承認まで3～4週間かか

● 融資セットの資料一覧

	そろえる資料
本人	経歴書、金融資産一覧、家族構成（生年月日、職業）、運転免許証（写し）、健康保険証（写し）、源泉徴収票３期分（写し）、確定申告書３期分（写し、受付印のあるもの）（ある場合のみ）
法人	確定申告書３期分（写し、受付印のあるもの）（ある場合のみ）
連帯保証人	経歴書、運転免許証（写し）、健康保険証（写し）、源泉徴収票３期分（写し）、確定申告書３期分
新築アパートの事業計画	STEP❺ に記載（6時限目 11）
所有物件	保有物件一覧、物件概要書、レントロール（家賃明細と契約年月日、各部屋の専有面積の一覧）、固定資産公課証明書、返済予定表、登記簿謄本

るので、あらかじめ、当て物件を持ち込みして、事前に融資打診することで短縮するようにします（7時限目02参照）。そして土地の1次選定をクリアした段階で、銀行に融資を持ち込み、事前承認を取ります。土地の2次選定で合格したら、「**融資特約付きで買付証明書を提出**」し、「**同時に銀行に融資の正式申し込み**」をします。

この際、複数の買付申し込みがあった場合、融資が通った順になるので、「**ほかの人に融資で負けないように、早い段階で事前承認を取っておく**」ようにします。

銀行融資の正式承認が得られたら、金融機関と「**金銭消費貸借契約（ローンの契約）**」を結びます。決済・融資実行のおよそ1週間前に手続きをします。

● 融資は事前承認、正式申し込みの２段階

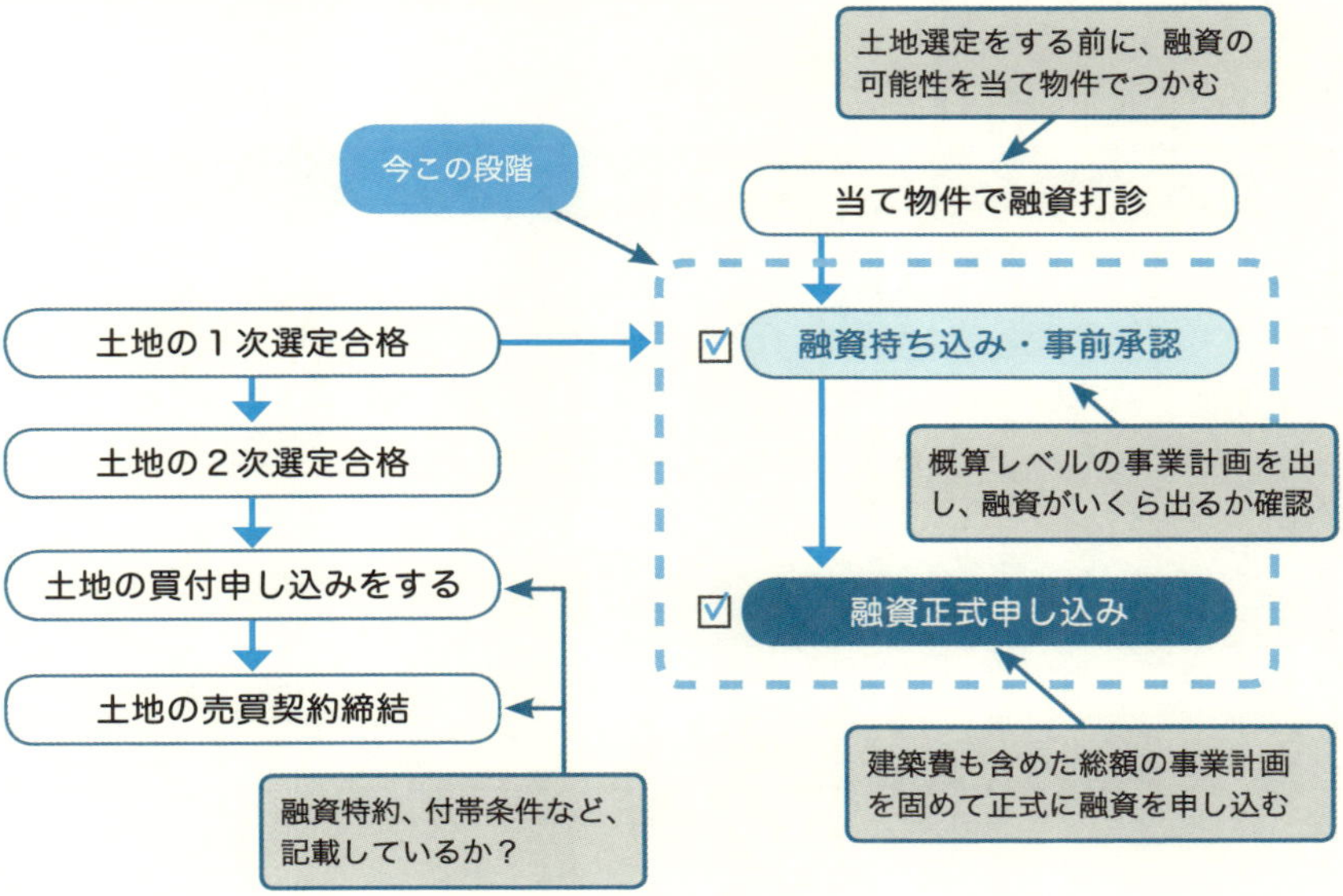

2 融資の「実行と決済」

まず「融資の実行を受けて、土地代金の決済から引き渡し」をします。決済は「**土地残代金以外に、印紙代・土地の所有権移転・抵当権設定登記に伴う登録免許税・司法書士費用・固定資産税の精算金・仲介手数料などがかかります**」。諸経費も含めたオーバーローンで融資を受けていない場合には、手元資金で準備しておく必要があります。参考までに、不動産売買の決済に必要な書類を挙げておきます（下図参照）。

一般的に、「**土地と建物に分けて融資**」が行われ、「**建物は〝契約～着工～上棟～竣工〟で分けて融資されます**」。最初に全額融資を受けて、通知預金という形で必要な資金を銀行に預金し、その都度必要な時期に、そこから支払うパターンもあります。この場合、工事の進捗によって支払いのタイミングが前にズレても資金ショートがしにくいですが、事業費全額に完成まで

● **不動産売買 決済時に必要な書類**

No	✓	買主が必要な書類など
1	✓	物件残代金※1
2	✓	仲介手数料の半金※2
3	✓	清算金（固定資産税・都市計画税、管理費、修繕積立金など）
4	✓	登記費用（登録免許税・司法書士への報酬など）
5	✓	印鑑（実印）
6	✓	印鑑証明書（3カ月以内のもの）
7	✓	住民票（所有権移転登記用）※ 法人の場合は加えて3カ月以内の会社謄本
8	✓	本人確認書類（取引完了確認用）

※1 不動産売買・契約時に支払った手付金を除く残代金
※2 不動産売買・契約時に仲介手数料の半金を支払っている場合

● 買付から決済までかかる期間

❶ 土地の買付申し込み	１日から１週間
❷ 土地の商談成立	
❸ 融資の申し込み (土地＋建築費)	１週間
❹ 土地の売買契約	
❺ 融資の正式申し込みから承認まで	３～４週間
❻ 金銭消費契約を結ぶ	１週間
❼ 融資の実行から決済	１日
❽ 買付から決済までの平均的な期間	おおよそ１～1.5カ月

金利がかかるのが難点です。

● 融資の実行決済の流れ

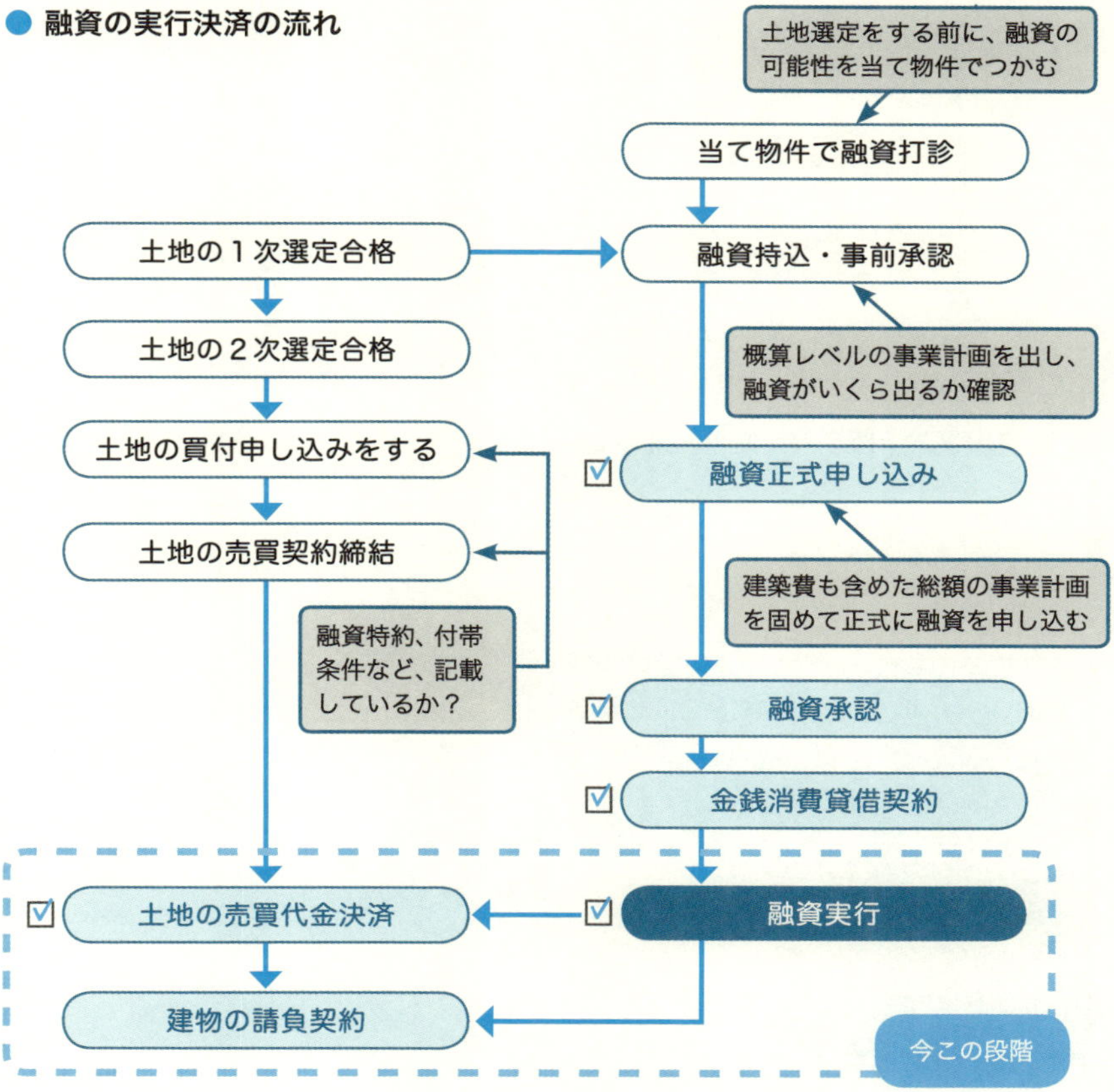

3 「返済比率は50%前後」に抑える

通常、**「表面利回りの3分の1くらいが手元に残るお金」**と考えます。「**表面利回りが9%であれば、実質3%を手元に残す（キャッシュフロー）には、銀行への返済比率は50%前後に抑える**」ことが望ましいです。

たとえば、物件1億円・家賃年収900万円・表面利回り9%の物件を考えた場合、30年1・5~2%で銀行融資を受けると、約50%が元本+金利の返済額になります。

この「**残り50%から20%程度で空室率・固定資産税・募集費用・退去時のリフォーム代などを見た場合、残った30%が手残り**」になります。つまり、1億円の約3%、306万円という計算になります。

こうしておけば、空室率が上がったり、金利がさらに上昇した場合でも、リスクに対応しやすくなります。

● 返済比率と手残り（キャッシュフロー）

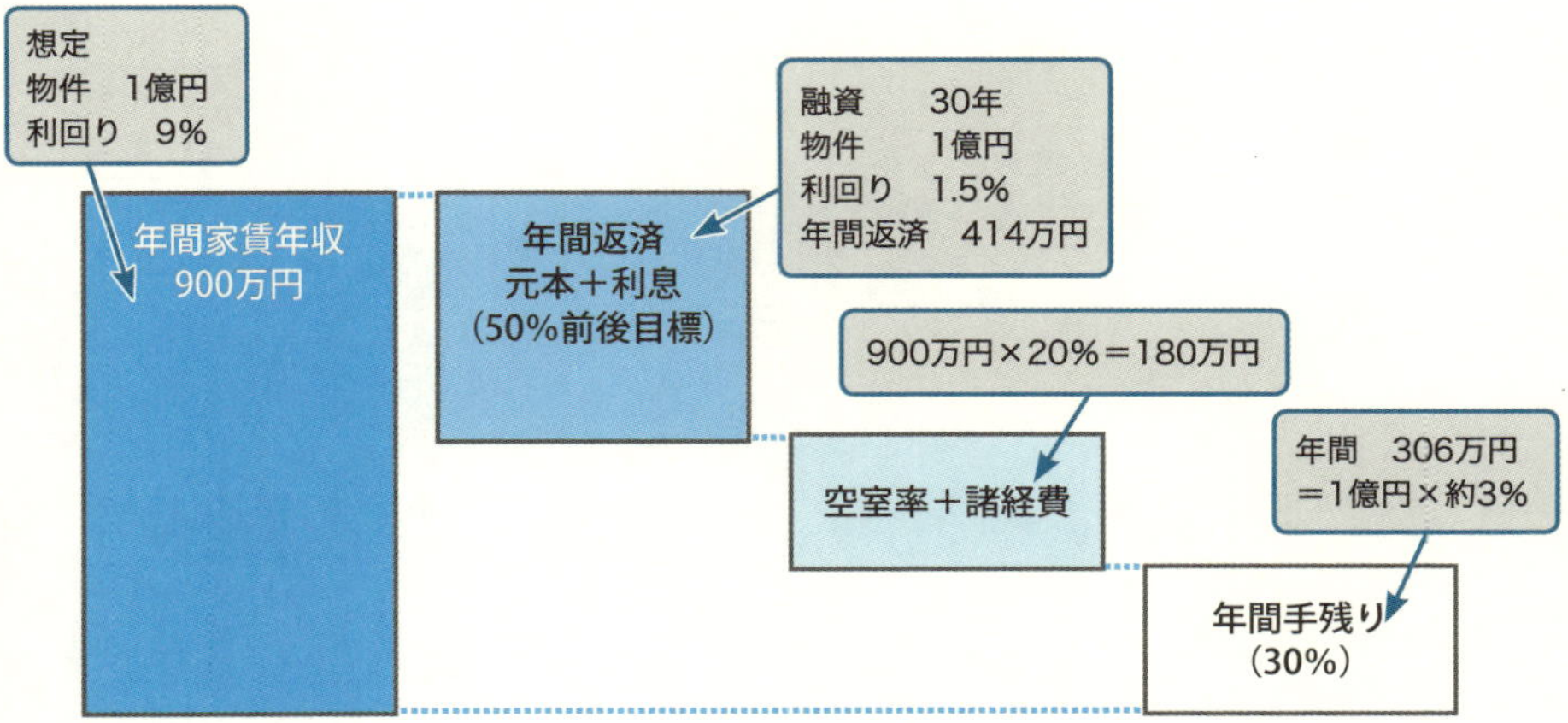

4 「諸経費は7%」必要

収益マンションを購入する際は、業者に支払う仲介手数料やもとの所有者に支払う固定資産税の精算、抵当権設定や登記にかかる費用などで、7%くらい見ておきます。**「土地を購入して新築のアパートを建てる場合は、土地だけの仲介手数料しかかからないので5%くらいと少なめ」**になります。しかし、完成して家賃が入ってくるまでは入居付け・広告費など、予定外な出費や突発的にお金（例：周辺対策での外構追加など）がかかることも多いので、「**新築でも余裕を持って7%**」と考えておきましょう。

5 「自己資金は10%」必要

「**諸経費7%とは別に、自己資金を10%くらい見ておく**」べきです。

何度か出てきていますが、再確認しておきます。「**アパート建築費＋土地代金の100%融資がフルローン**」です。さらに「**諸経費7%部分も融資してもらえる、手出しなしで買えてしまうのがオーバーローン**」です。

不動産投資に対する銀行の融資姿勢は、時代とともに変わります。融資に消極的になってくると、諸経費とは別に自己資金10%とか20%を要求されます。また積極的になってくると、フルローン、オーバーローンが出たりします。

仮に自己資金を10％用意するように言われた場合、そのお金を銀行預金に預けるので、フルローンにできないか交渉します。「預金に入れておいて、何かあったとき突発で対応ができるようにしたい」ことを伝えます。なぜなら、「**自己資金として10％入れてしまうと現金が枯渇してしまい、継続的に物件を購入することができなくなる**」からです。預金であれば、何かあったときに理由をつけて次の物件購入、リフォームなどの費用に活用できます。

たとえば、先ほどの1億円の物件の例なら、年間３００万円手残りが出ますが、1億円の10％（１０００万円）を自己資金として入れてしまうと回収に3年ほど時間がかかります。フルローンなら、この期間を待たずして次の物件が買えるかもしれないのです。

ただし預金に担保設定する「**預金担保には注意が必要**」です。銀行に拘束されて自由に使えないお金になってしまうので、実質、自己資金を入れているのと同じになり、メリットがなくなってしまいます。

チェックリスト

- □ 融資セット一式がいつでもそろえられるか？
- □ 土地の商談が進むまでに融資を申し込む銀行にめどが立っているか？
- □ 銀行への融資申し込みが終わっているか？

04 STEP❼「高利回り」対策と「請負契約」そして「建築」

1 「高利回り」への取り組み

❶「バリューエンジニアリング(VE)」の検討

銀行融資のめども立つと、本格的に建築に向けた内容を詰めていくことになります。ここでは「**バリューエンジニアリング(VE)**」〈製品やサービスの提供コストあたりの機能を価値(**value**)と考え、これを最大化しようとする方法論〉を使って目標利回りを上げる取り組みをして、最終的にアパートの仕様と建築費用を決めていきます。

アパートの仕様や設備で利用者に提供すべき機能(**Function**)を明確にし、これを提供にかかるコスト(**Cost**)で割ったものをその仕様などの価値(**Value**)とみなします。価値向上のためには同じ機能でコストを下げるか、同じコストで機能を上げるか、少ない追加コストで大きく機能を上げるといった方策を取って価値向上に努めます。

ちなみに、ここでやっているのは「**価値を上げることを視野に置いているので、減築ではありません**」。たとえばベランダをやめてしまうといった、「**必要なものを減らしてコストを下げるのは本末転倒**」ですし、賃貸での競争力低下や家賃下落につながるようなことはしません。

❷設備の変更、追加

VEの考え方を活用して、安いメーカーに変更したり、仕様を見直します。

たとえば、フローリングをクッションフロアに変えたり、エアコンを廉価版にしたりします。「同じ商品でもインターネットのほうが安ければ現物支給を打診する」といった方法があります。そのほか、次のようなことを検討します。

●設備を同額でおしゃれなものに変更してバリ

● VEの計算式と考え方

❶コストダウンによる価値向上 ⇒同じ機能のものを安いコストで手に入れる	価値（Value）⬆ = 機能（Function）➡ / コスト（Cost）⬇
❷機能アップによる価値向上 ⇒同じコストで、よりすぐれた機能を持ったものを手に入れる	価値（Value）⬆ = 機能（Function）⬆ / コスト（Cost）➡
❸機能アップ＆コストダウンによる　価値向上 ⇒よりすぐれた機能を果たすものを、より安いコストで手に入れる	価値（Value）⬆ = 機能（Function）⬆ / コスト（Cost）⬇
❹機能アップ＆コストアップによる価値向上 ⇒コストは上がるが、もっとすぐれた機能を持ったものを手に入れる	価値（Value）⬆ = 機能（Function）⬆⬆ / コスト（Cost）⬆

ユーアップ

- **設備と取りつけ工事を個別発注（手配漏れのリスクがある）**
- **都市ガスではなくプロパンガス導入の検討**
- **自動販売機設置の検討**
- **駐車場スペースがあるなら外部へ貸し出す**

たとえば、プロパンガス屋を探そうと思ったら、「町のガス屋さん」（**http://www.machigas.com/**）といったLPガス屋のポータルサイトを利用します。

2 「請負契約」の注意点

「**最終仕様と建築費用が決まったら請負契約をします**」。そして、いよいよ建築開始となります。

❶ 工事完了日

「**建築会社との請負契約で注意すべきことは、〝工事完了日〟と〝支払い計画〟**」です。「**入居募集は〝建築確認申請が下りたとき〟から開始**」できます。

賃貸仲介会社には建物完成時期から考え、入居可能な月日を伝え、入居付けをしてもらいます。

ただ、もしも工事が延びて入居可能な日が遅れると、入居者の引っ越しや新生活準備に影響を与えかねません。いったんトラブルを起こすと、保証だけでなく将来にわたって近隣の仲介会社への信頼を失います。今後の客付けもしにくくなり、賃貸業が出だしから窮地に立ってしまうことになるので、**「工事完了日はよくよく確認して、実現可能な日付を設定」**します。

❷ 支払い計画

建築費用の支払いは、通常3回から4回に分けて支払います。「契約」「着工」「棟上げ」「竣工」などが節目ですが、**「施主からするとできるだけ支払いを後ろにすることが理想」**です。それだけ金利がかからないのと、もし万が一、建築会社が破綻したときにも被害を減らせるからです。

「最終の工事代金の残金は、〝竣工〜建物引き渡し〟に支払うことが多いですが、10％程度の金額を残して、〝引き渡しの1カ月〜2カ月後〟に支払うと定めておくやり方もあります」。

3 建築（着工⇓竣工⇓引き渡し）

❶ 近隣へのご挨拶

工事を開始するにあたって、近隣に騒音・粉塵・通行制限などでご迷惑をおかけすることがあることを伝え、菓子折りを持ってご挨拶に伺います。「建築確認申請を取っているので法的に問題ないし、お互い様だよ」などと言っても、実際には気も心なので、先にご挨拶するのが大事です。

こじれてからでは修復するのはほぼ困難ですし、**「アパートの入居者は地域の住人として、町内の人たちと関わって生活していく」**のです。**「オーナーとしても気遣い心遣い」**をしておきます。

❷地鎮祭

土地を購入したら、着工する前に地元の氏神様に来ていただき、建築会社・建築士・施主で地鎮祭を行います。建築会社が手配してくれることもありますが、地鎮祭の目的がその土地に住む神様を祝い鎮め、土地を利用させてもらう許可を得ること、工事の安全と家の繁栄を祈願することなので、**「1番近い氏神様を選ぶ」**ようにします。

❸月次で進捗会議

工事がはじまる前には、現場に建築工事看板で、建築確認済であることや、施主と建築会社で労災関係保険が成立していることを掲示します。

なお、通常は現場近くに建築会社が現場事務所を設置して、工事の詰所とします。**「施主は、ここで月1回程度、工事の進捗や課題の確認、内外装の仕様などをサンプルから選んだり」**します。

❹完成検査

「施主（工事、建築を依頼した人、建築主）が引き渡し前に完成検査を行い、不具合があれば直してもらう」ようにします。工事監理を建築士がやる場合は建築士が見てくれますが、いない場合は施主がすることになります。

「扉、クローゼットなどの可動部の噛みあわせ」「フローリングや壁、クロスの傷がないか」「リモコンなど備品がそろっているか、ホコリが付着していないか」など、すぐ入居ができる状況になっているかを確認します。

⑤引き渡し

「**引き渡し日には〝鍵一式・中間検査済証・完了検査済証・各種機器のマニュアル・保証書などの書類、確認申請書副本と竣工図面〟などを引き取ります**」。

確認申請書副本は、建築工事中は建築現場に備え置くものですが、完成後は施主に引き渡すべきものです。

竣工図面は、建築工事中に行われた変更を反映させて、最終的に完成した状態を表しているものです。これは将来の建物のメンテナンスのために必須になります。「**できれば工事写真も建築会社が撮ったものがあればもらい受けましょう**」。

チェックリスト

- ☐ 高利回りに向け「現物支給など、諸条件」を建築会社と交渉できたか？
- ☐ 建築会社との交渉結果から「新しい見積もり」の入手ができたか？
- ☐ 現物支給する設備の手配を建築会社の日程にあわせて、手配できるか？
- ☐ 上記を踏まえ、「計算シートで収益計算」できているか？

05 STEP❽ 仲介業者を決めて入居者募集をする 少しでも「客付けを楽にする」

1 「建物の完成時期」にベストシーズンはあるか？

❶ できれば「最繁忙期の2～3月」を目指す

入居者の数で見たら、「**最繁忙期は2～3月、次の繁忙期は9月**」というのが一般的です。「**3月がターゲットなら12月には賃貸仲介会社に打診をはじめ、1月末完成**」を目指します。

また9月が2つめのピークなので、8月ごろには完成できるようにするのもありです。

❷ 実は、「最近繁忙期が少し分散」してきている

この原因は、インターネット通販の大手配送業者による未払い残業の問題に端を発して、業界の労働環境見直しや繁忙期の引越し代金の値上げがありました。この結果、最繁忙期の2～3月

や次に繁忙期といわれる9月に、あえて転勤による引越しをさせないで、時期を前後にずらそうという動きが出てきています。

地域性にもよりますが、**「ニーズのある良質のアパートをつくっていれば、従来の繁忙期を意識しなくてもよくなってきています」**。

2 少しでも「ライバル物件との差別化」を試みる

❶ エリアの「ニーズ調査」「ライバル物件のヒアリング」

「プランニング段階から〝新築物件の家賃相場〟〝設備〟〝募集条件〟など、**賃貸仲介会社からヒアリング**」しておきます。

❷ 周辺の新築物件情報をつかんで、差別化、先行勝ち切りをねらう

事前調査をしたうえで、「**入居者への付加サービス**」「**プレゼント**」「**必要に応じてオーナーからの手紙**」なども準備します。「**広告料**」や「**賃貸づけセールスマン**」への謝礼なども検討します。

3 「円滑な客付け」のために

❶ 鍵を管理してくれる「仲介会社の元締め」を決める

新築の場合は希望する入居者も多く、引きあいも頻繁にあるのが普通です。**「入居を検討している人が出てきたときに、タイミングよく内見してもらうには、鍵の管理が大事なポイント」**となります。鍵を各仲介業者に渡すわけにいかないので、仲介会社のハブになってくれる元締め会社を決めます。

「事前に、物件の近隣の仲介会社の主だったところはできるだけ挨拶周りをして、その中で勢いがあり決めてくれそうな、信頼できそうな会社を1社絞ります」。鍵を預かってくれる会社が決まれば、そのほかの仲介会社にはあらためて挨拶に行き、募集条件と鍵が必要な場合には、元締めの会社に取りに行ってくださいとお願いしておきます。こうすることで**「現場の動きがハブになっている元締め会社からも、各仲介会社からも把握できる」**ようになります。

❷ ピークを逃さないように「週単位で進捗を確認して対策を練る」

「ピークを逃さず入居者を埋めるには、各仲介会社の引きあいごとにどうなったのか、なぜ決まらなかったのか、検討中なら何を悩んでいるのかなど、現場の声を吸いあげる」ようにします。

本業がある人はそこまでは動けないでしょうから、週単位で鍵を管理している元締めの仲介会社や、この1週間で動きがあった別の仲介会社にも話を聞くようにします。もし動きが悪いようであれば、直接出向いて各社と話をするようにします。

相手も人間なので、直接会って話をする頻度が高いほど、気にかけて、適切なアドバイスや提案をしてくれるよき協力者になってくれます。

入居付けは、オーナーの人間力が大きな力になるところでもあります。この経験が、賃貸オーナー、経営者としての意識を深め、のちのち土地探しや建築会社との交渉、銀行の融資づけにも活きてくるのです。

チェックリスト

- □ 賃貸仲介会社と募集条件を詰めて広告ができているか？
- □ 入居希望者を案内する際に、鍵を管理してもらえる元締め会社が確保できているか？
- □ 募集状況を現場から定期的に収集し対策が練れるようになっているか？

06

STEP⑨ 管理を検討、決定する「管理」とは、どんなことか？

1 「管理業務」は多岐にわたる

賃貸管理の主な業務には、次のようなものがあります。

- **家賃回収** 月次家賃の回収、滞納者への督促、家賃保証会社への請求
- **日常対応** 設備関連、鍵の紛失など、大家への問いあわせ、相談、対応依頼、日常清掃
- **退去管理** 退去時の対応、原状回復部分の確認・請求、退去後の清掃、保守依頼
- **入居管理** 空室への入居者募集、近隣業者への募集依頼、入居審査、契約手続き

2 「委託管理」か「自主管理」か？

管理方法には大家自らが管理を行う**「自主管理」**と、管理会社に委託する**「委託管理」**があります。**「管理料の相場は、清掃、保守などの実費を除き月額家賃の5％」**ですが、交渉で下がることもあります。遠方でなければ自主管理もできます。

賃貸オーナーになったばかりのころは、賃貸業の全体を理解し、関係者がどのように関わって運営していくのか、しくみを理解するために自主管理をするのもありです。また、当初あまり利益がでない間は、キャッシュを積みあげるために自主管理をするという選択もあります。

自主管理のひとつの限界値は、１００室を超えると手が回らなくなるので、その前後で管理会社を入れるようにします。物件をどんどん買って成長を優先するなら、最初から委託管理でもかまいません。このあたりは、個人の判断に委ねられますが、**「賃貸業を理解しないまま集金だけをするのは、情弱にされるリスクがある」**ので注意しましょう。

3 「いい管理会社」の選び方

ひと口に管理会社といっても、アパマンショップ、ミニミニ、エイブルといった全国チェーンの大手業者もあれば、地元に根づいた老舗業者、建築会社の管理部門や売買仲介会社の管理部門など、いろいろなタイプの会社があります。

全国チェーンの会社の特徴は、何といってもその知名度ですが、客付けには強くても管理は手薄だったり、逆に物件管理に強い管理会社だと客付けが弱いということもあります。

「管理コストの削減」方法

遠方で管理ができない場合は、一部を業者にお願いして、一部を自主管理することもあります。たとえば、家賃回収は自主管理をして、管理会社には日常対応・退去管理・入居管理を、日常清掃・退去時の清掃・保守は工務店にと、バラバラにお願いすることもできます。

日常清掃は管理会社を通すと利益が乗るので、「**シルバー人材センター**」（**http://www.zsjc.or.jp/**）を検討しましょう。退去時の清掃・保守も、個別で依頼したほうが安くなります。

読者特典⑧
自分で建てるにあたり、建築会社の倒産リスクに備える方法（読者向け公式サイト：kimunii.com で入手可能）▶▶

チェックリスト

- □ 自主管理か管理会社か決まっているか？
- □ 管理会社の場合、依頼内容、依頼費用などは決まっているか？
- □ 管理会社に依頼しない内容は、個別で対応策、依頼先が決まっているか？

参考文献

「不動産投資入門」（日本実業出版社・志村義明著）
「エターナル投資法」（ごま書房新社・田中宏貴著）
「まずはアパート一棟、買いなさい！ 資金300万円から家賃年収1000万円を生み出す極意」（SBクリエイティブ・石原博光著）
「たった4年！ 学生大家から純資産6億円を築いた私の投資法」（SBクリエイティブ・石渡浩著）
「アパート投資で成功したいなら誰も買わない空室ボロ物件を狙いなさい 競争せずに利回り20%を実現する「リニューアル投資法」」（ぱる出版・中村一晴著）
「世界一やさしい 不動産投資の教科書 1年生」（ソーテック社・浅井佐知子著）
「激安不動産を入手シテ 豊かに暮らす方法 ローンを組まずにお宝物件を見つける」（ぱる出版・加藤ひろゆき著）
「知りたいことが全部わかる！ 不動産の教科書」（ソーテック社・池田浩一著）

世界一《せかいいち》やさしい アパート一棟《いっとう》不動産投資《ふどうさんとうし》の実践帖《じっせんちょう》 1年生《ねんせい》

2019年8月31日　初版第1刷発行
2024年4月15日　初版第5刷発行

著　者　木村隆之
発行人　柳澤淳一
編集人　久保田賢二
発行所　株式会社　ソーテック社
〒102-0072 東京都千代田区飯田橋4-9-5　スギタビル4F
電話：注文専用　03-3262-5320
FAX：　03-3262-5326
印刷所　図書印刷株式会社

ISBN978-4-8007-2070-2